"十二五"职业教育国家规划教材

教育类专业"岗课赛证融通"配套教材

U0646488

幼儿科学教育与活动指导

（第3版）

YOU'ER KEXUE JIAOYU YU HUODONG ZHIDAO

主　编：陆　兰　蔡丽竑

副 主 编：熊小燕

封面照片：周锦鑫

北京师范大学出版集团

BEIJING NORMAL UNIVERSITY PUBLISHING GROUP

北京师范大学出版社

图书在版编目(CIP)数据

幼儿科学教育与活动指导 / 陆兰，蔡丽竑主编 . —3 版 . —北
京：北京师范大学出版社，2022.3(2025.8 重印)
ISBN 978-7-303-27138-2

Ⅰ. ①幼…　Ⅱ. ①陆…　②蔡…　Ⅲ. ①学前教育—科学教
育学—幼儿师范学校—教材　Ⅳ. ①G613.3

中国版本图书馆 CIP 数据核字(2021)第 158065 号

出版发行：北京师范大学出版社 https://www.bnupg.com
　　　　　北京市西城区新街口外大街 12-3 号
　　　　　邮政编码：100088
印　　刷：北京溢漾印刷有限公司
经　　销：全国新华书店
开　　本：889 mm×1194 mm　1/16
印　　张：16.5
字　　数：264 千字
版　　次：2022 年 3 月第 3 版
印　　次：2025 年 8 月第 22 次印刷
定　　价：39.80 元

策划编辑：姚贵平　　　　　责任编辑：申立莹
美术编辑：焦　丽　　　　　装帧设计：焦　丽
责任校对：陈　荟　　　　　责任印制：赵　龙

前　言

《幼儿科学教育与活动指导(第2版)》自2014年6月出版发行以来,受到全国普通高等院校学前教育专业和幼儿师范院校使用单位的一致好评,被评为"十二五"职业教育国家规划教材。随着师范教育和幼教形势的发展,教材编者对第2版进行了修订。《幼儿科学教育与活动指导(第3版)》力求在第2版的基础上编得更科学、更实用、更完善。

根据学前教育专业学生的年龄特点和认知规律,《幼儿科学教育与活动指导(第3版)》在理念上与时俱进,贯彻新理念,传授新知识,融合学历证书与幼儿园教师资格证书的双重要求,在各专题增加了幼儿园教师资格考试的内容和习题。新教材替换和增补了最新的幼儿园优秀活动案例,凸显案例的前沿性、典型性和操作性;在体例上进行了较大的改动,以增强趣味性、可读性。

新教材以科学发展观和习近平新时代中国特色社会主义思想为指导,引导学生树立正确的儿童观、教育观和课程观,针对学前教育专业学生的身心特点、现阶段的认知水平、职业生涯发展目标和我国幼儿教师的培养目标选择内容、设计体例、确定呈现方式,强调适应性和实用性。

新教材具有以下几个特点。

第一,在内容上尽量丰富和全面。这既便于学生凭借本书,通过课堂学习和课外自学,掌握较为全面的幼儿科学教育的理论知识和活动设计的实践技能,也便于教师根据学生的不同层次和专业特点,从中选择所需要的教学内容。

第二,具有鲜明的师范性和融合性。准确把握幼儿园教师所需要的知识和技能,将幼儿园教师资格考试的内容穿插在各章节中,满足学生的学习需求。充分利用先进的信息技术手段,为师生提供文字、图像、视频等丰富、生动、多样的教与学资源,实现多媒体融合。

第三,以案例(实例)教学为重要手段。各单元以情景案例引入,通过对案例的分析引导学生掌握知识与技能,增强教材的趣味性与可读性,让学生爱读、爱看,进而学有所获。

第四,图文并茂,体例新颖。根据学生的阅读特点,在体例上进行创新,在正文的基础上设置典型案例、拓展阅读、相关链接、思考与练习、拓展训练、考证导航等栏目,并在文本中配置适量的图片或照片，以丰富教材的形式，激发学生的阅读兴趣。

本教材由徐州幼儿师范高等专科学校陆兰、江汉艺术职业学院蔡丽竑担任主编，上海杉达学院教育学院熊小燕担任副主编。参加编写的单位有徐州幼儿师范高等专科学校、江汉艺术职业学院、上海杉达学院教育学院、宁夏幼儿师范高等专科学校、苏州幼儿师范高等专科学校、山东泰山学院、山东英才学院、浙江师范大学杭州幼儿师范学院、南京军区政治部机关幼儿园等。本教材共六个专题，专题一由季婷婷编写，专题二由陆兰、熊小燕编写，专题三由朱智红、刘超编写，专题四由蔡丽竑、韩新华编写，专题五由陆兰、熊小燕编写，专题六由王磊编写，全书由陆兰统稿。

本教材参考引用了国内外许多专家、学者的著述，教材中的案例、视频来自全国各地优秀幼儿园骨干教师的教学成果，其中南京军区政治部机关幼儿园成静园长及张玲、薛蓓、叶仙、丁杉、虞林笋、张静、李雪教师为本教材提供了亲身实践的科学教育活动案例；同时得到北京师范大学出版社与兄弟院校幼教同人的鼎力支持，在此一并表示衷心的感谢。

由于各种原因，教材中不足之处在所难免，敬请同行专家和读者在使用过程中给予批评指正，以便今后进一步修订、完善。

《幼儿科学教育与活动指导（第3版）》编写组

目 录
CONTENTS

专题一
走近幼儿科学教育

学习目标

1. 理解科学的含义。
2. 理解科学教育的含义。
3. 掌握幼儿科学教育的内涵。
4. 领会幼儿科学教育的意义。

学习导航

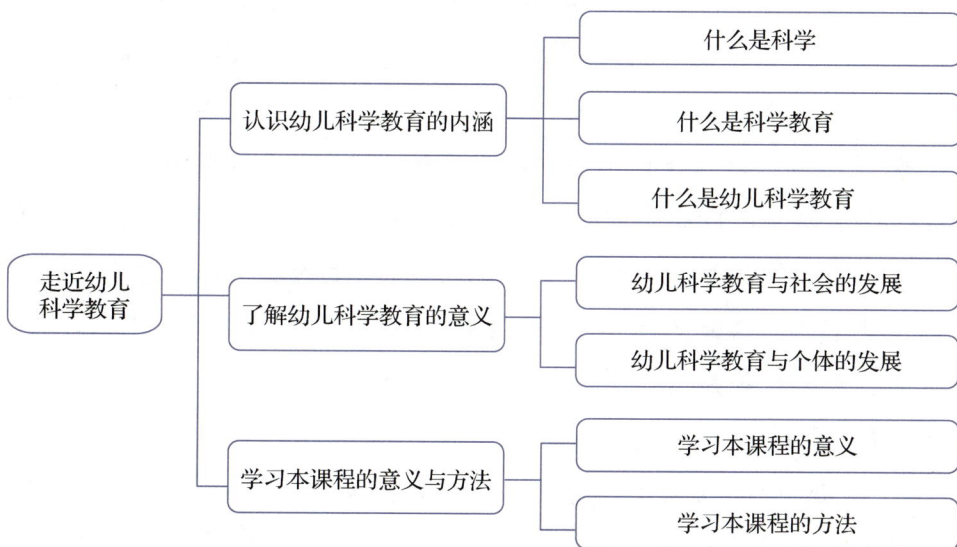

你知道什么是科学吗？幼儿身边有哪些科学现象呢？对于3～6岁的幼儿来说，他们能理解哪些科学现象呢？能理解到什么程度？我们应该如何正确引导幼儿去发现周围的科学现象，了解有关的科学知识呢？

本专题帮助学生理解幼儿科学教育的内涵，领会幼儿科学教育的意义，明确学习本课程的意义与方法。

学习主题 1
认识幼儿科学教育的内涵

情境案例

在一次大班"认识天气"科学活动中，教师问幼儿："晚上看天气预报了吗？天气预报中都说了什么？"幼儿七嘴八舌地说气温多少摄氏度，哪里下雨、下雪、容易起火等，教师总结："并不是每天都是晴天，会有雨、雪、风等，这些好像大自然的心情一样，就如小朋友的心情，高兴则温暖、晴朗，伤心则下雨、刮风。"教师问："为什么天气有时候晴朗、有时候下雨呢？"无人回答。教师说："那我们先回忆一下以前学过的内容，一年有哪几个季节？"幼儿说："春天、夏天、秋天、冬天。"教师又问："为什么有春夏秋冬呢？"教师拿地球仪简单演示后告诉幼儿："地球离太阳远近会出现四季；地球的大心情变化会有四季，地球还有小心情。地球外有大气层，有水、空气、灰尘等包裹着地球。天气变化与大气层关系太大了。比如，湖泊蒸发的小水珠上升到大气层，会产生乌云，乌云多了就下雨，乌云里的水分多，互相摩擦会产生闪电。"接下来，教师继续讲解风的形成、风力、龙卷风等知识。

【点评】

"认识天气"活动案例存在以下问题：偏重科学知识的灌输，忽视科学方法、技能与科学态度的培养；活动过程中教师的主导性和预设性过强，忽视了幼儿学习的主体性，以教师讲解、演示替代幼儿的亲自操作和体验的探究活动。教师把握内容缺乏科学性，表述不准确，出现错误的解释。

我们应该怎样正确理解科学、科学教育及幼儿科学教育的内涵呢？让我们带着这些疑问，开始本主题的学习吧！

一、什么是科学 >>>>>>>>>>>>>>>>>>>>>>>>>>>>>>>>>>

什么是科学？宽泛地说，科学是物理、化学、生物、天文学等科学知识，是科学家们进行的科学实验研究。具体地说，科学就在我们的身边，山川河流、日月星辰、斗转星移，这些事物和现象无一不与科学联系在一起，无一不是科学探索的对象。总之，科学已经成为我们生活中不可缺少的内容。

关于科学的含义，不同的人从不同的层面来理解，会得出不同的看法。在这里我们综合各家论述给科学的内涵做一个解释。科学是人们对客观世界的一种正确认识和知识体系；是人们探索世界，获取知识的过程；是一种世界观，一种看待世界的方法和态度。因此，科学包括以下不同层面的内涵。

（一）科学即知识体系

19世纪以来传统的看法把科学定义为系统化的知识体系。

1978年出版的《现代汉语词典》把科学定义为："反映自然、社会、思维等客观规律的分科的知识体系。"1982年出版的《简明社会科学辞典》也写道："科学是关于自然、社会和思维的知识体系，是社会实践经验的总结，并在社会实践中得到验证和发展。"

我国大部分哲学教科书对科学也是这样定义的。科学作为知识体系，包括概念、原则与理论。概念是由特殊或相关经验概括出来的观念，如电流、声音、空气、动物、植物等都是科学概念。而由几个相关概念构成的具有普遍意义的道理即为科学原则，这些自然法则可以预测自然现象，如磁铁同极相斥、金属遇热膨胀。理论是可以解释多种科学现象的相关科学原则，如进化论、细胞结构论等。

把科学定义为知识体系，从结果、从既成的形态概括科学的本质特征，自有其深刻之处。

（二）科学即认识活动

"科学"一词源于拉丁文，意为"求知"。从词义上说，科学并不是知识或事实的汇集与待记的公式，科学是一个动词——求知，而非名词。随着现代社会的发展，人们对科学本身的认识不断深化，人们逐渐发现仅仅把科学定义为知识体系是远远不够的。知识只是科学留给人们的第

✎ 学习笔记

一印象，人们应该用动态的观点解释科学，把科学看作获取知识、探索自然奥秘的认识活动，看作创造知识的认识活动。

爱因斯坦曾经把科学定义为一种"探求意义的经历"。这提示我们：科学不仅仅是已经获得的知识体系，它更是一种通过亲身经历去探求自然事物的意义，进而理解这个世界的过程。保加利亚学者 T. H. 伏尔科夫认为，"科学的本质，不在于认识已有的真理，而在于探索真理""科学本身不仅仅是知识，而是产生知识的社会活动，是一种科学生产"。美国科学家小李克特也认为科学是"一种社会的、组织起来探索自然规律的活动"。英国学者 C. 辛格曾从词义学角度提出："……科学经常与'研究'几乎等同起来，终于意味着一个过程，而不是一堆静态的学说。"

科学作为认识活动，包括三个基本要素：探索、解释、验证。

探索：对人类生存的宇宙的万物寻求原理和答案。开始于好奇心、求知欲，每一个人都在思考日常生活中有趣的事物。科学工作者要设计假设、利用证据，通过调查、实验、思维加工，获取科学知识。

解释：对探索过程中各种事物所做的分析阐明。科学是一个产生知识的过程，这个过程要依靠仔细地观察，并且从观察中发现问题和提出问题。

验证：对所做解释的检验。科学的本质是通过观察来验证的，如果科学理论只适用于对已经观察到的现象的解释，那还是不够的，必须对这种解释加以验证，要通过实验、数据去证实。

二、什么是科学教育 >>>>>>>>>>>>>>>>>>>>>>>>>>>>>>

科学教育是人类用科学(指自然科学)知识来武装自己，培养和造就科学技术人才，提高全民科学素质，增强社会的科学能力的社会活动。它也是科学知识的再生产和人类科学化的过程。在科学技术日新月异、知识经济迅猛发展的今天，我们要落实科教兴国的战略，培养和造就21世纪的一代新人，实现中华民族伟大复兴的宏伟目标，特别需要注意和加强科学教育。

中国古代的教育主要是"唯德"教育，到了近代，随着西学东渐，开始引入了科学(自然科学和社会科学)的内容。19世纪末20世纪初，是西方现代科学"激动人心的年代"，也是中华大地科学启蒙思潮高涨的年代。这些都为中国日后的发展奠定了坚实的思想理论基础。

🔷 拓展阅读

科学教育发展的足迹

科学进步推动生产力的发展，而生产力又要求劳动素质的提高。从18世纪中叶出现的以使用蒸汽机为标志的第一次产业革命开始，西方国家就在中小学大量开设自然科学课程，科学教育就此迅速地发展起来。但是，当时的科学教育只是局限于科学知识的传授。

19世纪中叶至20世纪中叶出现了以电动机的广泛使用为标志的第二次产业革命，这要求劳动者有更高的科学素养。这一时期的科学教育在重视科学知识教育的同时，更重视科学方法的教育，并通过教学建议的改革，试图将学生的学习过程改为科学探索与研究的过程，让学生在做中学，通过自身经验学习科学方法。

20世纪中叶以后，以电子计算机在现代生产中的应用为标志的第三次产业革命引起了生产与社会生活的革命性变化。高科技产业及其产品不断诞生，并大量进入人们的日常生活，使现代社会生活出现了日新月异的变化。生活在这个时代的人不仅作为生产者需要掌握较高的科学文化知识，而且作为普通市民也需要有相当的科学素养。因此，各个国家都把发展教育作为首选的对策。一些国家先后通过教育改革法案，进一步延长义务教育年限，基本普及了高中教育，并重点改革数学、自然科学、外语等学科的教学，更新了理科实验设备，实现教育内容的现代化。

对幼儿进行科学教育，最重要的是启蒙。即使人类已经进入高科技的信息时代，这种科学的启蒙仍然重要，因为愚昧与科学的较量是没有终点的。不能简单地说，只要科学知识丰富就绝对不会上愚昧的当。科学教育与科学的发展几乎是同步的。随着科学技术的迅速发展，随着社会的进步和教育的变革，科学教育已从传统的学科教育向现代科学教育转变，产生了现代科学教育的新概念。近年来，幼教界一直交叉使用着"科学教育"和"常识教育"这两个概念。目前，人们对幼儿科学教育的看法主要有两种。一种观点认为，"科学教育"与"常识教育"没有什么区别，"科学教育活动"就是原来"常识课"的替换词。另一种观点认为，"科学教育"比"常识教育"增加了现代科技、环境保护等内容，注重让幼儿了解事物间的关系，增加了幼儿的亲身活动和动手操作。但人们对幼儿科学教育的认识整体上仍很模糊，教育实践没有明显改观，多数教师仍然用上常识课的方式对幼儿进行科学教育。

三、什么是幼儿科学教育 >>>>>>>>>>>>>>>>>>>>>>>>>

2001年7月教育部颁布的《幼儿园教育指导纲要(试行)》(以下简称《纲要》)明确指出："幼儿的科学教育是科学启蒙教育，重在激发幼儿的认识兴趣和探究欲望""要尽量创造条件让幼儿实际参加探究活动""科学教育应密切联系幼儿的生活进行"。生活中处处都有科学，科学就藏在幼儿对自己周围具体的物质世界的好奇和探索中。幼儿科学教育的宗旨是对幼儿进行科学素质的早期培养。2012年颁布的《3—6岁儿童学习与发展指南》(以下简称《指南》)提出："幼儿科学学习的核心是激发探究兴趣，体验探究过程，发展初步的探究能力。成人要善于发现和保护幼儿的好奇心，充分利用自然和实际生活机会，引导幼儿通过观察、比较、操作、实验等方法，学习发现问题、分析问题和解决问题；帮助幼儿不断积累经验，并运用于新的学习活动，形成受益终身的学习态度和能力。"

幼儿科学教育的内涵应突出强调两个问题：第一，幼儿科学教育应是引导幼儿主动探索的过程，教师应改变以往重结果、不重过程的做法，给其足够的时间，有足够的耐心等待幼儿自己发现，不急于告诉幼儿结果；第二，幼儿科学教育应引导幼儿从他们每天所做的事情中积累科学经验，从他们日常的好奇与探索行为中悟出道理、发现关系，从只重视教师有组织的集体和分组科学教育活动转向重视日常生活活动，教师要随时随地发现、支持并引导幼儿自发的探索活动。

📖 典型案例

小蜗牛

"小蜗牛"活动课后，菲菲和洋洋等几个小朋友又围着小蜗牛，看小蜗牛吃他们从家里带来的各种食物。大家七嘴八舌地说着："我的蜗牛吃青菜。""我的蜗牛吃苹果。""我的蜗牛吃饼干。"……菲菲说："这两天，我的蜗牛怎么什么都不吃呀？""是不是生病了？""是不是你给的食物太大呀？""你的瓶子里太干了！"幼儿的猜疑引来了许多小朋友争先恐后地围观。

教师站在旁边摸着菲菲的头说："仔细找找会是什么原因呢？"在旁边一直一声不响的天天说："我有办法！老师，我给蜗牛倒点甜牛奶行吗？"(副餐时幼儿刚喝过牛奶。)说着，就把杯子里没喝光的牛奶汁倒给了小蜗牛，蜗牛很快就有了回应，并且钻出了壳，周围发出了热烈的掌声。

"原来蜗牛喜欢吃甜的呀！"几个幼儿不由自主地感叹道。"不一定！我觉得小蜗牛喜欢吃菜叶。"洋洋大声地反驳道。在他的带动下，也有几个幼儿说："我的蜗牛喜欢吃米。""我的蜗牛喜欢吃蛋黄，上一次我还记录下来了呢。"边说边翻出自己的记录表。"我的蜗牛还吃过豆腐呢。"大家争得不可开交。教师说："小朋友们都很聪明，观察得都很仔细，蜗牛确实能吃各种东西，它肚子饿时还能吃肉末儿呢。""老师，那小蜗牛到底喜欢吃什么呀?"菲菲迫不及待地问道。为了使幼儿更加深入地探究蜗牛的食性，教师抓住时机问道:"我们大家想个办法来证明好不好?"听了教师的话，幼儿抓耳挠腮地想起来。过了一会儿，有的幼儿说:"苹果是甜的，给它弄点儿苹果试试。"但马上有幼儿反驳:"只给它吃甜的食物不行，把甜的和不甜的食物同时给蜗牛吃，看它先吃哪个，这样试才公平。"大家经过充分讨论一致认为，要证明蜗牛是不是更爱吃甜食，应该同时提供甜的和不甜的食物，而且两种食物要与蜗牛的距离相同。随后，幼儿分成五个小组，为蜗牛选择了不同味道的食物进行实验。结果四个小组的蜗牛都先吃了甜食，只有一个小组的结果与大家不同，原因是他们将不甜的食物摆在了离蜗牛近的地方，所以，蜗牛先吃了不甜的食物。

（选自陈洁:《科学互动　教学相长:幼儿科学活动中师幼积极有效互动的探索》，上海，少年儿童出版社，2011。收入本书时有改动。）

【点评】

《纲要》指出:"教师应成为幼儿学习活动的支持者、合作者和引导者""耐心倾听、努力理解幼儿的想法与感受，支持、鼓励他们大胆探索与表达"。以上案例，以幼儿主动探索为核心，教师适时地参与和帮助，推动和激励幼儿在活动过程中不断发现问题、寻找答案。教师充分给予幼儿学习的空间，让幼儿在实际操作中发现问题、提出疑问、展开争论，最后使其在自己反复的实践过程中解决问题，寻找到答案。这样既激发了幼儿探索的积极性，又锻炼了他们的观察能力和动手操作能力。

　　具体地说，幼儿科学教育的含义是教师充分利用周围环境为幼儿创造条件，提供物质材料和机会，在不同的场合，以不同的组织形式给予幼儿不同程度的指导的过程(包括直接指导和间接影响);是幼儿通过自身的活动，对周围物质世界进行感知、观察、操作、发现问题、寻求答案的探索过程;是幼儿获取广泛科学经验，初步掌握科学的方法和技能，培养科学态度的学习过程;是发展幼儿好奇心，培养幼儿学习科学的兴趣，以及培养幼儿良好行为习惯的教育过程。

　　幼儿科学教育是引发、支持和引导幼儿主动探索、经历探究和发现过程，获得有关周围物质世界及其关系的经验的过程。因此，幼儿科学教育也是幼儿终身发展的长远教育价值得以实现的过程。

学习主题 2
了解幼儿科学教育的意义

📖 **情境案例**

让橡皮泥浮起来

今天，老师在美工区投放了橡皮泥，鼓励幼儿捏出各种有趣的小动物。

小明拿起一块橡皮泥，来到自然角的鱼缸边。老师急切地走过来询问："你想喂鱼吗?"小明说："我想让橡皮泥漂起来。"老师提出了建议："老师给你再打一盆水，咱们别打扰小鱼行吗?"小明欣然接受，开始了自己的实验。

他把橡皮泥团成球放进水里，橡皮泥沉下去了。他把橡皮泥压成薄薄的饼状放进水里，橡皮泥又沉下去了。他把橡皮泥搓成细长条放进去，橡皮泥还是沉下去了。他停下来开始思考……这次，他把橡皮泥扯成一粒一粒地放进水里，结果橡皮泥还是沉下去了。

他开始环顾四周，准备离开。教师发现后，走过来对他说："老师和你一块玩好吗?"他点点头，继续玩。教师用硬纸片折成一个碗状的物体，放在水面上。突然，小明看到了浮在水面的小碗，他眼睛一亮。这次，他试着把橡皮泥做成小碗的形状，橡皮泥终于浮在了水面上。他高兴得跳了起来，向老师报告他的成功。

【点评】

在"让橡皮泥浮起来"的科学活动中，教师设置了物体沉浮的探索情境，让幼儿有独立探索的机会。教师启发幼儿通过观察、比较、推理得出结论，使幼儿在活动中学会了主动探索、独立思考，培养了其动手能力、解决问题能力和探索能力，激发了其对科学活动的兴趣和探究的欲望。

📖 **名人名言**

科学的真正的与合理的目的在于造福人类生活，用新的发明和财富丰富人类生活。

——培根

对幼儿进行科学教育是人类、社会进步的必然要求，也是幼儿全面发展教育必不可少的组成部分，无论是从社会的需要来看，还是从幼儿个体发展来看都是至关重要的。本主题将明确幼儿科学教育与社会发展及幼儿个体发展之间的关系。

幼儿是国家科学发展的希望和生力军，从小对幼儿进行科学知识的普及及科学现象的探索指导，让他们始终保持对科学知识的求知欲、好奇心是幼儿科学教育的首要任务。

一、幼儿科学教育与社会的发展

改革开放以来，经济、社会的快速发展既推动着教育的进步，又向教育提出了新的挑战。社会发展需要主动的、有创造性的个体，而个体要在社会上更好地生存也必须具备主动性和创造性。培养具有主动性和创造性的人是当今社会对教育提出的必然要求，科学教育必须迎接这一挑战。

当今世界充满着竞争、机遇和挑战。国家间的竞争主要是经济的竞争，经济的竞争实质上就是科技的竞争，科技的竞争说到底是人才的竞争。邓小平的"科学技术是第一生产力"的论断科学地反映了社会发展的客观规律。科技的载体是人才，而人才的培养靠教育。科技兴则民族兴，教育强则国家强。习近平总书记指出：今天，我们比历史上任何时期都更接近中华民族伟大复兴的目标，比历史上任何时期都更有信心、有能力实现这个目标。而要实现这个目标，我们就必须坚定不移贯彻科教兴国战略和创新驱动发展战略，坚定不移走科技强国之路。时代发展需要具有创新意识和能力、强烈求知欲望和科学态度的人才。引导幼儿从小爱科学、学科学，对幼儿进行启蒙教育，从小培养幼儿基本的科学素质和社会适应能力，会为幼儿长大后成为适应时代发展所需要的人才打下良好的基础。

二、幼儿科学教育与个体的发展

作为幼儿园课程的一个重要组成部分，幼儿科学教育担负着幼儿科学知识的传授、激发幼儿对科学的兴趣、从小培养幼儿科学探索精神的任务。幼儿园进行科学教育，不仅能培养幼儿的科技意识，而且对其认知、情感、社会性、自信心、创造性和身心等方面的发展都具有重要的促进作用。

（一）幼儿科学教育促进幼儿认知的发展

根据皮亚杰的认知发展理论，幼儿是通过与环境中的人和事物相互作用获得知识和形成概念的。在科学教育活动中，幼儿运用多种感官感知事物，不断地动手操作、动脑思考，获得丰富的科学知识和经验。

例如，通过感受四季的变化认识大自然，通过实验学习磁铁吸铁、水有浮力、物体有弹性等科学知识，通过观察认识丰富多样的动植物世界等。科学教育活动开阔了幼儿的眼界，使幼儿的认知结构不断丰富、完善。

幼儿科学教育的一个重要特点，就是教师不仅要引导幼儿掌握科学发现的结果，即科学知识，而且要引导幼儿经历科学发现的过程，即观察、分析、比较、分类、概括、实验等过程。在教师设计的科学教育活动中，幼儿学习运用多种感官认识事物，学习有顺序地进行观察，从而使自己的观察力得到发展。在广泛接触自然的过程中，幼儿积累了丰富的感性经验，这为其思维的发展奠定了基础。在科学教育活动中，幼儿学习动手操作科学小实验，学习用比较的方法认识事物，并找出事物间简单的联系及因果关系。例如，认识物体的弹性，幼儿是通过教师准备好的材料(如皮球、橡皮绳等弹性玩具)进行操作和探索，才发现其中的秘密的。在认识了物体的弹性之后，教师又启发幼儿思考，生活中还有什么东西具有弹性，幼儿会想到蹦蹦床、沙发、棉衣等，在这个过程中，幼儿的思维得到了锻炼和提升。在科学教育活动中，幼儿也学习对物体进行分类，形成初步的类概念。例如，认识鸡、鸭、鹅之后，幼儿会通过它们的外形特征、生活习性等进行比较，找出异同点，从而形成"家禽"的概念。

幼儿科学教育活动是幼儿在操作探索中思考，在思考中寻找答案的过程。在活动中幼儿的好奇心不断被激起，又不断地得到满足。总之，幼儿科学教育对幼儿认识能力的发展有重要的促进作用，不仅使幼儿获得了丰富的科学知识与经验，而且使其学习了认识世界的方法。

（二）幼儿科学教育促进幼儿情感的发展

幼儿科学教育既丰富了幼儿的科学知识和经验，也丰富了幼儿的情感体验。科学教育活动向幼儿展示了一个丰富多彩的物质世界，声音、色彩以及事物相互关系的变化等都能激发起幼儿的好奇心和求知欲。在活动中，幼儿像蜜蜂采蜜一样辛勤地探索，吸吮知识。在这个过程中，幼儿将获得丰富的情感体验：对科学奥秘的惊奇，对大自然美的感受和欣赏，操作探索的满足感，获得知识的成功感，等等。

例如，在探索"磁铁的奥秘"时，教师发给幼儿几块磁铁和各种各样的铁制品、塑料制品、陶瓷制品，让他们自己摆弄，幼儿积极性很高，很快津津有味地玩起来，许多幼儿为自己的发现兴奋不已：铁制品能被吸起来，不是铁制品就吸不起来。他们饱尝了发现的快乐。丰富的情感体验有利于幼儿逐步形成稳定、持久的情绪情感和活泼开朗的性格。当然，在活动中幼儿也会遇到一定的困难和挫折，但经过教师的指导和自己的努力，一旦战胜了困难，获得了成功，便会滋生出探索精神，并成为下一次探索的动力，对其今后的发展发挥重要的作用。

幼儿科学教育有利于消除幼儿的消极情感，如幼儿接触和认识大自然时，对大自然产生亲近感，对生物有仁爱之心，这种爱心便是幼儿形成道德感的必要基础。幼儿害怕某些动物和自然现象，其重要原因是缺乏对这些动物和自然现象的认识。科学教育活动使幼儿对自然界有了粗浅的认识，减少了其恐惧感，增强了自信心。比如，狮子、老虎等动物是幼儿最害怕的，但在认识了动物世界后，幼儿知道了动物是人类的朋友，我们可以和动物和平共处。

（三）幼儿科学教育促进幼儿社会性的发展

幼儿社会性的发展，直接影响其心理过程的发展，也影响着幼儿个性的形成。许多科学活动是需要合作才能完成的，这就为幼儿提供了与教师、与同伴，相互交往、相互交流的条件和机会。

例如，在一次大班"神奇的力"的科学活动中，教师分组给幼儿提供了各种各样的玩具，并引导幼儿玩这些玩具。有的一个人玩，有的几个人一起玩，玩过后自由交谈自己的发现，幼儿之间形成和谐、友好、互助的关系，营造了一种互相讨论、互相补充、互相启发、互相合作的学习气氛。又如，幼儿与教师、同伴一起观察四季的变化，观察自己在园地里种的小苗慢慢长大，一起完成物体的沉浮实验，一起思考人们如何使自己凉快起来，怎样才能使物体移动，等等。幼儿相互交流，相互协作，共同分享成功的快乐，这对幼儿社会性的发展无疑是有重要作用的。

认知发展是社会性的前提，幼儿除了在其他教育活动和日常生活中学习社会行为规范外，在科学教育中也学习了守规则、和谐、合作、相互依赖等概念。例如，不能随便拿别的小朋友的实验品，不妨碍别人的活动，更不能扰乱正常的课堂秩序，要爱惜教具、玩具等。这些概念的获得有利于幼儿学习并逐渐形成社会性的行为方式。

✎ 学习笔记

（四）幼儿科学教育增强幼儿的自信心，促进其创造力的发展

充分的自信心和积极的自我概念是任何人都需要的良好品质，它能使人勇于步入世界，并怀着乐观的期望去迎接生活。

自信心和自我概念来自对自己能力的认识。幼儿早期对自己能力的良好感觉受成人的影响，但更重要的是幼儿的内部感受。怀特曾说过，无人能授予幼儿能力的体验，谁也不能给予别人有能力的感受。教师所能做的，只是为幼儿变得有能力提供许多机会。幼儿科学教育正给予幼儿这样的机会，它允许幼儿自己决定使用什么方法，独立地去感知、操作、探索。一旦幼儿有所发现，或成功地解决了某个问题，不仅为他带来了情感上的满足和愉快，而且还能使其感受到是用自己的行为所发现、所获得的成功，从而感受到自己是有能力的。各种各样的科学活动，给予不同能力的幼儿在自己原有水平上显示能力的可能性。科学活动的实践证实了幼儿都可能在有趣的科学探索过程中有所发现，获得成功，促进自信心的发展。

心理学研究表明，幼儿正处于创造力的萌发期，但是创造力又是一种容易受挫折的能力，需要得到成人的保护、鼓励和培养。幼儿科学教育为幼儿创造了良好的环境。广泛的科学教育内容和丰富的物质材料，宽松、自由、操作性强的科学活动，在幼儿创造力的发挥中起着重要的作用。例如，幼儿设计的"太空中的房屋""能钻透地球的汽车"，用蜡笔把纸涂满就发明了"不湿的纸"等都表现出幼儿的想象力与创造力。又如，当教师带领幼儿在自然环境中探索树木的大小、粗细，但缺少测量工具时，幼儿纷纷想出办法：有的拿鞋带，有的拿扎发辫的绸带，有的找树枝，有的拿草秆，有的拿皮带，有的用自己的小手，从而创造性地解决了测量工具不足的问题。在科学活动中，幼儿生动、新颖、独特的表现，充分说明了幼儿科学教育有助于幼儿创造力的培养。

（五）幼儿科学教育促进幼儿身心的健康发展

幼儿科学教育为幼儿健康成长提供知识基础。在科学教育活动中，幼儿获得了有关自己身体的知识，认识了身体的各部分及其功能，从而更乐于接受健康教育和自我保护教育。例如，幼儿掌握了鼻子的作用和鼻子容易受损伤的知识，就会很快克服抠鼻孔的毛病；幼儿在认识蔬菜时了解到蔬菜有营养价值，对身体有益，也乐于改掉挑食、偏食的习惯。幼儿科学教育让幼儿有更多的机会投入大自然的怀抱中。充足的阳

光、新鲜的空气、愉快的探索，可以促进幼儿身体的健康发育。

　　教师在进行科学教育时往往会给幼儿提供充足的玩具、教具，面对这些可玩儿、可学的东西，幼儿往往表现出浓厚的兴趣和愉快的心情，有益于幼儿心理的健康发展。

　　例如，在学习"溶解"这一现象时，教师会给幼儿准备实验用的味精、白糖、盐、米、沙等，活动时幼儿根据教师的引导大胆操作，最后发现"溶解"的秘密。在此过程中，幼儿兴致勃勃，积极、主动地去尝试，产生了愉快的心情。在这种情绪状态下，幼儿不仅容易感知事物美的特征，形成美感，而且注意力集中、想象丰富、思维活跃，促进了其智力的发展。

　　综上所述，幼儿科学教育在不同程度上促进了幼儿认知、情感、社会性、自信心、创造力和身心健康等方面的发展。它不仅使幼儿获取丰富的科学经验，形成初步的科学概念，而且能培养幼儿积极的学习态度，激发其求知欲，使其更乐于去观察一个物体、一个事件的发展、变化。幼儿科学教育还会使幼儿更具耐心地重复去完成一个任务，使其尊重可靠的证据去辨别是非，纠正错误；使其学会机智地去寻找信息和寻求帮助，相信自己有能力去尝试各种探索；使其尊重他人的意见；等等。所有这些良好的态度，都会给幼儿今后的学习、生活带来积极的影响，为其逐步建立起科学的世界观和求知欲奠定基础。因此，我们可以这样说，幼儿科学教育与未来人才素质的培养紧密相连。

典型案例

小班科学活动：滚一滚

活动目标

感知不同物体的外形特征，初步对物体的滚动现象感兴趣。

活动准备

1. 经验准备：幼儿有玩汽车、滚球的经验。

2. 物质准备：

(1)与幼儿一起收集圆柱体铁罐、小球、圆形胶带、玩具轮子等能滚动的物体若干。

(2)正方形、三角形和圆形的积木若干。

(3)分类筐若干。

活动指导

1. 引导幼儿自由探索圆柱体铁罐、小球、圆形胶带、玩具轮子等的玩法。

提问："你选的是什么玩具，它是什么样子的？"

引导幼儿观察物体的外形特征。

鼓励幼儿运用已有经验进行操作，感知这些东西是可以滚动的。

2. 交流经验，初步感知物体的滚动现象。

提问："请说说这些物体怎么玩？你发现了什么？"

引导幼儿观察物体的外形特征。

鼓励幼儿运用已有经验进行操作，感知这些东西是可以滚动的。

请幼儿演示，明确什么是"滚动"。

3. 幼儿再次探索，尝试使物体滚动起来。

幼儿自由选择物体进行尝试。"这些物体真的能滚动起来吗？大家一起试一试吧"！

引导幼儿根据尝试后的经验，将能滚动的物品放入分类筐，进行归类。

4. 找轮子：进一步感知圆形物体的滚动现象。

提问："如果汽车的轮子是正方形或三角形，会怎么样？"

引导幼儿操作：在平面上滚动正方形、三角形和圆形积木，比较哪种积木滚得快。

引导幼儿发表自己的看法，知道圆形物体比正方形、三角形物体滚得快，所以汽车、摩托车、自行车的轮子是圆形的。

（资料来源：福建学前教育网。）

学习主题 3
学习本课程的意义与方法

情境案例

这是一个秋天的早晨，孩子们陆陆续续地走进了教室，开始了游戏。沈扬也走进了教室，他东看看、西望望，哎！他的眼睛一亮，朝着露台走去。原来，露台上放着可以发声的玩具，有沙球、小鼓和鼓槌。他走上前去，用筷子敲敲小鼓——"咚！咚！"，用沙球摇摇——"沙！沙！"。他似乎沉浸在各种声音中，快乐地享受着声音带来的奇妙刺激。

【点评】

从以上例子可看出幼儿的行为蕴含着对自然界事物的研究和理解，是一种科学探究行为。教师应树立正确的幼儿科学教育理念，具备观察、分析和解读幼儿各种科学探究行为，进而生成科学教育活动的能力。

本主题将帮助你了解一名幼儿教师学习"幼儿科学教育与活动指导"课程的重要性及学习本课程的基本方法。

一、学习本课程的意义 >>>>>>>>>>>>>>>>>>>>>>>>>>>>>>

"幼儿科学教育与活动指导"是幼儿教育的一门专业课程，是幼儿园"五大领域"教育的重要组成部分，是一门主干课程。它是一门以教学论的一般原理为依据，运用教育学和心理学的理论、原则来研究幼儿科学教育活动过程的课程。具体研究对象是幼儿科学教育的理论和实践问题，具体包括幼儿科学教育的内涵、意义，幼儿科学教育的目标和内容，教师怎样设计并组织幼儿开展科学探索活动以及如何进行评价等。因此，它是一门应用性较强的课程。

"幼儿科学教育与活动指导"与自然科学、幼儿心理学、幼儿教育学的关系十分密切，幼儿科学教育的内容与生物、物理、化学、天文、地理、生理卫生等紧密联系。引导幼儿学习科学知识必须以幼儿的心理发展规律为依据，根据不同年龄的学前儿童制定不同的教育目标，采用不同的教学内容及方法。在教育过程中，还要以幼儿教育学的一般原理为根据，分析幼儿科学教育的实际问题。自然科学、幼儿心理学、幼儿教育学是"幼儿科学教育与活动指导"的知识基础和理论根据，学习本课程有助于对其他相关学科知识的进一步理解与巩固。

"幼儿科学教育与活动指导"是幼儿园教育的重要组成部分，它与"幼儿健康教育与活动指导""幼儿语言教育与活动指导""幼儿社会教育与活动指导""幼儿艺术教育与活动指导"等课程相互联系、相互渗透。幼儿科学教育活动指导为其他各领域教育活动指导提供具体的内容，而其他各领域教育活动指导又为幼儿科学教育的开展提供了生动形象的手段和形式。五大领域相互结合，共同完成幼儿教育的总目标。

"幼儿科学教育与活动指导"是学前教育专业的专业必修课，通过本课程的学习，可以提高学生对幼儿科学教育活动的正确认识，全面掌握幼儿科学教育的目标、内容、方法、活动设计、活动评价等专业知识，使学生具备从事组织幼儿科学教育活动的实际能力，并为他们开展幼儿科学教育研究工作打下基础。

二、学习本课程的方法 >>>>>>>>>>>>>>>>>>>>>>>>>>>>>>>

（一）用广博的科学文化知识、严谨的科学态度武装自己

幼儿科学教育的内容涉及范围十分广泛，涉及从人类学到动物学、从天文学到地理学、从历史学到经济学、从自然科学到人文科学等各个领域，这就要求教师必须具备广博的科学文化基础知识。当面对好奇心旺盛的幼儿所提出的形形色色的问题时，你是否能为幼儿开启一扇扇通往科学宝库的大门，帮助他们开启科学探索之旅，具备广博的科学知识显然是不可或缺的条件。例如，幼儿想知道青蛙为什么是蝌蚪的妈妈，教师不能教条地将现有知识硬塞给他们，而要让他们知其然，更要知其所以然。因此，教师首先要具备丰富的生物学、动物学知识，引领幼儿系统观察、客观记录，最终使他们正确认识青蛙生长的变化过程，这是一名合格的启蒙教师的义务，更是不可推卸的责任。

要想在今后的工作中灵活运用所学的知识，组织好幼儿的科学教育活动，就必须以严谨的科学态度武装自己，认真学好教育理论知识，完善自己的知识结构，为今后的工作打下坚实的理论基础；能正确分析幼儿在活动中表现出来的各种心理与行为，全面、辩证、客观地为幼儿解释身边的各种现象。在教育活动的设计中要遵循幼儿身心发展特点和幼儿科学教育的理论与方法，深入思考、认真钻研、精心准备。在解答幼儿疑问时要实事求是、尊重科学，传授正确的知识，切忌想当然或不懂装懂，糊弄幼儿。

（二）深入幼儿园参加教育教学实践

理论学习与实践学习密不可分，相辅相成，相互促进。理论知识是指导实践的坚实后盾，理论学习越扎实，实践中的成效就越显著；实践中的所见所闻、所思所想又可以验证理论知识的科学化程度，并使理论的完善与更新成为可能。结合幼儿教育实践学习幼儿教育理论会收到事半功倍的效果。因此，教师要认真参加幼儿园见习、实习活动，尝试设计和组织一些科学教育活动；善于观察、思考幼儿的科学探索行为；有意识地去访问优秀幼儿教师，阅读分析一些科学教育活动案例等。只有联系实际进行学习，才能将幼儿科学教育的理论学深、学透，从而树立正确的教育观念，掌握相应的教育教学技能。

（三）了解幼儿身心发展规律及发展水平

教育要做到有的放矢。幼儿年龄小，注意力不稳定，思维具体形

象、情绪多变，白制力不强。教师要充分了解幼儿的年龄特征，根据其身心发展规律及认知水平为幼儿选择他们最感兴趣的内容、最易接受的方式，采用生动活泼的形式，进行最富创造力的启发和引导。多姿多彩的世界吸引着幼儿睁大渴求的双眼去发现、去探索、去创造。而我们的任务就是充分了解他们的所思、所想，在恰当的时机为其提供丰富的内容，成为幼儿学习科学的引导者。

思考与练习

1. 什么是科学？什么是科学教育？

2. 如何理解幼儿科学教育的内涵？

3. 幼儿园开展科学教育活动的意义是什么？请结合实例说明。

4. 怎样才能学好"幼儿科学教育与活动指导"这门课程？

拓展训练

收集 20 个以上的科学小知识在课堂上与同学分享。

考证导航

一、选择题

1. 幼儿构建科学概念的基础是（　　）。

A. 初步的科学概念　　　　　　B. 极为抽象的科学概念

C. 科学经验　　　　　　　　　D. 科学理论

2. 下列关于幼儿科学活动重要性的论述中，正确的是（　　）。

A. 幼儿科学活动有利于幼儿掌握系统的科学知识

B. 幼儿科学活动让幼儿体验科学探索过程带来的乐趣

C. 幼儿科学活动可以帮助幼儿记忆一些科学知识

D. 幼儿科学活动，让幼儿快速掌握科学结论

3. 幼儿的科学教育是（　　），重在激发幼儿的认识兴趣和探究欲望。

A. 科学启蒙教育　　　　　　　B. 科学知识教育

C. 科学原理教育　　　　　　　D. 科学素质教育

4. 幼儿科学教育的对象是（　　）。

A. 0～6 岁儿童　　　　　　　　B. 3～6 岁儿童

C. 4～5 岁儿童　　　　　　　　D. 5～6 岁儿童

5. 幼儿科学学习的关键是（　　）。

A. 感知　　　　B. 思考　　　　C. 操作　　　　D. 探究

学习笔记

扫码查看答案

6. 幼儿科学教育的内涵要求（　　）。

A. 教师探索，告知幼儿科学结论

B. 教师要支持幼儿从日常生活中增长科学经验

C. 教师只需重视集体科学教育活动

D. 以上都对

7. 不适合幼儿探索的科学内容是（　　）。

A. 气温的变化

B. 四季的成因

C. 雨雪现象

D. 季节变化与动植物、人类的关系

8. 下列不宜作为幼儿科学领域学习方式的是（　　）。

A. 直接感知　　　　　　　　　B. 实际操作

C. 亲身体验　　　　　　　　　D. 概念解释

（2019 年下半年幼儿园教师资格考试"保教知识与能力"真题）

9. 学习幼儿科学教育与活动指导课程的方法是（　　）。

A. 广博的文化科学基础知识和严谨的科学态度

B. 幼儿园科学领域教育教学实践

C. 幼儿身心发展规律和认知水平

D. 以上都对

10. 不符合幼儿科学教育活动特性的是（　　）。

A. 教育内容的生成性

B. 教育过程的探究性

C. 教育结果的知识性

D. 教育组织方式的多样性和灵活性

二、简答题

1. 幼儿科学教育的含义是什么？

2. 幼儿科学教育对幼儿自身的发展有何价值？

三、分析题

传统的幼儿科学教育存在哪些问题，请结合科学的内涵和幼儿科学教育的内涵进行分析。

专题二
幼儿科学教育的目标与内容

学习目标

1. 了解幼儿科学教育目标制定的依据。

2. 明确幼儿科学教育的总目标及各年龄阶段的目标。

3. 熟悉幼儿科学教育的内容，理解幼儿科学教育内容选择的原则。

4. 树立正确的幼儿科学教育价值观。

学习导航

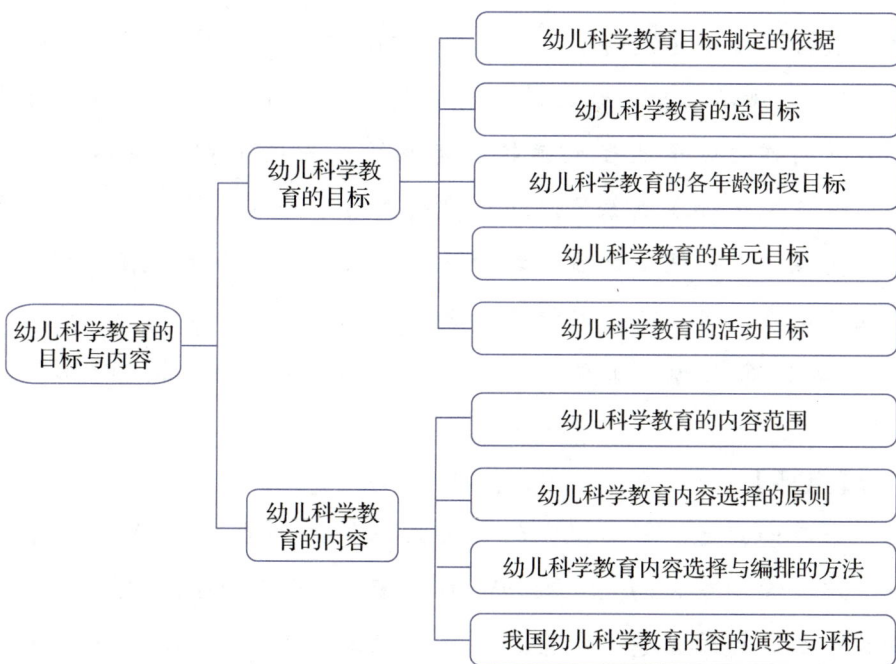

长期以来，我国幼儿科学教育一直把知识的掌握放在教育目标的首位，教育目标所追求的价值主要指向为入学做准备。随着时代的发展，教育不断变革，如今，在幼儿科学教育领域，人们普遍认为，相对于知识来说，情感态度和探究解决问题的策略更为重要。因为幼儿有着与生俱来的好奇心和探究欲望，个个都是天生的小小科学家。在幼儿科学教育中，最关键的是培养和保持幼儿的好奇心和探究热情。

学习主题 1
幼儿科学教育的目标

📖 情境案例

我猜想的纸最适合做风车吗？

一位教师在组织幼儿进行猜想什么纸适合做风车的活动后，鼓励幼儿大胆实践，幼儿根据自己选择的纸制作了同样造型的风车。然后教师将幼儿带到了户外，问他们："你用什么方法证明你选择的纸最适合做风车呢？"幼儿说："我们从操场的这头起跑，一起停下来后，如果哪个风车转的时间长，哪种纸就最适合做风车。"随着教师一声令下，幼儿一起跑起来。不一会儿，他们发现了各种各样的问题："我的皱纸风车怎么一点也不转呢？皱纸太软了，风叶都折到后面去了。""奇怪，我的瓦楞纸风车怎么不转啊？""我的也不转，是不是瓦楞纸太硬了？""牛奶袋风车也有些硬，跑快了才转，跑慢了就不转了。""宣纸风车太软，纸太薄，有时转，有时不转。"他们跑到终点时发现只有手工纸和挂历纸制作的风车还在继续转，其他纸做的风车都已经不转了，有些风车如瓦楞纸风车、报纸风车掉在地上了。幼儿重新实验了一遍，结果还是手工纸和挂历纸做的风车转的时间最长。探究结束后，教师请幼儿将实验结果记录在表格中，用√或×表示实验是否成功，表示自己选择的纸是否适宜做风车。

［选自徐兴芳、王莹：《科学活动记录例谈》，载《幼儿教育（教育科学）》，2007 (11)。］

【点评】

引导幼儿运用科学探究的方法认识身边的自然环境，是科学教育的目标与任务之一。这一案例中，幼儿在教师的引导下，认识了皱纸、瓦楞纸、手工纸、挂历纸等几种纸的特征，通过猜想、观察、实验、记录等方法，体验了科学探究的过程，感受了科学探究方法的多样性。

一、幼儿科学教育目标制定的依据 >>>>>>>>>>>>>>>>

幼儿科学教育目标是幼儿教师开展科学教育活动的指导思想，也是制订幼儿科学活动计划的依据，幼儿科学教育目标是在实施幼儿科学教育活动之前，对幼儿科学活动结果的预期。幼儿科学教育目标制定的依据主要有以下三个方面。

（一）着眼于当今社会发展的需要

当今世界，国家实力的竞争逐渐演变为科技实力的竞争、教育的竞争、人才的竞争。科学教育是人类社会文明进步的资源和动力，目前成了各个国家教育改革的热点之一。许多国家都把推进科学教育与本国的人力资源开发、科技振兴事业联系在一起，重视幼儿科学教育已成为全球性的大趋势。幼儿科学教育课程正是在此背景下产生的，"时代性"是幼儿科学教育的主要特点。2003 年 12 月，国际科学院联合组织发表了有关儿童科学教育的宣言，世界各国 69 个科学院的代表在宣言上签字，承诺将和教育界一起在各国继续推动这项教育改革。因此，我们必须树立时代意识，站在时代的高度认识幼儿科学教育的任务与作用，树立起科学的儿童观，通过科学教育活动的组织实施，实现幼儿科学教育的真正价值。

（二）促进幼儿的发展

幼儿科学教育目标不仅要反映一定的社会价值观，还要根据幼儿发展水平，满足幼儿发展的需要，促进幼儿的发展。因此，应深入研究幼儿发展的特点及规律，制定出符合幼儿发展规律，能够促进幼儿发展的科学教育目标。

在制定幼儿科学教育目标时，应强调幼儿的整体发展、幼儿的发展具有明显的年龄特点、幼儿的个别差异性三个方面。

1. 幼儿的整体发展

幼儿的发展是一个整体，幼儿发展的需要是整体的需要。幼儿的发展包括生理、心理、情感、认知等方面，这些方面的发展不是独立的，而是各方面的整合性发展。在确立幼儿科学教育目标时，不仅要关注幼儿认知的发展，而且要关注其情感和社会性的发展，并要注重对其个性品质的培养。

2. 幼儿的发展具有明显的年龄特点

不同年龄的幼儿发展水平是不同的，发展的需要也不尽相同。幼儿科学教育内容丰富，方法和手段多样，不同年龄之间差异较大。因此，在制定幼儿园科学教育目标时，应按照各年龄班幼儿的差异制定不同的教育目标，提出不同的教育要求，才能实现预期的活动效果，真正达到促进幼儿发展的目的。

3. 幼儿的个别差异性

每个幼儿在发展过程中的需要是不同的，即使是同一年龄的幼儿，他们的发展水平也有很大的差别，他们的感知觉、思维、兴趣、情感态度、个性等都存在差异。因此，幼儿科学教育的目标不应该是统一的、固定不变的，而应针对不同的幼儿提出不同的要求。让每个幼儿用自己的方式参与活动，并在活动中获取经验，在原有水平上得到发展。

（三）依据《纲要》和《指南》的主要精神

《纲要》和《指南》是我国进行幼儿科学教育的政策性文件，明确规定了3～6岁幼儿科学教育的目标和内容要求，是对幼儿有效地进行科学教育的指南和风向标。我们要充分理解《纲要》和《指南》的主要精神，并用于指导我们的教育行为。

二、幼儿科学教育的总目标 >>>>>>>>>>>>>>>>>>>>>>

幼儿科学教育总目标是幼儿教育总目标的有机组成部分，是幼儿教育总目标在科学教育领域的具体体现。它是指幼儿在教师指导下进行科学探究时所应获得的发展。这一总目标将幼儿体、智、德、美全面发展的目标转化成幼儿科学教育领域中的具体发展目标，但又是幼儿科学教育目标体系中概括层次最高的目标。

《纲要》对我国幼儿科学教育的总目标做了具体规定。目标如下：①对周围的事物、现象感兴趣，有好奇心和求知欲；②能运用各种感官，动手动脑，探究问题；③能用适当的方式表达、交流探索的过程和结果；④能从生活和游戏中感受事物的数量关系并体验到数学的重要和有趣；⑤爱护动植物，关心周围环境，亲近大自然，珍惜自然资源，有初步的环保意识。

对幼儿科学教育活动总目标进行概括，它包括三个方面：科学情感和态度、科学方法和策略、科学知识和能力。

（一）科学情感和态度

所谓情感，是指人对客观事物是否符合自己的需要而产生的态度的体验。情感是一种动力因素。积极的情感能促进幼儿的认识活动和意志行动。情感包括道德感、美感和理智感，即认识需要是否得到满足而产生的情感体验。这里的科学情感也包括对道德的科学感，即关于人的科学行为是否符合道德标准而产生的情感体验。科学与美也常常是结合在一起的。我国著名科学家钱学森说过：艺术的东西往往蕴含科学，科学的东西往往是艺术的。数学家华罗庚说过：认为数学枯燥无味，没有艺术性，这种看法是不正确的。科学不仅是对自然的认识，而且也是对自然的欣赏和审美。对科学产生美感是一种更高层次的情感。

在幼儿科学教育活动中，强调情感目标有两方面原因。

第一，情感目标是培养"完整儿童"的保证。培养"完整儿童"是现代幼儿教育的新观念。所谓"完整儿童"，即全面发展的儿童，是指幼儿的身体、情感、认知、道德和社会的整合性发展。所以，幼儿科学教育的目标不仅要促进幼儿认知的发展，而且要促进幼儿各方面素质的全面和谐发展，包括情感的发展。

第二，情感目标是终身教育的需要。当今社会的快速发展，使终身教育成为贯穿一生的命题。幼儿科学教育活动应当追求和实现的核心目标是使幼儿获得可持续发展的、具有终身价值的大目标。培养幼儿的科学情感和态度，他们就有了终身学习和发展的动力机制。

在幼儿科学教育活动中，培养幼儿的科学情感和态度，要注意以下四个方面。

1. 发展幼儿的好奇心、兴趣和求知欲

《纲要》总目标的第一条是"对周围的事物、现象感兴趣，有好奇心和求知欲"。具体来说，也就是要发展幼儿对周围各种事物和现象的好奇心，培养幼儿参与科学探究活动、科技制作活动的兴趣，激发幼儿的求知欲。总目标的第四条是"能从生活和游戏中感受事物的数量关系并体验到数学的重要和有趣"。其中"体验到数学的重要和有趣"强调的也是要发展幼儿对数学的兴趣。

好奇心是人类认识活动必不可少的主观前提，是科学探索、发明的必要条件，是科学家的重要素质。虽然幼儿的好奇心不同于科学家的好奇心，但他们并没有不可逾越的鸿沟。好奇心是幼儿认识事物的原动力、内驱力。

人一出生，就有先天的无条件定向探究反射，这使幼儿天生就具有好奇心。但是，幼儿最初的好奇是自发的好奇，而且幼儿的好奇心还需要后天社会环境的强化，才会保留下来，进而发展成为对科学的好奇和求知欲。反之，幼儿的好奇心就会慢慢地被消磨掉，他们对周围事物的态度会越来越冷漠，科学对他们也就不再有很强的吸引力了。因此，保护和发展幼儿的好奇心，激发其求知欲是幼儿科学教育中极为重要的任务。

和好奇心相联系的是幼儿对科学的兴趣。兴趣是科学探索和学习的强大动力。它不仅能使幼儿积极地投入科学活动中，而且在活动过程中有效地维持长久的探索行为，还能使学习成为快乐的事。幼儿最初的科学兴趣就是由对新奇事物的好奇所产生的，但这种好奇是表面的、不稳定的、容易波动的。随着从科学活动中得到满足，他们的科学兴趣也逐渐变成内在的、稳定的、持久的。在科学教育中培养幼儿科学兴趣的目标，就是使幼儿从对事物的外在的、表面的兴趣，发展为对科学活动过程的理智兴趣。

对幼儿来说，现实世界的真实生活给他们带来了许多接触和学习数学的机会。幼儿周围环境中的每种物品都以一定的形状、大小、数量和方位存在着，教师要充分利用这些生活素材引导幼儿在有意无意间通过各种感官感受来自生活中的种种数学信息，从中感悟到数学的重要性。在日常生活中，教师还可以利用或创设问题情境，帮助幼儿在解决问题的过程中感受学习数学的乐趣。

游戏是幼儿的主要活动，教师可以借助游戏情节将数学知识和教学目标巧妙地转化为游戏的内容和规则，使幼儿在没有外在压力的情况下，从活动过程中得到心理上的满足；还可以将数学融入游戏之中，让幼儿在游戏中发现和感受数学，同时在运用数学解决某些问题的过程中领悟数学的价值，体验成功的乐趣。

2. 培养幼儿关爱环境的积极情感和态度

《纲要》总目标的第五条是"爱护动植物，关心周围环境，亲近大自然，珍惜自然资源，有初步的环保意识"，强调了要培养幼儿关爱环境的积极的情感和态度。

自然是科学的对象，也是人类赖以生存的环境。现代大工业生产在给人类带来方便的同时，也打破了自然生态平衡，导致了严重的环境污染、资源浪费等一系列生态危机。面对这些危机，我们应该摆正人与自然的关系，寻求人与自然的和谐相处。因此，增强公民的环保意识，教育公民热爱自然、保护环境已成为全球性的迫切任务。

幼儿科学教育的目标之一是培养幼儿热爱自然、关心和保护环境的情感和态度，对于新一代与自然的和谐相处以及人类可持续发展都具有深远意义。幼儿科学教育活动可以让幼儿初步了解一些环境的污染状况，如水污染、大气污染、噪声污染和生活垃圾污染等，知道这些污染对人和动物的危害，了解由于生活环境质量的下降，以及人类的过度砍伐、渔猎，许多物种正走向灭绝，同时这也将危害人类自身。活动最终要使幼儿从小形成对花草树木、小动物、水资源等大自然事物的关爱情感和态度。自然界中的事物各具特色、有序排列，自然是美的。自然生态所呈现出的生机勃发、互生互补、绵延不息是一种最高层次的美的形态。幼儿科学教育还可以引导幼儿学会发现自然界的美、欣赏自然界的美。

3. 培养幼儿尊重事实的科学态度

科学领域之所以不断扩大，是因为人类本着尊重事实的科学态度，不断对大自然进行探索研究，对前人所做的结论敢于表示怀疑，对事物善于从多方面加以考虑，不断有新的发现和发明。在传统的传授式的科学教育中，幼儿的学习以听和看为主，他们的操作也大都是为了验证教师所传授的知识。在幼儿的意识中，"教师是知识的来源"，"教师是知识的化身"。新的科学教育观强调让幼儿面对真实，向真实发问，与真实接触。幼儿通过看、听、嗅、触摸等获得对事物的感性经验，并且综合得出对该事物的整体印象。

幼儿通过动手动脑，探究解决问题，逐渐懂得真理不容置疑地独立于我们而存在。只有与客观事物真实地接触，才能真实地接触到知识。尊重事实是最起码的科学态度。尊重事实的科学态度表现为：从事实出发，从不同的角度去认识事物；不过早地下结论；尊重事实，愿意考虑不同的意见；对公认的事实有怀疑的态度，敢于提出来；敢于怀疑，敢于批判；记录自己观察、探索和操作的结果，根据这些客观存在的结果形成自己对事物及其关系的看法和解释。

4. 教会幼儿尊重他人，乐于合作、分享与交流

任何事物都是发展着的，每一个人的观点都是有价值的。在科学的发展道路上，许许多多的想法都是可能的。我们要培养幼儿从多角度看问题，看到同伴的价值；乐于与同伴分享和交流自己的发现；能与同伴合作，互相关心、支持和提出合理建议，必要时能寻求帮助；能认可、倾听同伴的不同想法；能接受和吸收同伴的合理意见，修正或完善自己的想法和做法。

（二）科学方法和策略

当今时代，每个人都必须终身学习。"授人以鱼不如授人以渔。"在幼儿科学教育中，为了使幼儿在当今和未来的社会中能够很好地生存，就必须使他们掌握学习和获得知识的方法。只有掌握了科学方法，他们才能运用这些方法去寻找自己尚未知晓的知识，探求各种问题的答案，

才能真正成为自主的科学探索者。"方法比知识更重要。"巴甫洛夫曾论及过科学方法的重要性:"科学的跃进往往取决于研究方法上的成就。研究方法每前进一步,我们也仿佛随之升高一层,从那高处,我们可以望见广阔的远景,望见许多先前望不见的事物。"由于认知发展水平有限,幼儿也许并不能像成人那样通过严密的观察和实验方法启蒙。《纲要》中目标的第二条——"能运用各种感官,动手动脑,探究问题",以及第三条——"能用适当的方式表达、交流探索的过程和结果"所体现的精神就是重视科学方法和策略。

科学方法的实质在于探究问题。掌握科学方法的核心就是要获得探究解决问题的策略,即知道如何去探究和解决问题。让幼儿掌握科学方法实质上是帮助幼儿获得对探究解决问题的策略的感性认识。幼儿探究解决的问题往往是两类问题:未知的问题和技术设计问题。因此,探究解决问题的策略包括对未知的探究策略和技术设计的策略。

对未知的探究策略包括:观察探索和发现问题、推理和预测、操作验证、表达交流等环节。技术设计的策略包括:确定一个问题或目标、提出解决方案产生设计、实施方案实际制作、交流评价等环节。两种策略都由四个环节构成:观察发现问题—动脑思考—动手操作—表达交流。

1. 观察发现问题

《纲要》中提到的"能运用各种感官……探究问题"指的是通过观察发现问题的策略。对幼儿来说,科学思维的第一步是用感官观察和探究周围环境,发现问题。感官是人类感知外部世界的生理基础,是人类吸收外界信息的通路。观察就是运用多种感官对周围世界所产生的有目的、有计划、有思维的直觉。观察是幼儿认识周围世界的基础。

探究未知问题的第一步需要观察。幼儿只有通过观察探索才能发现一些可探究的问题。

在技术设计中,第一步是先想好做什么,提出设计目标。人类的发明创造往往起源于问题。要提出设计目标需要幼儿先对周围的事物或科技产品进行观察,发现一些有趣的或不尽如人意的地方,然后才能提出设计目标。例如,通过观察,幼儿发现用碗将水灌入瓶中,水会漏出好多,于是一个技术设计目标就产生了:将一碗水灌入瓶中,尽量不漏。因此,本条策略的核心在"观察",通过运用多种感官观察、比较观察、连续观察发现一些问题。

幼儿观察策略的具体目标包括:小班幼儿学会运用多种感官对个别

物体和现象进行观察，即能有目的地运用多种感官，对某一特定的自然物、自然现象或科技产品进行观察。中班幼儿学会比较观察，即对两种或两种以上的自然物或自然现象、科技产品进行观察和比较。大班幼儿学会对自然现象的观察，即能为探究自然现象的发生、发展、变化(如动植物的生长、变化和天气、季节的变化等)而进行连续、持久的观察。

2. 动脑思考

《纲要》中提到的"能……动脑，探究问题"指的就是动脑思考解决问题。

探究未知问题的第二步，就是针对观察和探索时发现的问题、产生的疑问，进行推理和预测。推理是指从一个或数个已知判断推出新的判断。预测是指对将要发生的事件做出猜想。在一个探究活动开始时能预先做出推理和猜想，有助于培养幼儿探究活动的有意性，并有助于幼儿将预想与探究结果比较，真正促进幼儿认知结构的发展。推理和预测本身也属于思维。

技术设计的第二步是提出解决方案产生设计。提出解决方案产生设计实际上也是一种思维过程，当然也需要想象参与。例如，提出"将一碗水灌入瓶中，尽量不漏"的设计目标后，就要思考出解决方案产生设计：漏斗可帮助解决这一问题，思考漏斗怎么做最好，设计简单图样。动脑思考策略的核心在思维。

幼儿思维策略的目标主要包括以下方面。小班幼儿学会分析和综合，即把观察到的事物分成各个特征，把组成整体的各个特征结合起来，初步尝试推理和预测。中班幼儿学会比较和概括，即对直接观察到的事实进行比较和概括，认识到事物的不同和相同，如从对各种水果的观察中发现它们的不同，同时概括出它们都是水果，尝试进行推理和预测。大班幼儿学习推论和预测，即根据观察到的现象，并结合自己已有的经验，分析原因，提出合理的解释，得出结论，并预测将来可能发生的现象，如从对狗尾草没有根不能活，推理其他植物没有根也不能活。

3. 动手操作

《纲要》中提到"能运用各种感官，动手动脑，探究问题"。其中的"动手"指的就是动手操作。在幼儿科学教育活动中，无论是科学发现活动，还是科技制作活动，都离不开动手操作。在探究未知问题时，通过动手操作来验证推理和预测是否正确，它是科学方法策略中重要的一环。在技术设计时，需要通过动手操作来实施设计方案。

幼儿的动手操作有三种类型：实验操作、技术操作和其他手段的操作。

实验操作是指幼儿在探究未知的科学活动中，以行动、操作或其他方式验证其发现、推理或预测是否正确的过程和方法。通过实验操作，推理或预测可能得到支持和证实，也可能被推翻。

技术操作是指幼儿在科技制作活动中，运用工具或材料，对客观对象或材料进行操作加工或制作新产品的过程。

其他手段的操作主要指幼儿通过图书查阅、互联网查阅等各种渠道收集有关资料和信息的过程和方法。在当今的信息化时代，这也是一种重要的科学学习方法。其他手段的操作还包括在实验过程中或在实验后，对实验结果的记录。

在幼儿科学教育活动中，幼儿动手操作的具体目标是小班幼儿能通过自己的实验操作有所发现，学会使用简单工具。中班幼儿能对问题做出假设并用实验来加以检验，学习使用工具制作简单产品。大班幼儿在操作过程中根据操作目标及时调整操作过程，对操作过程和结果进行思考、调整和修改。

4. 表达交流

《纲要》总目标的第三条是"能用适当的方式表达、交流探索的过程和结果"，强调的是表达交流。无论在探究未知问题时，还是在技术设计时，最后一步都是表达交流。

表达交流具有双重作用：一种是作为传递或获取信息的方式，另一种是思考的方式。幼儿在动手操作之后，都有一种表达的愿望。通过探究操作，每个人都有自己的感受、体验和发现，在头脑中有许多的刺激、经验和一些含糊的或者是处于半意识状态的东西。通过思考形成想法，通过交流澄清各种关系，明确头脑中的信息，加工成有意义的解释。表达能促使幼儿不断思考，明晰所发现的事物特征和关系以及自己的探索经历。此外，表达还有助于幼儿之间互相启发，为进一步的科学探究打下基础。表达交流的方式有语言的方式和非语言的方式。语言的方式包括语言、文字，非语言的方式包括肢体动作、绘画创作等。

幼儿表达交流的目标主要是：学习用准确、有效的语言表达、交流自己在科学活动中的想法、做法和发现。小班幼儿可以描述在观察中发现了什么，逐渐学着描述在操作中发现了什么；中班幼儿可以学着整理自己的记录来说明结果，并得出结论；大班幼儿可以将结论与预测结果进行简单的比较，提出新问题、新发现。

学会用适当的方式，如体态、动作、表情等表达自己在科学活动中的情绪体验；学会用各种手段展示自己的科学活动结果(中班以上)。

此外，《纲要》总目标中提到的"能运用各种感官，动手动脑，探究问题""能用适当的方式表达、交流探索的过程和结果"应理解为能力目标。培养幼儿的能力是幼儿各领域教育的共同任务。因此，幼儿科学教育应有能力目标，而科学教育活动也应有利于培养幼儿的能力。幼儿科学教育活动是在教师指导下自主探究的过程。幼儿在对自然界生动形象的刺激物进行探究的过程中，需要观察、思考、动手操作、表达，这有利于培养幼儿的观察力、思维能力、解决问题的能力、动手操作的能力和语言表达能力。另外，科学游戏中的感官游戏、操作游戏、情景游戏、竞赛游戏等都能直接培养幼儿的能力。

（三）科学知识

科学知识和能力目标在《纲要》总目标中没有很明确的体现。但是，知识作为科学探索过程的必然结果，其目标蕴藏在其他的目标中。例如，总目标中强调的"兴趣、好奇心和求知欲"是获取科学知识的强大动力；"运用各种感官，动手动脑，探究问题""表达、交流探索的过程和结果"都是为了更好地获取知识；"感受事物的数量关系"相对来说是比较明确的数学知识目标。

根据知识的抽象性，知识可分为三个层次：经验层次、概念层次和理论层次。经验层次的知识是处于具体形象水平或表象水平的知识，如日常概念就属于经验知识。概念层次和理论层次的知识是抽象水平的知识。经验层次的知识是概念层次和理论层次知识的基础。幼儿的思维以直观动作思维和具体形象思维为主。幼儿的思维发展水平决定了他们不可能获得抽象的概念层次和理论层次的知识，只能获得一些有关周围物质世界及其关系的感性认识和经验性即经验层次的知识。学前时期获得的经验层次的知识能为将来理解抽象的概念层次和理论层次的知识提供具体的表象支持。有一位教育工作者这样回忆道："我小时候生活在农村，经常接触各种田间作物，尽管不知道什么'单子叶植物'和'双子叶植物'，但它们的形象都印刻在我的脑中了。后来到大学里学习生物学课程，老师讲到'单子叶植物'和'双子叶植物'的概念时，那些生活在城里的同学觉得非常抽象，而我马上就联想到了儿时的经历，就觉得很容易理解。"尽管《纲要》并没有明确规定幼儿科学教育活动的科学知识目标，但是，幼儿科学教育活动具有"幼儿科学教育活动的结果使幼儿获得广泛的科学经验"这一特性，幼儿科学探究活动的必然结果是科学知识。所以，幼儿科学教育活动的知识目标必然存在。

✎ 学习笔记

"感受事物的数量关系"相对来说是比较明确的数学知识目标。法国教育思想家阿兰曾说过："我们应该首先阐明科学教育的目标。它不是为了积累知识，而是要开发一个人的观察世界的能力。""没有数学的准备，便无法理解自然科学。"因此，"尽管它们提供了科学教育中的有用的入门知识，使我们达到科学教育目标的却主要是数学"。任何自然物体和现象都具有数、形、时、空等方面的单一的或综合的特点。科学探究离不开数学。科学包括自然科学和数学。因此，《纲要》总目标提出要让幼儿感受事物的数量关系。但是，因为幼儿科学教育活动重在培养幼儿的学习兴趣，所以幼儿科学教育强调让幼儿从生活和游戏中感受事物的数量关系。幼儿对数量关系的认识是以对具体事物的认识为基础的。幼儿周围环境中的每件物品都以一定的形状、大小、数量和方位存在着，教师可以充分利用这些生活素材让幼儿积累数学感性经验。在科学探索活动和日常生活中，教师引导幼儿感受事物的数量关系，积累数学经验，也可以借助游戏情节将数学知识和教学目标巧妙地转化为游戏的内容和规则，使幼儿在没有外在压力的情况下，感受数量关系。教师还可以将数学融入游戏之中，让幼儿在游戏中发现和感受数学，在运用数学解决游戏中某些问题的过程中理解数学，积累数学经验。

《纲要》中没有专门列出具体的科学知识目标，我们可以从以下方面来解释。

第一，《纲要》对幼儿应该掌握哪些科学知识不做统一规定，以便教师在实践中灵活安排。因为幼儿科学教育活动具有内容的生成性、组织方式的多样性和灵活性的特征。

第二，幼儿在探究活动中获得的科学经验能否进一步概括上升为抽象的知识，教师可以灵活掌握。

第三，因为幼儿科学教育活动具有探究性的特性，在教育活动中，能否让幼儿获得一个准确的科学结论，教师也可以灵活掌握。如果幼儿的某个科学探究活动不能获得准确结论，教师也一定不要去追求一个准确结论。幼儿科学教育活动重在通过探究活动培养幼儿的科学情感和态度，让幼儿掌握科学方法。

第四，《纲要》不专门列出具体的科学知识目标，有利于纠正以往科学教育中"重知识"的错误观念，避免幼儿科学教育片面追求知识倾向。在幼儿科学教育活动中，尽管知识是幼儿探究活动的必然结果，但不应成为教师追求的主要对象。幼儿形成科学情感和态度，掌握科学方法和策略比掌握科学知识更重要。

三、幼儿科学教育的各年龄阶段目标 >>>>>>>>>>>>>

幼儿科学教育目标包括自上而下、从概括到具体的四个层次：幼儿科学教育总目标、各年龄阶段目标、单元目标和活动目标。幼儿科学教育总目标是幼儿科学教育目标体系中概括层次最高的目标。在实践中，它一般首先具体化为各年龄阶段目标。

所谓幼儿科学教育各年龄阶段目标，是指幼儿科学教育在不同的年龄阶段所要实现的目标。它一般分为 3～4 岁、4～5 岁、5～6 岁幼儿的教育目标。关于幼儿各年龄阶段目标，国家没有统一规定，不同的专家学者提出了不同的观点。本教材采用《指南》中的各年龄阶段的目标。

《指南》将 3～6 岁幼儿科学教育目标分为科学探究和数学认知两方面。

1. 科学探究

表 2-1 目标 1 亲近自然，喜欢探究

3～4 岁	4～5 岁	5～6 岁
喜欢接触大自然，对周围的很多事物和现象感兴趣。 经常问各种问题，或好奇地摆弄物品。	喜欢接触新事物，经常问一些与新事物有关的问题。 常常动手动脑探索物体和材料，并乐在其中。	对自己感兴趣的问题总是刨根问底。 能经常动手动脑寻找问题的答案。 探索中有所发现时感到兴奋和满足。

【目标分析】

"亲近自然，喜欢探究"这一核心目标体现了对幼儿好奇心和探究兴趣的高度重视，可以用"好奇、好问、好探究"三个关键词来概括。好奇心和兴趣是科学探究中的首要目标。科学学习不能以牺牲兴趣为代价。自然的、身边的、熟悉的、生活中的事物是幼儿最感兴趣的。

表 2-2 目标 2 具有初步的探究能力

3～4 岁	4～5 岁	5～6 岁
对感兴趣的事物能仔细观察，发现其明显特征。 能用多种感官或动作去探索物体，关注动作所产生的结果。	能对事物或现象进行观察比较，发现其相同与不同。 能根据观察结果提出问题，并大胆猜测答案。 能通过简单的调查收集信息。 能用图画或其他符号进行记录。	能通过观察、比较与分析，发现并描述不同种类物体的特征或某个事物前后的变化。 能用一定的方法验证自己的猜测。 在成人的帮助下能制订简单的调查计划并执行。 能用数字、图画、图表或其他符号记录。 探究中能与他人合作与交流。

【目标分析】

探究能力是幼儿"科学探究"领域的关键目标。

从探究过程来看，科学探究包含提出问题、观察探索、思考猜测、调查验证、收集信息、得出结论、合作交流等基本环节（不同年龄的完整细致程度和深度不同）。

从探究方法来看，观察比较、实验验证、调查测量是科学探究的基本方法。幼儿正是运用不同的探究方法，经历了发现问题、分析问题和解决问题的过程获得探究能力的。

表 2-3　目标 3　在探究中认识周围事物和现象

3～4 岁	4～5 岁	5～6 岁
认识常见的动植物，能注意并发现周围的动植物是多种多样的。 能感知和发现物体和材料的软硬、光滑和粗糙等特性。 能感知和体验天气对自己生活和活动的影响。 初步了解和体会动植物和人们生活的关系。	能感知和发现动植物的生长变化及其基本条件。 能感知和发现常见材料的溶解、传热等性质或用途。 能感知和发现简单物理现象，如物体形态或位置变化等。 能感知和发现不同季节的特点，体验季节对动植物和人的影响。 初步感知常用科技产品与自己生活的关系，知道科技产品有利也有弊。	能察觉到动植物的外形特征、习性与生存环境的适应关系。 能发现常见物体的结构与功能之间的关系。 能探索并发现常见的物理现象产生的条件或影响因素，如影子、沉浮等。 感知并了解季节变化的周期性，知道变化的顺序。 初步了解人们的生活与自然环境的密切关系，知道尊重和珍惜生命，保护环境。

【目标分析】

第一，关键点。

几个方面的典型表现所反映的幼儿对事物和现象的认识，都是在幼儿感知、体验、探究和发现的过程中获得的，是幼儿探究过程的必然结果。

这些事物和现象涉及动植物、物质与材料、天气与季节、科技、环境等，是探究的载体，幼儿乐于探究的态度和探究解决问题的能力更为重要。

第二，科学探究各目标的关系。

"亲近自然，喜欢探究"（目标 1）是首要的、前提性的、动机性的目标；"具有初步的探究能力"（目标 2）是重要的、核心的、关键性的目标；"在探究中认识周围事物和现象"（目标 3）是载体性、产物性的目标。

　　三个方面的目标是一个探究过程的不同方面，不能分别学习或单独训练。特别是"在探究中认识周围事物和现象"一定是在有意义的情境或解决问题的过程中获得或发现的。

　　2. 数学认知

表 2-4　目标 1　初步感知生活中数学的有用和有趣

3～4 岁	4～5 岁	5～6 岁
感知和发现周围物体的形状是多种多样的，对不同的形状感兴趣。 体验和发现生活中很多地方都用到数。	在指导下，感知和体会有些事物可以用形状来描述。 在指导下，感知和体会有些事物可以用数来描述，对环境中各种数字的含义有进一步探究的兴趣。	能发现事物简单的排列规律，并尝试创造新的排列规律。 能发现生活中许多问题都可以用数学的方法来解决，体验解决问题的乐趣。

表 2-5　目标 2　感知和理解数、量及数量关系

3～4 岁	4～5 岁	5～6 岁
能感知和区分物体的大小、多少、高矮长短等量的方面的特点，并能用相应的词表示。 能通过一一对应的方法比较两组物体的多少。 能手口一致地点数 5 个以内的物体，并能说出总数。能按数取物。 能用数词描述事物或动作。如我有 4 本图书。	能感知和区分物体的粗细、厚薄、轻重等量方面的特点，并能用相应的词语描述。 能通过数数比较两组物体的多少。 能通过实际操作理解数与数之间的关系，如 5 比 4 多 1，2 和 3 合在一起是 5。 会用数词描述事物的排列顺序和位置。	初步理解量的相对性。 借助实际情境和操作（如合并或拿取）理解"加"和"减"的实际意义。 能通过实物操作或其他方法进行 10 以内的加减运算。 能用简单的记录表、统计图等表示简单的数量关系。

表 2-6　目标 3　感知形状与空间关系

3～4 岁	4～5 岁	5～6 岁
能注意物体较明显的形状特征，并能用自己的语言描述。 能感知物体基本的空间位置与方位，理解上下、前后、里外等方位词。	能感知物体的形体结构特征，画出或拼搭出该物体的造型。 能感知和发现常见几何图形的基本特征，并能进行分类。 能使用上下、前后、里外、中间、旁边等方位词描述物体的位置和运动方向。	能用常见的几何形体有创意地拼搭和画出物体的造型。 能按语言指示或根据简单示意图正确取放物品。 能辨别自己的左右。

【目标分析】

目标 1，数学认知是有关幼儿学习和情感态度方面的；目标 2，数概念是对数及数量关系的理解；目标 3，空间概念是关于空间概念包括形状的认知。

目标 2 和目标 3 都是从数学认知发展维度提出的。数学认识与科学认知不同，它是从情感态度、能力、认知三个方面提出的。

【价值取向】

数学认知领域目标强调幼儿对数学学习的兴趣和积极的情感体验；强调幼儿在真实情境中理解和应用数学能力的发展；强调幼儿在日常生活中发现和解决问题能力的发展。

四、幼儿科学教育的单元目标 >>>>>>>>>>>>>>>>>>>>

幼儿科学教育单元目标是科学教育年龄阶段目标的具体化及分段性目标。划分单元目标的方式有两种：一是以主题单元的形式划分，即根据教育目标及相关的教育内容的特点，把某一组目标及其相关的内容有机组织起来，构成主题或单元；二是以时间单元的形式把年龄目标划分为学期目标、月目标、周目标、日目标等。

（一）以主题活动为单元的幼儿科学教育目标

幼儿科学教育活动的主题是多种多样的，有的是以季节为主线建构主题，有的则以自然科学现象为主线建构主题，也有的以人的活动为主线建构主题。

📄 典型案例

幼儿园小班主题活动"有趣的气味"的科学教育目标

1. 让幼儿感知不同的气味，学会用鼻子闻物体的气味，发展感知能力。
2. 引导幼儿关心周围事物，培养幼儿对感知活动的兴趣。
3. 引导幼儿学习用语言表达所得到的信息。
4. 帮助幼儿懂得爱护自己的鼻子。

幼儿园大班主题活动"昆虫"的科学教育目标

1. 让幼儿观看有关昆虫的纪录片或观察昆虫图片，引起幼儿对昆虫的兴趣。
2. 在教师的帮助下，使幼儿能对几种昆虫的求生本领（捕食、交流）及生长过程进行较细致的观察。

3. 引导幼儿继续学习运用典型特征观察法和顺序观察法对各种昆虫(蚂蚁、蜜蜂、蚕、七星瓢虫、蚊子、苍蝇等)进行观察，在观察比较过程中寻找其共同特征和各自不同的特性，初步形成昆虫的概念。

4. 引导幼儿区分常见的益虫和害虫。

5. 培养幼儿细致观察和分析综合概括的能力。

(二)以时间为单元的幼儿科学教育目标

按照时间顺序，把某一段时间分成若干单元，分时间单元确定科学教育目标。

典型案例

幼儿园中班 9 月的科学教育目标

1. 培养热爱大自然的情感。

2. 培养观察能力、探究能力及动手操作能力。

3. 了解人们的各种活动，并对他们的劳动成果感兴趣。

4. 熟悉常见的几种动植物，了解它们的生活特性及与人们生活的关系。

5. 知道常见物品与人们生活的关系，了解几种常见物品的正确使用方法。

[选自施燕：《学前儿童科学教育(修订版)》，上海，华东师范大学出版社，2006。]

五、幼儿科学教育的活动目标 >>>>>>>>>>>>>>>>>>>>>

幼儿科学教育的活动目标是指某一具体的科学教育活动所要达到的结果，或所引起的幼儿行为的变化，它是一种具有可操作性的目标。幼儿教育目标只有变成了幼儿教育活动目标，才能贯彻到具体的教育过程中，才能落实到幼儿的发展上。

幼儿科学教育的任务和目标都要通过一个个的具体教育活动来实现。每个主题教育可包括若干个具体教育活动(多少由教师策划确定)，可以是综合性的，也可以侧重于某个教育领域的内容。不管如何组合，具体活动目标都要落实到学段目标和主题教育目标上，并密切针对幼儿身心发展的实际水平和新需求，在"最近发展区"内开发其潜能。教育活动目标比主题教育目标更应突出针对性、儿童性、趣味性、活动性和可操作性。

拟订科学教育具体活动目标的原则与注意事项如下。

（一）活动目标应与总目标、各年龄阶段目标保持一致

幼儿科学教育总目标和各年龄阶段目标要通过一个个具体的活动目标落实在每个幼儿身上。因此，每一次具体的科学教育活动目标的内容和要求，在方向上应与总目标、各年龄阶段目标相一致，要为阶段目标和总目标服务，要根据幼儿的年龄特征和发展水平，由浅到深、循序渐进地制定，体现各层次教育目标的一致性。

典型案例

大班科学活动：转动的陀螺

活动目标

1. 在自主探究中感知陀螺转动的不同现象，能较清楚完整地介绍自己的探索过程及感受。

2. 体验探究活动的乐趣，乐意与同伴分享交流。

3. 学习用符号等方法记录探索的过程和自己的发现。

[选自黄丽卿：《大班探索活动：转动的陀螺》，载《早期教育（教师版）》，2008(3)。]

【点评】

"在自主探究中感知陀螺转动的不同现象，能较清楚完整地介绍自己的探索过程及感受"这一目标符合《指南》中对5～6岁年龄段幼儿科学知识和经验方面的要求，体现了各层次教育目标的一致性。《纲要》指出科学教育目标要培养幼儿"对周围的事物、现象感兴趣，有好奇心和求知欲；能运用各种感官，动手动脑，探究问题；能用适当的方式表达、交流探索的过程和结果……"本案中另外两个目标与此精神相一致，保证了幼儿科学教育总目标和各年龄阶段目标的有效落实。

（二）活动目标要全面，指向促进幼儿终身学习和发展

"转动的陀螺"活动目标从情感态度、方法技能、知识经验三个维度预设，比较全面、完整。当然，并不是说每一次活动的目标都必须包含三个维度，有时会有所侧重，但一个阶段的各项活动要能保证相应的三个维度的目标都能得以实现。

（三）活动目标要具体、细化

教育活动目标是教学过程的指引，是评价教学效度的标尺。只有具体的、有针对性的目标，才能够为教学过程导航，才能够检测学习效果。因此，我们在制定教学活动目标时要具体，要对教材和幼儿学习能力分析透彻。

在幼儿科学教育活动目标表述上，要求目标具体，操作性较强，所期望的教育成果基本上是可以观察或测量的。幼儿科学教育活动目标的具体表述方法，可以采用"三大维度＋ABCD"模式进行表述，下面简要介绍。

1. 三大维度

教育活动目标的三大维度是指教育活动目标的三个维度：

知识领域维度包括知识的掌握和认知能力的发展；

技能领域维度包括感知动作、运动协调、动作技能的发展，以及智慧技能的发展；

情感领域维度包括兴趣、态度、习惯、价值观念和社会适应能力的发展。

教育活动目标在科学教育活动目标中的三个维度所指的具体内容如下所述。

科学知识维度：包括科学的感性经验、科学概念。

科学技能、科学思维维度：包括观察、分类、对比、测量、猜想、验证、实验等科学方法。

科学情感、态度、习惯维度：包括兴趣、好奇心、态度、求知欲、习惯、精神等。

2. "ABCD"模式

行为目标取向的目标表述的主要特点是"ABCD"模式，即行为目标具体在表述过程中应当包含 ABCD 四个要素，其中 A(Audience)是指学习者，B(Behavior)是指行为，C(Condition)是指条件，D(Degree)是指程度。这一模式可以精确、具体、可操作地表述教学目标，它特别适合基础知识、基本技能领域目标的表述、实施和评价。

在幼儿科学教育中：

A 表示行为的主体是幼儿；

B 指行为、动作、技能；

C 指条件与方法(通过……)；

D 指程度(了解、知道、掌握、运用、创造)。

典型案例

小班科学活动"橘子宝宝"活动目标，按照"三大维度＋ABCD"模式可以表述如下。

科学知识维度：通过探索剥橘子的方法，认识橘子由 8～10 瓣组成、有籽的内部结构。

科学技能、科学思维维度：采用橘子与橙子进行对比观察，区分两者。

科学情感、态度、习惯维度：愿意在全班幼儿面前大胆地讲述，体验活动的乐趣。

中班科学活动"会变魔术的镜子"活动目标，按照"三大维度＋ABCD"模式进行表述，可以表述如下。

科学知识维度：通过弯曲镜片，感知凹凸镜面能反射出不同的影像效果。

科学技能、科学思维维度：观察、比较镜片的不同弯曲方法，并尝试用图示记录观察结果。

科学情感、态度、习惯维度：体验玩哈哈镜游戏的乐趣。

（四）活动目标要在幼儿的"最近发展区"内

很多时候，因为我们不了解幼儿，所以导致活动时发生这样或那样的问题，不能有效地促进幼儿的发展。因此，教师要为幼儿设定一个目标的"最近发展区"，即幼儿现有的与可能发展的情感、能力、经验之间的距离。

例如，中班科学活动"各种各样的纸制品"，教师为此制定的知识目标是"收集、观察各种各样的纸制品，了解其质地和用途"。显然，这样的目标定位只停留在浅层次的观察上，对中班幼儿来说无须付出努力就能做到。因此，我们在知识点的难易层次上必须提升一个梯度，如可增加"尝试根据某一特征给各种纸制品进行分类"的目标，这样才能让幼儿充分感受到成功感。

（五）活动目标的陈述要统一、规范

从表述的方式上说，幼儿科学教育活动的目标通常采用"行为目标"的方式来表述。行为目标是具体的可操作的教育活动目标，它指向活动过程后幼儿所发生的行为变化，常以"学习""知道""理解""发现""体验"等方式表述。

典型案例

大班科学活动：有趣的弹簧玩具

活动目标

1. 能发现周围环境中有弹性的东西。

2. 学习用铁丝在筷子上缠绕弹簧的技能。

3. 能用完整的语言表述在探索过程中的发现和感受。

【点评】

"有趣的弹簧玩具"活动目标表述用了"发现""学习""表述"等行为动词，体现了以幼儿为行为主体，表明这是活动所期望达到的结果。活动目标采用明确的操作性的动词来表述有利于教师关注幼儿的发展，也便于评价目标的完成情况。

活动目标也是教师心中预期的达成方向，也可以从教师的角度提出，使用诸如"培养""帮助""引导""发展""鼓励"等字眼。需要注意的是，在表述活动目标的时候，不论采用教师的视角还是幼儿的视角，前后必须统一，以体现对目标的整体思考为宜，不要出现表述方式不一的现象。

学习主题 2
幼儿科学教育的内容

情境案例

午间休息时，窗外的大树上飞来了几只小鸟，叽叽喳喳叫得正欢。幼儿立即对"鸟"产生了浓厚的兴趣："它们为什么要叫？""它们在找东西吃。""它们在搭鸟窝。"……听着幼儿的议论，教师立刻意识到进行鸟类问题的探索研究，是符合幼儿学习兴趣的，是能让他们获得有关保护动物、保护环境以及相应的动物知识的，是一个非常有价值的话题。于是教师就引导他们："鸟有哪些本领？它为什么会飞？""鸟在找什么东西吃？"……在幼儿一阵热烈地讨论后，"鸟"这一主题活动就诞生了。

【点评】

幼儿科学教育是科学启蒙教育，重在激发幼儿的认识兴趣和探究欲望，涉及的内容非常广泛。案例中，教师从幼儿的生活经验和兴趣出发，引导他们认识身边常见事物和现象的特点与变化规律，为幼儿的探究活动创造宽松的环境，支持、鼓励他们大胆提出问题，发表不同意见。

一、幼儿科学教育的内容范围 >>>>>>>>>>>>>>>>>>>

3～6岁幼儿活动的范围相比3岁以下幼儿的活动范围增大了，他们接触周围的人、物等比 3 岁以下的幼儿增加了很多，其认识能力大大提高。幼儿科学教育的内容广泛、确定与编排存在一定困难，是本学科正在研究与探索的领域。根据《指南》对幼儿园阶段科学教育内容的要求，我们对这一阶段幼儿进行科学教育的内容范围主要划分为六个方面：人体与健康、自然生态环境、自然科学现象、现代科学技术、科学探究技能、初步的数概念。

（一）人体与健康

第一，观察人主要的感觉器官，视觉(眼)、听觉(耳)、嗅觉(鼻)、味觉(舌头)、触摸觉(手和脚等)，能探索、感受其各自的功能。

第二，初步了解人的差异性及其种类。例如，男、女之别，不同种族的肤色、发色、五官特征、体型之别等。

第三，认识人基本的外部结构，发现并感受其各自的功能。人的外部结构主要包括头、颈、四肢、躯干、皮肤等，幼儿能感受其各自的功能。

第四，初步感受和体验人的生理活动和心理活动。生理活动包括呼吸、消化、血液循环、排泄等。例如，让幼儿体验在静态、动态的情况下呼吸的变化状况是怎样的等。心理活动包括情绪、想象等，让幼儿知道情绪不同表现形式也不同(高兴与微笑、伤心与哭泣等)，学会控制自己的消极情绪，发展自己的积极情绪。

第五，初步了解人体的生长到衰老是一个自然的生命发展过程。

第六，知道从小珍爱生命、锻炼身体、预防疾病、养成良好的生活和卫生习惯等。

第七，了解人与自然环境的关系。这部分内容可结合动植物、非生物等来进行，使幼儿知道人生活于自然环境之中，应该与自然友好和谐地相处，培养幼儿热爱大自然的情感。

（二）自然生态环境

1. 动植物及其与生存环境的关系

(1)能说出常见动植物的名称

通过多种方式观察、发现常见动植物典型的外部特征，知道其主要用途，观察、了解动植物的生活习性。

(2)探究和认识动植物的多样性

知道动植物是多种多样的，不同的动物或植物是不同的。例如，不同的植物，它们的根是不同的，叶子是不同的，有不同的茎、花和果实，有不同的生长环境，需要不同的阳光、水、温度和土壤等。

（3）观察和初步发现动植物的生长、变化的规律

能用不同的方式记录（标记和绘画等）、交流观察到的有趣现象、新发现。

（4）探索和初步发现动植物与其生存环境的关系

动植物与人类的关系：知道在日常生活中人们是怎样利用动植物的（食用、观赏等），又是怎样保护动植物的（和谐相处等）以及不保护动植物所造成的后果（如生态环境遭到破坏，沙尘暴给人们带来的危害等）。

动植物与生存环境的关系：知道动植物的生存与生长离不开空气、阳光、水、土壤；不同的动植物生长环境是不同的，有的生长在陆地上，有的生长在水里，有的生长在暖和的地方，有的生长在寒冷的地方等；动植物随着季节的变化而改变，如有的植物春天播种秋天收获，有的动物有冬眠现象。

动物与动物、植物与植物及动物与植物之间的关系：了解动物间有"朋友"或"天敌"的关系。例如，老鹰是鸡的天敌、狮子是鹿的天敌等。

2. 无生命物质及其与人的关系

（1）水

水是幼儿日常生活中不可缺少的组成部分，他们喜欢玩水，对水有着深厚的感情。有关幼儿对水的认识主要有以下几个方面的内容。

探索、感受水是无色、无味、透明的；探索水是流动的，水有浮力（有的东西浮起来，有的东西沉下去等）；通过实验懂得水在不同的条件下有三态变化，即液态、气态、固态。

通过实验、游戏、讨论等形式知道水对生命及在人们生活中的重要作用，如观察不浇水的花的变化情况等。

知道哪些现象是节约用水，哪些现象是浪费水，教育幼儿节约用水从自我做起，保护水资源。

观察、发现日常生活中哪些现象是水的污染，对水中的动植物的影响是怎么样的，如工业污水流进江河对鱼的生存环境造成了很大的破坏，从而使鱼的生存受到很大的威胁。

（2）沙、石、土

了解沙、石、土的简单的关系，知道沙、土是由岩石变化而来。沙、石上不适合生长植物，肥沃的土壤是植物生长的宝地。

通过实验、游戏等探索、发现沙、石、土的特性，知道其各自的主要用途。

知道地球上覆盖着大量的沙、石、土。

知道珍惜土地，合理利用并保护自然资源。

(3)空气

空气是生命体生存的必要条件，幼儿探索空气方面的内容主要有以下方面。

知道空气是看不见、摸不着的，我们的周围到处都有空气。

探索、发现空气的流动，如风是怎样形成的，可以通过实验、游戏的方式进行。

知道动植物、人类的生存、生长离不开空气。植物的生长与空气的关系，如植物的生长可以净化空气，使空气更加清新等。人类生活与空气的关系，如保护空气、污染空气等。

知道有关空气的其他现象。

（三）自然科学现象

1. 多种多样的光

光是大自然普遍存在的现象，而且与人们的生活紧密相连，幼儿探索和发现光的现象是必要的。

探索和发现光源。光源有来自自然方面的(如阳光、闪电等)，也有来自人类自己制造的(如灯光、火光等)，它们所发出的光是不同的。

知道光在人类各种活动中是非常重要的。

探索和发现光和影子的关系。

探索和发现光的反射及折射的现象。其工具可灵活运用：可用日常的生活用品(如小镜子、车铃、透明无色的瓶子底代替凸透镜)；可用玩具(如万花筒等)；也可尝试用各种光学仪器(如三棱镜、凸透镜和凹透镜等)。

探索多种颜色的形成，了解颜色是光反射的结果。

2. 美妙的声音

我们生活的周围有各种各样的声音。可供幼儿感受的、可探索的、有关声音方面的主要内容如下。

能够辨别噪音与乐音、发出音响的物体及所代表的意义，如优美动听的曲子是老师弹钢琴时发出的声响等。

能探索出不同的物体能发出不同声音的方法。能辨别出哪些声音是属于自然界的，哪些声音是人类自身发出的。

探索声音的传播。探索的方式须从幼儿的认知特点出发，可通过实验的方式进行，也可通过游戏的方式进行。

3. 感受冷、热现象

幼儿对于物体的冷、热的生活经验是不同的，可以结合日常生活经验，让幼儿来探索有关热的主要内容。

感受物体的冷热。知道有的物体冷，有的物体热。

学习用自己的感官(用眼睛看，用手摸等)来判断物体的冷热。学习用温度计来判断物体的冷热。

探索物体由热变冷、由冷变热的方法。

知道天气有冷有热。讨论、发现或感受不同地方的人们冬天都是怎样保温、取暖的，夏天是怎样散热解暑的，并根据各地的情况认识、了解几种常见的取暖或散热产品。

4. 探究、体验力

事物永恒地存在于自然界中，它们之间的相互运动便产生了力。力的表现形式是多种多样的，有推力、拉力、浮力、重力、摩擦力、弹力、吸引力、电力、风力等，这些力时时刻刻存在于人们日常生活中，因此应让幼儿探索、发现、体验感受这些力，获得初步的感性经验。主要内容如下。

通过实验、操作感受力的大小，探索、发现力与运动的关系及不同大小、方向的力和运动的关系。

探索感受事物各种力的表现形式(推力、拉力、浮力、重力、摩擦力、弹力、吸引力、电力、风力等)。

感受体验力的平衡。可通过玩跷跷板、平衡架或天平等来进行。探索省力的工具或物体，如滑轮、倾斜面、杠杆等。

5. 有趣的磁铁

幼儿对于磁铁的认识主要是磁铁及有关磁铁制品。幼儿学习有关磁铁的主要内容如下。

能够区别不同大小、不同形状的磁铁，知道磁铁能够吸铁。大班幼儿可以探索不同磁铁的磁力，其磁力的大小是不同的。探索、发现磁铁与磁铁之间的吸引与排斥的现象。探索可通过游戏或实验的形式进行。

探索、发现日常生活中磁铁的应用。

6. 电

电在人们日常生活中的应用越来越广泛。幼儿学习有关电的主要内容如下。

初步了解各种电的来源。静电是摩擦产生的，日常生活中的电是发电厂通过电线输送来的，电动小玩具能动是电池作用的结果。

通过探索各种家用电器、电动玩具等的功能，初步了解电在日常生活中的重要作用。

初步了解安全用电的常识，避免事故的发生。能正确对待废旧电池，不随处乱扔、随意丢弃。

7. 奇妙的化学现象

日常生活中有趣的、安全的、简单的化学现象较多，我们可以将这方面的内容纳入幼儿科学教育中来，让他们去探索、发现。例如，让幼儿观察切开的土豆、苹果等，过一段时间后会发生什么样的变化；点燃的蜡烛会出现什么情况；把糖放入嘴里感受甜的味道或观察放入水杯中的白糖的溶解过程；探索手脏后用香皂洗手的过程；夏天蚊子出现的时候，观察点燃的蚊香对蚊子有什么影响；拍照时，观察相纸出现的彩色图案等。

8. 感受天气的变化

一年有四季，春夏与秋冬，四季规律地变化着。不同地方，季节的天气有所不同。概括来说，幼儿探索、发现天气变化现象的内容主要有以下方面。

观察、感受、体验、发现天气变化状况，能用自己喜欢的方式进行记录、报告、预测等。

风：可通过实验探索，发现风的产生；知道风有大小、冷暖之分并与日常生活相结合来感受不同情境下的风；知道风在日常生活中的重要作用(风力发电等)，台风、沙尘暴等给人们带来的危害等。

云：观察云在天空中的多变性，观察云在不同天气下的表现与变化，云有厚薄之分。

雨：知道雨的种类，有小雨、中雨、大雨、暴雨等；观察比较雨的不同；知道雨在不同的季节对于植物生长的意义，如春季适时的雨有利于播种，秋季的雨过多不利于秋收等。知道夏季常见的天气现象有雷雨、冰雹、彩虹等。

冰、雪、霜：知道冰、雪、霜等是冬天常出现的天气现象；通过实验或游戏来观察体验冰、雪、霜；了解冰、雪、霜在日常生活中的现象及作用，如北方的冰灯、冰雕、树挂(雾凇)，观察窗户上的霜的变化等。

9. 天文现象

日：用墨镜等观察太阳，知道太阳的形状；通过图片等观察太阳的颜色；通过实验等来感受太阳的光与热；通过实验了解到阳光是人、动物、植物等生长不可缺少的。

月：通过望远镜或肉眼来观察月相的变化等，并用自己喜欢的方式进行记录。通过观看录像等知道人类乘宇宙飞船能到达太空，杨利伟是我国第一个成功进入太空的人，以增强幼儿的爱国热情和自豪感。

星：观察夜空的星星，知道星星有很多，离我们很远，不停地闪烁等。

幼儿对于天文现象的好奇心很强，教师可根据具体情况灵活地加以选择。即教师在取材的过程中，要从幼儿的实际生活出发，从幼儿身边的、常见的事物入手，这样才能激发幼儿对身边的事物和现象的特点、变化规律产生兴趣，从而使幼儿产生探究的欲望。

（四）现代科学技术

1. 日常生活中的科技用品

家用电器：知道电视机、电冰箱、洗衣机、电饭煲、空调等的主要用途，知道它们在人们生活中的重要作用。

现代通信工具：感受电话、手机等给人们的生活带来的方便。

现代交通工具：了解汽车、火车、电车、地铁等在人们生活中的重要作用，知道安全驾驶、遵守交通规则等常识。

现代农用工具：认识拖拉机、脱粒机、播种机、抽水机等，知道现代农用工具减轻了农民劳动的负担。

科技玩具：能探索各种科技小玩具，会正确使用；进行拆卸、组装等。

2. 了解、熟悉著名的科学家，感受、体验科学家探索、发明创造的过程

通过讲故事、看图片等熟悉科学家的故事，通过自己动手制作科技小"产品"，粗略地感受科学家发明创造的探究过程，能尝试使用小工具，进行小制作。例如，用磁铁制作"会走动的小鸡""小风车"等，体验制作的过程，感受成功的喜悦，即使制作不成功，幼儿积极参与的过程已经是有意义的学习过程了。

3. 增强幼儿的环保意识，培养其环保行为

在日常生活中，通过看电视、画册等让幼儿感受诸如"白色污染""沙尘暴"等给人们的生活带来的不便、给环境带来的污染。尝试从力所

能及的事做起，从自身做起，从小事做起。例如，自己不乱丢果皮纸屑，不随意伤害小动物，不折花草等植物，看见流水的水龙头要关闭，看见地上有易拉罐、果皮等主动捡起来等，做一个节约资源、保护环境的"小卫士"。通过散步、短途旅行等方式感受、发现环境的绿化、美化，陶冶情操。通过专门设计的科学教育活动、游戏等体验、感受环保的重要，如设计"我们的家园——地球""爱鸟周""绿色的森林""清洁工""世界环境保护日"等各类主题活动。

（五）科学探究技能

科学探究的技能是进行科学发现与探索的工具，让幼儿体验与认识科学探究的多种类型与方法，有利于幼儿掌握进行科学探索的金钥匙，了解科学的本质，领会科学的灵魂；有利于科学创新人才的培养。"幼儿是天生的科学家"，是指幼儿具有自发探索与发现的动力，在此基础上，在教师指导下进行的科学探究以及科学探究方法的习得，大大促进幼儿科学素养与能力的发展。

科学探究的技能可以分成基本科学探究技能和综合科学探究技能。基本科学探究技能包括观察、分类、记录、测量、估算、猜想、验证等；综合科学探究技能包括确认变量、控制变量、建立假设、制表作图、实验、分析与结论等。在幼儿园阶段，应该让幼儿体验观察、分类、记录、猜想、验证、实验等科学探究技能。

（六）初步的数概念

幼儿数概念的形成，是一个逐步发展与建构的过程。其主要内容包括感知集合、数、量、形、空间与时间等，具体如下。

第一，掌握物体分类的方法(如按颜色、大小、长短、形状、高矮、厚薄、粗细、轻重等)，能对熟悉的物体进行分类，初步理解整体与部分的关系。

第二，探索"1"和"许多"及其关系。

第三，通过实物操作、比较、游戏等方法来学习十位或百位以内的数；先学习基数，再学习序数、倒数等，探索数与数之间的关系；学习数的组成、认读、书写、加减运算，初步理解总数与部分的关系；探索数的守恒，以进一步理解数和对数的抽象。

第四，认识常见的平面图形和立体图形，知道其名称、明显的外形特征及其简单的关系；先探索平面图形，再探索立体图形。和日常生活结合，让幼儿发现、关注哪些生活用品是什么形状的。

✎ 学习笔记

第五，运用各种方法（包括自然测量）进行量的比较，初步理解量的相对性和量的守恒。

第六，在空间方位上，能分清上下、左右、前后、里外、远近等，知道空间的运动方向，如向前、向后、向左、向右等。在时间上，能区分早晨、中午、晚上，白天、黑夜，今天、明天、昨天，知道星期、日、月、年及其关系。认识时钟，能判定整点、半点。

上述内容是幼儿科学教育活动的一个大范围，在实际运用的过程中，教师要根据幼儿的认知特点选择与把握，也可根据各地具体情况充实和丰富幼儿科学教育的内容。

二、幼儿科学教育内容选择的原则 >>>>>>>>>>>>>>>>>>

幼儿科学教育活动内容非常广泛，科学合理地选择幼儿科学教育的内容对科学教育的实施非常重要。那么，如何从中来科学合理地选择幼儿科学教育活动的内容呢？

1. 科学性和启蒙性

幼儿科学教育活动内容选择的首要要求就是能提供给幼儿科学的内容，以及在探究过程中对幼儿进行的启蒙教育。科学与启蒙是对幼儿进行科学教育的根本准则。那么，什么样的内容是科学的内容？什么样的教育是启蒙教育呢？

所谓科学的内容，是指符合科学的原理、尊重客观事实、能正确地反映客观事物、不违背科学事实的内容。这不仅包括教师给予知识、幼儿学习知识的科学性，而且包括探究事物、获得科学知识过程的科学性。与科学相悖的是伪科学。

所谓启蒙教育，是指幼儿科学教育的内容应是符合幼儿认知特点的、在教师的科学指导下经过其努力能接受和理解的科学知识，能掌握的探究事物的科学方法，能形成的对科学的兴趣、科学情感与科学态度等。内容范围超出或过窄、阻碍幼儿的认知能力发展的内容不是启蒙教育。

科学性是指幼儿科学教育的内容应符合科学原理，不违背科学事实，教师应选择那些能被幼儿感知的、已经证实的、可靠的材料作为科学教育的内容。

科学性和启蒙性是一个问题的两个方面，不应将两者对立起来，要兼顾科学性与启蒙性。

想一想

请你辨别以下说法是否符合科学性的原则？

· "天上有雷公才会有闪电。"

· "为什么要有白天和黑夜？因为要有白天，小朋友才能玩；要有黑夜，人不睡觉可不行。"

· "为什么要有白天和黑夜？因为只有一个太阳，一个月亮，它不能光照一个地方，还得去照别的地方。"

科学性与启蒙性的原则要求在选择科学教育内容时做到以下几点。

第一，选择幼儿生活中熟悉的内容，引导其发现日常生活中的科学。

第二，选择幼儿可以理解的内容，将难以理解的科学知识寓于简单的现象之中。

例如，水的浮力是幼儿难以理解的科学概念。我们可以演示，通过在水中放置一些能够漂浮的物品，让幼儿观察它们向上浮的过程，从而获得关于浮力的概念。

第三，选择幼儿可以直接探索的内容，让幼儿在力所能及的范围内学科学。

2. 广泛性和代表性

广泛性是指我们所选择的幼儿科学教育内容要尽量涉及多个领域，确保教育活动让幼儿获得广泛的科学经验。例如，生命科学领域、物质科学领域、地球与空间科学领域、科学与技术领域的内容兼顾。

代表性是指选择的内容要能典型反映某领域的基本知识结构。例如，物质科学领域的沙、石、土、水、空气等的内容和基本的性质，选择这些核心知识作为代表性的科学教育内容。

3. 地方性和季节性

我们国家幅员辽阔，各地的地理环境不同，自然状况各有千秋；季节特点不同，自然现象也有差异，不同地方生长着不同的自然植被以及为之赖以生存的动物。即使是人造产品、科技成果，也与它们所处的环境、文化背景息息相关，如上海的东方明珠电视塔、南京的夫子庙等，这就要求教师要根据当地的特点来选择具有本地或本园特色的、常见的有关自然物和自然现象等内容，并及时纳入幼儿科学教育中来。

地方性和季节性要求幼儿科学教育内容的选择应结合当地自然条件和季节特点，做到因地、因时制宜。也就是说，教师应该选择具有鲜明地方特色和季节特点的内容来开展幼儿科学教育。要注意从当地的自然和社会资源中挖掘和选择有价值的教育内容，不要照搬现成的材料。

从季节上说，不同的季节，自然界会有不同的表现。我们应该选择与季节同步的自然现象作为幼儿科学教育的内容。这些内容是离幼儿最近的，也是便于他们直接观察和探索的。

例如，处于山区、远离江河湖海的幼儿园，可以先教幼儿认识山区常见的动植物，再认识离他们较远的江河湖海中的动植物。处于水缘边但是远离山区的幼儿园，可以先教幼儿认识水生动植物，再认识距离他

📖 **想一想**

请你判断以下内容是否可以选为幼儿科学教育的内容？

· 颜料的混合与颜色变化。

· 碘酒使淀粉变色。

📖 **想一想**

请你判断以下内容是否适合幼儿探索？

· 认识毒蛇的特性。

· 认识龙卷风的危害。

· 了解微生物的形态。

们较远的山区中的动植物。

4. 时代性和民族性

时代性和民族性要求幼儿科学教育内容既体现现代科学技术的发展，又体现传统文化的特色。

只有坚持这一要求，才能使幼儿科学教育内容在适应时代变化的同时，又能发扬光大民族优秀的传统文化。我们可以选择幼儿身边的一些科技新产品或科技工艺作为教育内容。

第一，结合幼儿的生活，选择介绍先进科学技术的内容。例如，介绍"无土栽培""网络技术"等。

第二，选择介绍科学技术发展过程的内容。例如，"灯的发展"等。

第三，引导幼儿认识我国具有民族特色的物产。例如，我国珍稀植物——银杏、水杉树等；我国珍稀动物——大熊猫、金丝猴等；我国的丝绸。就我国的丝绸来说，可通过观察丝绸的特性，观察养蚕、吐丝、结茧、加工成丝绸或蚕丝被的过程来了解丝绸。

三、幼儿科学教育内容选择与编排的方法 >>>>>>

科学教育内容在经过缜密的选择之后，还要加以合理与适当的组织，才能使科学教育活动获得最好的效果。在我国，幼儿科学教育目前常用的具体选编方法主要有以下三种：以季节为主线选编内容、采用单元式选编内容、根据科学教育的不同领域选编内容。

（一）以季节为主线选编内容

以季节为主线选编幼儿科学教育内容的方法，是指以认识春、夏、秋、冬季节为主线，将科学教育中与之相关的内容集中编排。

典型案例

例如，大班第一学期（即上学期）的科学教育内容可以秋季和冬季为主线开展。围绕秋季可选编的内容有秋天的树叶、秋天的花卉、秋天的动物、秋天收获的农作物、秋天的天气等。围绕冬季可选编的内容有冬天的自然现象、动物如何过冬、人类怎样适应严寒的冬天（保暖衣物和取暖物品）。以此类推，第二学期以春季和夏季为主线编排活动内容。

（选自郦燕君：《学前儿童科学教育》，北京，高等教育出版社，2011。）

学习笔记

（二）采用单元式选编内容

采用单元式选编幼儿科学教育内容是一个以类为单元组合教材，加强科学教育活动内容纵横联系的方法。例如，围绕"环保"这一主题，设计出"别乱扔垃圾""甜甜的小溪水""垃圾与照明""废物巧利用"等单元活动，这样的活动有利于培养幼儿学科学、爱科学的强烈兴趣。

（三）根据科学教育的不同领域选编内容

根据科学教育的不同领域选编内容是以科学教育的不同领域为依据来选编幼儿科学教育内容的一种方法。这种方法虽然目前应用并不多，但仍为部分幼儿园所采用。科学教育的内容十分广泛，它可以分为不同的领域，上至天文地理，下至动植物、人体、现代科技等。

📖 **想一想**

小班第二学期的科学教育内容

范围	主题	
生物与环境	1. 耳朵听一听 2. 可爱的小鸡 3. 鸡的一家 4. 鸡的一生	5. 蛋宝宝找家 6. 可爱的小猫 7. 美丽的金鱼
非生物与环境	1. 沙	2. 玩水
自然科学现象	1. 夜晚的天空 2. 太阳光和影子 3. 多变的云	4. 吹泡泡 5. 它们变了 6. 找春天
现代科学技术	1. 玩纸	2. 布的游戏
数学	1. 看灯（找不同） 2. 放大镜（找相同） 3. 贴一贴（分类游戏） 4. 过马路（空间）	5. 比较长短 6. 小动物排队（排序） 7. 对应比较 8. 娃娃家（区分"1"和"许多"）

讨论：你对此科学教育的内容有何评价？

四、我国幼儿科学教育内容的演变与评析 >>>>>>

（一）幼儿科学教育内容的演变历程

随着科学技术的迅猛发展、社会的进步和教育的改革，幼儿科学教育已从传统的学科教育向现代科学教育转变，科学教育的目标和内容发生了巨大的变化。现代幼儿科学教育是在继承过去幼儿园自然常识教育的基础上，吸收了国内外现代儿童发展理论、学前教育理论和儿童科学教育理论，并加以改革和发展的产物。

　　1928 年 10 月，民国政府教育部聘请陈鹤琴等专家，拟订幼稚园课程标准。1929 年 9 月，由各省市试验暂行标准。1932 年 10 月，民国教育部颁布了《幼稚园课程标准》，该标准正式规定了有关幼儿科学教育的课程为"社会与常识"，并将其目标分为观察和审美、初步经验、态度和精神三部分，强调从幼儿生长发展的需要出发，在引导幼儿获得关于自然、社会、人的初步经验的基础上健康快乐成长。

相关链接

《幼稚园课程标准》中幼儿园科学教育的内容

　　1. 关于衣、食、住、行等生活需要，卫生方法，以及家庭、邻里、商铺、邮局、救火组织、公园、交通机关等社会组织的观察研究。

　　2. 日常礼仪的演习。

　　3. 纪念日和节日（如元旦、国庆、总理诞辰日、五九、五卅，以及其他令节）的研究举行。

　　4. 身体各部的认识和简易卫生规律（如食前必洗手，食后必洗脸，不随地便溺，不随地吐痰，不吃手，不用手挖耳揉眼，早睡早起，爱清洁等）的实践。

　　5. 健康和清洁的查察。

　　6. 党旗、国旗、总理遗像等的认识。

　　7. 习见的鸟、兽、鱼、虫、花草、树木和日、月、雨、雪、阴、晴、风、云等自然现象的认识和研究。

　　8. 月份、星期、日子和阴、晴、雨、雪等逐日天象的填记。

　　9. 附近或本园内动植物的观察采集，并饲养或培植。

　　10. 集会的演习（以培养公正、仁爱、和平的态度精神为主）。

　　（选自北京市教育科学研究所：《陈鹤琴全集（第二卷）》，南京，江苏教育出版社，1989。）

　　1952 年 3 月与 7 月，中华人民共和国教育部分别颁布实施了《幼儿园暂行规程（草案）》和《幼儿园暂行教学纲要（草案）》，其中关于幼儿科学教育课程的内容被定为"认识环境"，包括认识日常生活环境、社会环境和自然环境。在认识环境教学纲要里，我们可以明确地看出当时有重视让幼儿系统地、由浅入深地掌握科学知识的教育价值取向。

1981 年 10 月，教育部颁布了《幼儿园教育纲要(试行草案)》，规定学前教育继续采用分科教育模式，分为生活卫生习惯、体育活动、思想品德、语言、常识、计算、音乐、美术八个方面。"常识"成为学前教育的科学课程，对幼儿园科学(常识)教育的目标与内容做了规定。

相关链接

《幼儿园教育纲要(试行草案)》对科学(常识)教育目标与内容的规定

丰富幼儿关于社会和自然方面粗浅的知识，扩大他们的眼界。培养他们对认识社会和自然的兴趣和求知欲望，逐步形成对待人们和周围事物的正确态度。发展幼儿的注意力、观察力、记忆力、想象力、思维力和语言表达的能力。

小班

1. 知道自己的姓名、性别、年龄和家庭主要成员的姓名。

2. 认识幼儿园、老师和同班小朋友。

3. 认识日常接触的玩具、餐具和家具的名称、用途，并会正确使用。认识几种服装，知道它们的名称，熟悉穿脱的方法和顺序，懂得爱惜衣物。

4. 认识幼儿园周围环境及与幼儿生活有关的成人劳动，知道他们的工作跟人们的关系，尊敬他们和他们的劳动。

5. 认识二三种常见的交通工具，知道它们的名称、外形特征和用途。

6. 知道"六一"国际儿童节是小朋友的节日。

7. 认识四季里给幼儿印象最深的特征和人们的活动。

8. 认识常见的三四种蔬菜、水果，一二种花草、树木，知道它们的名称、明显的特征和主要用途。

在成人帮助下，学习种植一二种种子大、容易生长的植物。

9. 认识常见的家禽、家畜、野兽各二三种和鱼一二种，知道它们的名称、明显的外形特征、叫声、吃什么东西和某些动物对人们的益处。

在成人帮助下饲养小动物，爱护小动物。

中班

1. 知道父母的职业、家庭和幼儿园地址。

2. 认识几种常见材料制成的日用品，知道它们的名称、特征和用途，并会正确使用。

3. 认识周围环境中和幼儿生活有关的地方，知道这些地方是干什么的以及在这里工作的成人的劳动。

4. 认识几种常见的交通工具，从外形特征和用途比较其明显的不同点。知道一些交通规则，听从人民警察的指挥。

5. 认识日常生活中常见的二三种机器，知道它们的用途，并认识开机器的人们的劳动。

6. 知道"五一"国际劳动节是工人、农民、教师、售货员等劳动人民的节日。知道"十一"是国庆节，元旦是新年。

7. 认识家乡的自然风景、著名建筑、名胜古迹，培养幼儿爱家乡。

8. 知道五星红旗是国旗，尊敬国旗。

9. 知道四季的名称，认识其明显特征以及成人的劳动和儿童的活动。

10. 认识常见的蔬菜、水果、花草、树木各二三种，知道它们的名称，从根、茎、叶、花、果中某些部分的外形特征，比较其明显的不同点。

种植几种容易栽培的植物，观察它们的生长变化，知道植物的生长不可缺少土壤、阳光、空气和水。

11. 认识常见的家畜、家禽、鸟、鱼、昆虫和野兽各一至三种，知道它们的名称、习性、外形特征、功用和危害，比较其明显的不同点。

学习饲养小动物，观察它们的生长过程、生活习性，爱护小动物。

12. 在生活和游戏中培养幼儿对其他自然科学现象的兴趣，如水遇冷结成冰，冰遇热又化成水；磁铁能吸铁；颜色的变化等。

大班

1. 认识三四种材料制成的日用品，知道这些材料的名称、特性和用途，并进行分类。

2. 认识与人们生活有关的商店和公共场所，认识并尊敬在这里工作的成人的劳动。

知道"三八"国际劳动妇女节是奶奶、妈妈、阿姨们的节日。

知道"八一"建军节是中国人民解放军的节日。

3. 认识几种海、陆、空交通工具，比较其异同，并进行分类。

4. 认识几种常见的生产工具和大型机器，知道它们的名称和用途，用机器生产又快又好又省力。

5. 简要介绍我国几个主要的少数民族，从服饰和某些生活习惯辨别他们，知道我国是个多民族的国家，培养幼儿尊重少数民族。

6. 知道祖国首都——北京。北京有天安门、天安门广场、人民英雄纪念碑、毛主席纪念堂和人民大会堂等。

7. 知道祖国的全称是中华人民共和国，自己是中国人。台湾是我国的领土。

知道"七一"是中国共产党的生日。

8. 认识小学，初步了解小学生的学习生活，为入小学做准备。

9. 根据气温的高低、动植物生长变化的情况及人们的活动认识四季的特征，知道其顺序。学习认识寒暑表，用阿拉伯数字、图画作简单的气象日志(气温、天气)。

10. 认识常见的蔬菜、水果、干果、树木、花草和当地的主要农作物各二三种，比较其异同，并进行分类。区分常绿树、落叶树。

参加力所能及的园田劳动。

采集各种树叶、种子和野生植物，学习简单的保存方法。

11. 认识家禽、家畜、鸟、昆虫和野生动物数种，从它们的外形特征、习性、功用与危害比较其异同，并进行分类。

辨别当地几种常见的益虫和害虫，知道它们的外形特征和生活习性，知道人们怎样利用益虫、益鸟防治病虫害，要保护对人们有益的动物，消灭有害的昆虫。

学习饲养几种小动物，观察其生长变化及与人们的关系。

12. 在生活中观察风、雨、雪、雷、闪电、彩虹等自然现象，知道风、雨、雪对人们生活的益处和危害。

在生活和游戏中培养幼儿对其他自然科学现象的兴趣，如镜子会反光；在水里有的东西浮起来，有的东西沉下去；电可以使电铃响、风扇和风车转、电灯亮等。

扫码查看
《中国台湾幼儿科学教育的内容》

20 世纪 90 年代以后，幼儿科学教育的目标与内容发生了重大的变化，2001 年教育部颁布了《纲要》，制定了幼儿科学教育的内容与要求。具体如下。

《纲要》与以前的常识教育相比具有以下三个明显的变化。

第一，在教育目标上，注重有益于幼儿终身发展的价值；注重幼儿的主动性和创造性；注重并优先考虑幼儿的情感态度，幼儿探求知识的过程与方法比获得知识的多少更重要。

第二，在教育内容上，将数学教育融入幼儿科学教育；将传统的常识教育扩展延伸发展为幼儿科学教育；将幼儿科技教育回归为幼儿科学教育。

📖 相关链接

《纲要》(2001 年)中对幼儿科学教育目标与内容的规定

1. 引导幼儿对身边常见事物和现象的特点、变化规律产生兴趣和探索的欲望。

2. 为幼儿的探究活动创造宽松的环境，让每个幼儿都有机会参与尝试，支持、鼓励他们大胆提出问题，发表不同意见，学会尊重别人的观点和经验。

　　3. 提供丰富的可操作的材料，为每个幼儿都能运用多种感官、多种方式进行探索提供活动的条件。

　　4. 通过引导幼儿积极参加小组讨论、探索等方式，培养幼儿合作学习的意识和能力，学习用多种方式表现、交流、分享探索的过程和结果。

　　5. 引导幼儿对周围环境中的数、量、形、时间和空间等现象产生兴趣，建构初步的数概念，并学习用简单的数学方法解决生活和游戏中某些简单的问题。

　　6. 从生活或媒体中幼儿熟悉的科技成果入手，引导幼儿感受科学技术对生活的影响，培养他们对科学的兴趣和对科学家的崇敬。

　　7. 在幼儿生活经验的基础上，帮助幼儿了解自然、环境与人类生活的关系。从身边的小事入手，培养初步的环保意识和行为。

　　第三，在教育方法上，强调教师应引导幼儿主动参与活动，激发幼儿学习的兴趣，培养幼儿的好奇心，让幼儿在观察、尝试、体验、合作、互动的过程中得到发展，注重幼儿的自主探究。

　　2012 年 9 月，我国教育部颁布了《指南》，幼儿科学教育的内容重视科学探究，将科学探究作为幼儿科学教育的内容与方法。该《指南》指出："幼儿科学学习的核心是激发探究兴趣，体验探究过程，发展初步的探究能力。成人要善于发现和保护幼儿的好奇心，充分利用自然和实际生活机会，引导幼儿通过观察、比较、操作、实验等方法，学习发现问题、分析问题和解决问题；帮助幼儿不断积累经验，并运用于新的学习活动，形成受益终身的学习态度和能力。"

（二）幼儿科学教育内容的评析

　　幼儿科学教育内容是幼儿科学教育的组成部分，是幼儿科学教育活动的有效载体，也是幼儿科学教育活动目标能否实现的关键所在。纵观我国幼儿科学教育各个历史发展时期科学教育的理念、目标及内容，从我国及世界幼儿科学教育内容的发展历史，我们可以看出不同历史时期，科学教育的目标与内容不尽相同。科学教育的内容会随着社会、科技、科学教育学科、教育理念与政策等的发展而做出相应变化。随着科学技术的进步，新技术、新产品成为科学教育的内容；随着科学教育理念与国内外形势政策的变化，幼儿科学教育的内容也有所侧重。例如，日本重视环境保护，这与日本国内人口多、面积小、国内资源匮乏有重要关系。

　　1932 年 10 月颁布的《幼稚园课程标准》中幼儿科学教育的内容，注重自然与社会的结合，重视对日常生活物品和周围自然与社会环境的认识，重视清洁卫生习惯的养成。

1981 年颁布的《幼儿园教育纲要(试行草案)》中幼儿科学教育的内容，沿袭了 1932 年 10 月颁布的《幼稚园课程标准》中注重自然与社会的结合的内容，两者统一；分小、中、大班单独列出，各年龄班科学教育内容具有递进性，操作性强，也便于幼儿教师和家长实施与评价；重视对日常生活物品和周围自然与社会环境的认识；重视幼儿对周围事物认识的适量性。

1987 年中国台湾教育机构发布的《幼稚园课程标准》的常识中有关幼儿科学教育的内容表述简明、清晰。除了领域划分清晰可操作外，科学探究技能表述也清晰、突出。

关于幼儿各年龄班科学教育具体内容，1981 年《幼儿园教育纲要(试行草案)》对幼儿科学教育的内容从小、中、大三个年龄班做了比较详细的规定，但是当时的科学课程标准是和社会与自然结合在一起的，内容相对较多。

2012 年颁布的《指南》中幼儿科学教育的内容重视科学探究。科学教育的内容按不同年龄段划分，便于教师与家长教学与评价。科学教育的内容具有灵活性和开放性。

幼儿科学教育的内容是幼儿科学教育的灵魂和核心，是幼儿科学教育目标的具体体现，是幼儿科学教育教材编写及科学教育实施的基础和前提。幼儿科学教育内容的制定不是一件简单的事情，需要政府、教育学家、幼教专家、幼儿教师、家长等多方面共同研制，不断实践，不断修正。

思考与练习

1. 熟记幼儿科学教育的目标与内容。

2. 仔细阅读《纲要》中科学部分内容，思考幼儿科学教育总目标、各年龄阶段目标、单元目标、活动目标之间的内在联系。

3. 联系实际阐述幼儿科学教育目标制定的依据。

4. 选择幼儿科学教育内容的原则有哪些？

拓展训练

阅读以下案例，分析该案例体现了幼儿科学探究的哪些特点？教师应如何组织幼儿开展合理的探究？

有趣的纸船

在一次"有趣的纸船"的探究活动中，幼儿用自己折出的纸船在水上"航行"。船在水中总是被弄湿，然后下沉，幼儿很想造出不沉的船来，可是他们想了各种办法，纸船还是会很快湿掉，很快下沉。于是教师为幼儿提供了一些建议：是不是纸张太薄了？还是水放得多了？有没有其他的办法能使船不沉下去。教师与幼儿一起分析失败的原因，找到纸船下沉是因为折船用的纸张吸水太快，然后，幼儿重新进行实验，经过反复尝试，终于找到了解决问题的办法：用铜版纸、油光纸折小船，或者在纸张背面涂上蜡笔让纸船不易吸水等。

纸船吸水下沉的问题得到了解决，一艘艘纸船浮在水上，幼儿用手推着或用嘴吹着船走，渐渐觉得没意思了，有的幼儿干脆手指一戳，把纸船按入水中。眼看幼儿的探究行为就要终止了，教师走过去，拿出几片雪花片放在船上，"看，开往厦门的船出发了，谁要运东西去厦门吗?"幼儿马上又来了兴趣，纷纷往自己的船上放东西，玩起了水上运输的游戏。

（选自：福建学前教育网。作者吴瑞传。）

考证导航

一、选择题

1. 幼儿科学教育活动总目标包括（　　　）。

A. 科学情感和态度　　　　　　B. 科学方法和策略

C. 科学知识和能力　　　　　　D. 以上都对

2. 在拟定幼儿科学教育活动具体目标的说法中，（　　　）是错误的。

A. 目标包括知识、技能和情感三个维度

B. 目标适宜于幼儿整体的最近发展区

C. 同一活动的目标可以部分从教师角度表述，部分从幼儿角度表述

D. 目标指向活动过程后幼儿所发生的行为变化

3. 制定幼儿科学教育目标的依据主要是社会依据、学科依据以及（　　　）。

A. 心理依据　　　　　　　　B. 教师依据

C. 幼儿园环境依据　　　　　D. 知识依据

4. 小班幼儿观察植物时，下列哪条目标最符合他们的发展水平（　　　）。

A. 能感知到周围植物的是多种多样的

B. 会观察记录植物生长的变化和过程

扫码查看答案

C. 能察觉到植物外形特征，与生存环境的适应关系

D. 能发现不同种类植物之间的差异

（2018年下半年幼儿园教师资格考试"保教知识与能力"真题）

5. 科学活动中，教师观察到某幼儿能用数字、图表来记录和整理自己观察到的现象，该幼儿最可能的年龄是（　　）。

A. 6 岁　　　　　　B. 5 岁　　　　　　C. 4 岁　　　　　　D. 3 岁

（2016年下半年幼儿园教师资格考试"保教知识与能力"真题）

6. 按照布鲁姆等人教育目标分类的观点，"了解青蛙的生长发育过程"属于（　　）。

A. 情感目标　　　　　　　　　　　B. 认知目标

C. 动作技能目标　　　　　　　　　D. 行为目标

（2019年上半年幼儿园教师资格考试"保教知识与能力"真题）

7. 科学教育内容既要符合幼儿已有的发展水平，又能促进其进一步发展，这符合（　　）。

A. 价值性原则　　　　　　　　　　B. 发展适宜性原则

C. 基础性原则　　　　　　　　　　D. 兴趣性原则

（2012年下半年幼儿园教师资格考试"保教知识与能力"真题，有改动）

8. 既让幼儿感知我国古代的造纸术，又让幼儿感知现代各种各样的纸符合（　　）。

A. 科学性和启蒙性　　　　　　　　B. 地方性和季节性

C. 时代性和民族性　　　　　　　　D. 广泛性和代表性

9. 幼儿学科学的内驱力是（　　）。

A. 得到表扬　　　B. 好奇心　　　C. 学会本领　　　D. 合作交往

10. 在探究中认识周围事物和现象时，大班幼儿的适宜目标是（　　）。

A. 初步感知常用科技产品与自己生活的关系，知道科技产品有利也有弊

B. 初步了解和体会动植物和人们生活的关系

C. 能探索并发现常见的物理现象产生的条件或影响因素

D. 能感知和发现简单的物理现象

11. 幼儿科学教育内容的广泛性是指（　　）。

A. 可以不加选择地向幼儿提供教育内容

B. 可以无限制地增加幼儿的学习内容

C. 应该要求幼儿掌握广博的科学知识

D. 可以从幼儿的日常生活中选择多样的科学教育内容

12. 幼儿最难理解的科学教育内容是（   ）。

A. 沙、石   B. 土   C. 水   D. 空气

13. 不适合幼儿探索的科学内容是（   ）。

A. 气温的变化

B. 四季的成因

C. 冰雹、彩虹

D. 季节变化与人类、动植物的关系

14. 一般来说，幼儿学科学的自我中心状态最明显的年龄段是在（   ）。

A. 3～4 岁   B. 4～5 岁   C. 5～6 岁   D. 6～7 岁

15. 一般来说"帮助幼儿了解各种感官在感知中的作用学习正确使用感官感知的方法"这一目标适合于（   ）。

A. 小班   B. 中班   C. 大班   D. 学前班

二、简答题

1. 简述小、中、大班幼儿在"亲近自然，喜欢探究"中的目标。

2. 简述小、中、大班幼儿在"初步感知生活中数学的有用和有趣"中的目标。

三、材料分析题

请阅读情境，结合问题进行分析。

情境：一位幼儿园教师在教"有弹性的物体"时，拟订了如下三维目标。

(1) 感知、体验物体的弹性。

(2) 能够用多种方法感受物体的弹性。

(3) 体验弹性物品给人们带来的便利与乐趣。

问题：(1) 这是哪个年龄班的科学教育活动目标？为什么？

(2) 该目标存在什么问题？如何改进？

学习笔记

专题三
幼儿科学探究的教育方法与指导

学习目标

1. 正确认识和理解科学探究活动的含义。

2. 领会幼儿科学探究活动的流程和特点。

3. 理解幼儿科学探究活动的步骤及指导要点。

4. 理解并掌握幼儿科学探究活动中观察、实验、测量、谈话和讨论等常用的方法。

5. 明确幼儿科学游戏的含义、分类及指导方法。

学习导航

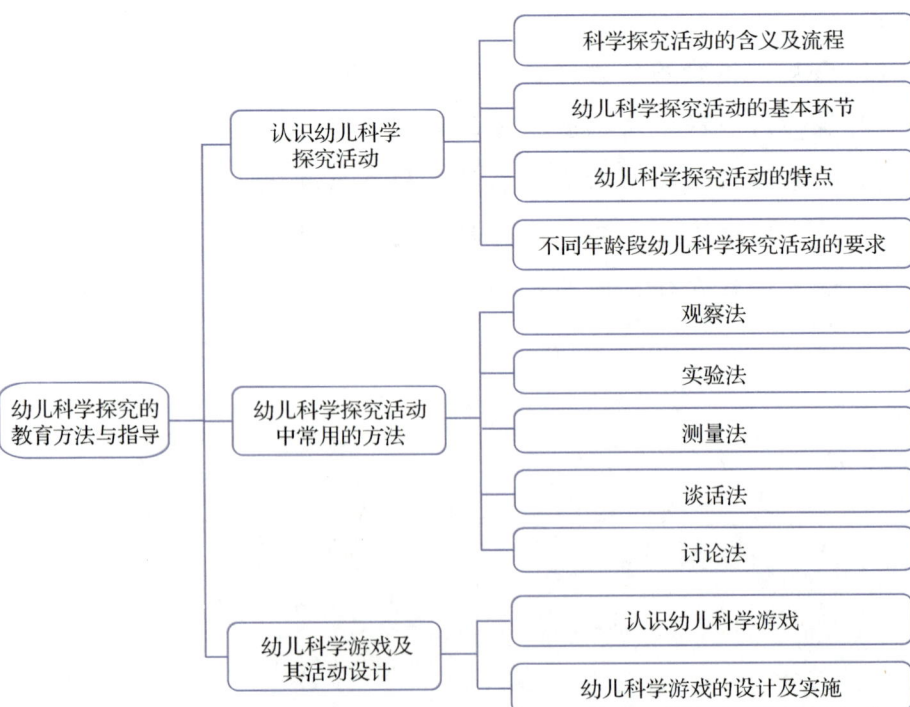

幼儿是天生的科学家，喜欢摆弄、拆卸身边的物体，在幼儿的脑海中有很多"为什么"，如汽车为什么会跑？天空为什么是蓝色的？星星为什么会眨眼睛？轮船为什么在水面上浮着？……并且对周围的很多事物和现象有很强的兴趣和探究欲望。幼儿教师面对幼儿提出的问题，应该怎么办？是予以解答，还是置之不理？

实际上，面对幼儿提出的问题，教师应尽量创设条件，使用各种方法满足幼儿认识世界、探究世界的欲望，以保持和激发幼儿的求知欲望。幼儿科学探究活动中有哪些常用的教育方法，如何认识、理解和应用这些教育方法？如何对幼儿进行指导？本专题的学习内容将给出答案。

学习主题 1
认识幼儿科学探究活动

情境案例

一次，某幼儿园大班于老师倒了一大杯热水，当时水太烫不能喝。细心的楠楠看见了，说："于老师，我有办法让这杯热水快快变凉！"楠楠的话也引起了其他小朋友的兴趣。于是，"让热水快点变凉"的探索活动应运而生了。

于老师先让幼儿猜想让热水变凉的办法：幼儿根据已有经验想到了很多办法，如"把热水杯放在冰箱里""拿筷子在水里搅拌""把热水放在窗台上，让风吹凉""用扇子扇风""往杯里加凉水或冰块"，等等。于老师鼓励他们用绘画的形式把自己猜想的办法记录下来。此时，幼儿已迫不及待地想动手实验，以验证自己的想法是好的。接着，于老师问："怎样证明热水变凉了呢？"有的说用手摸，有的说用嘴尝，也有的说看杯子上是不是有热气，用温度计插到水里测量……然后，教师又提出了新的问题，怎样让热水凉得更快？幼儿通过交流、反复实验探索，得到了多种方法……

【点评】

此案例是一个非预设性的幼儿科学探究活动，开展这种活动对激发幼儿的探究兴趣，培养其思维能力非常重要，这是当前幼儿科学教育应该提倡的教育观念和教学方法。其优点主要体现在下列几个方面：一是能根据幼儿的兴趣点，随机产生科学探究的问题；二是能引导幼儿猜想解决问题的办法；三是能引导幼儿去证明他们的想法是否正确；四是能引导幼儿探究出相对好的方法。

一般人都认为科学探究是科学家的事情，与幼儿无关。其实不然，幼儿天生就是科学家，比如幼儿喜欢摆弄、拆卸等，这就是幼儿的科学探究，这与《纲要》和《指南》的精神是一致的。幼儿正是在他们经历的基础上形成了对世界的理解，并初步具有自己的理论，因此，幼儿园就应通过为幼儿提供以研究为基础、以探索为中心的机会，帮助幼儿构建他们的经验基础。

那么，怎么认识科学探究活动？幼儿的科学探究活动与科学家的探究活动有何区别？幼儿园应如何实施科学探究活动？在指导幼儿探究活动时应采取什么策略等问题，是本主题的主要内容。

一、科学探究活动的含义及流程 >>>>>>>>>>>>>>>>>>

（一）科学探究活动的含义

科学探究活动有两方面的含义：一是指科学家进行探究自然的各种方式和途径，从而揭示大自然的奥秘和规律；二是指学习者用以获取知识、领悟科学的思想观念，领悟科学家们研究自然界所用的方法而进行的各种活动。

幼儿科学探究活动属于第二种。幼儿科学探究活动是在教师和幼儿共同组成的学习环境中，让幼儿亲历科学探究的学习过程。

有人说，幼儿的科学探究只是一种游戏，不会得出正确的结论，长此以往，幼儿就会对科学失去探究的信心。事实并非如此。因为科学探究往往失败多于成功，而且那些失败的意义不亚于成功的意义。科学上这样的例子不胜枚举。所以英国化学家戴维说："我的那些最重要的发现是受到失败的启示而做出的。"[①]杜威也认为探究是使一个不惯于思考的人只能感到沮丧烦恼的事，但对于有训练的探究者来说，却是动力和指针……它或是能披露新问题，或是有助于解释和阐明新问题。贝尔纳的一句名言"那些没有受过未知物折磨的人，不知道什么是发现的快乐"对一个有志于幼儿科学教育研究者来说是值得回味的，它既说明了进行幼儿科学探究的重要意义，也是目前幼儿科学教育中应重视的问题。

（二）科学探究活动的流程

科学探究活动的流程是一个封闭或循环的流程，包括提出问题、猜想与假设、制订计划、获取证据、思考与得出结论。一般来说，科学家的探究活动是一个循环的过程，即在解决一个问题的过程中往往又会产

① ［英］W. I. B. 贝弗里奇：《科学研究的艺术》，陈捷译，63页，北京，科学出版社，1979。

生新的问题，再根据探究活动的流程研究新的问题。而在幼儿科学探究过程中，可以把这个流程看成一个半封闭的。图 3-1 所示的科学探究活动的流程图可充分说明科学教育探究活动的过程。怎样理解封闭和半封闭？封闭的流程主要指得出结论后问题就解决了。半封闭的流程主要体现在幼儿形成新的科学概念后，运用新知识解决实际问题时可能产生的新问题，这个新问题很可能将幼儿带入下一次的科学探究活动。科学探究活动过程中各环节的关系如下。

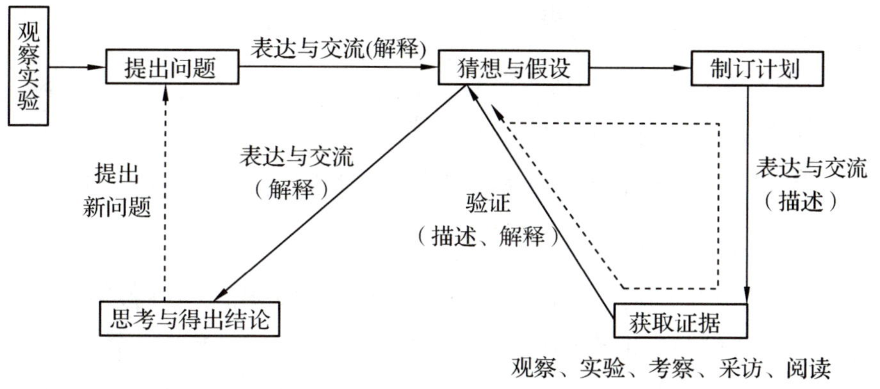

图 3-1　科学探究活动的流程图

一是科学探究活动过程中提出问题、猜想与假设、制订计划、获取证据、思考与得出结论等各环节之间是相互联系、支持和依赖的关系。二是动态的观察、实验活动和静态的思维活动交替或同时展开。教师适时的调控有利于使幼儿形成良好的思维品质和学习习惯，形成科学的学习方式。

幼儿在探究目的和程序上与科学家的探究有相似之处，都是寻求新知识，都是经过提出问题、猜想与假设、验证猜想、思考得出结论。由于幼儿年龄特点和经验水平的限制，因此，对幼儿科学探究活动的要求与科学家大不相同。

二、幼儿科学探究活动的基本环节 >>>>>>>>>>>>>>>>>

众所周知，幼儿的科学是不严谨的，这是由幼儿的年龄特点、经验水平决定的。就幼儿的探究活动来说，虽然其与科学家的探究有很大差距，但探究的基本环节是相似的，要经历提出问题—猜想与假设—验证猜想—交流讨论等环节。

例如，幼儿喜欢玩水，喜欢把各种东西放进水里，有的东西浮在水面上，幼儿用手压下去松手后还会浮起来，有的东西则沉在水底，等等。幼儿对这些现象非常感兴趣，但他们不知道怎么去深入探究。若教师能够引导幼儿用什么办法让浮在水面上的积木沉下去，或不借助其他东西怎么让橡皮泥浮在水面上……幼儿的探究就有了方向。

环节一：提出问题——探究活动的开始

没有问题，就没有探究活动，因此，这一环节主要是提出或确定科学合理的问题，提出问题时必须思考如下问题。

第一，应设置什么样的问题情境？

第二，怎样提出有价值的问题？

第三，问题的核心概念是什么？

第四，在什么时候提出问题？

以"物体在水中的表现"为例来说明。

问题情境：幼儿玩水，观察物体在水中的表现，就是让幼儿通过对材料的操作发现问题。

有价值的问题：对幼儿来说，有价值的问题就是值得幼儿探究的问题，即幼儿通过验证才能找到答案的问题。注意问题必须符合幼儿的年龄特点，必须建立在幼儿的原有经验之上。例如，怎样让浮在水面上的积木沉下去？怎样不借助其他东西让橡皮泥浮起来……

问题的核心概念：沉与浮，即与探究问题相关的概念，幼儿所探究的任何科学问题都必须反映某一领域的知识，否则，就不属于真正的科学探究。

提出问题的时机：幼儿有了兴趣、产生了探究欲望时是提出问题的最佳时机。

提出问题可通过两个途径。

一是预设性的——教师事先根据教学内容及幼儿的学习特点设计的问题。

方式：首先确定核心概念，其次设计有价值的主题，最后选择与主题相关的多个内容和事实。如在以上案例中，设计与主题相关的多个内容和事实，想办法让浮在水面上的积木沉下去，或不借助其他东西让橡皮泥浮起来……

二是生成性的——根据幼儿活动的进程生成的问题。

方式：收集幼儿关注的问题，然后进行价值判断，确定反映的核心概念的主题。

教师的指导策略。提出探究性的问题并没有固定的模式和方法，可以由教师提出或幼儿提出，也可以由教师和幼儿共同提出，但根据幼儿不同的年龄特点，提出问题的方式应有所差异。

小班：由于年龄小，小班幼儿不会提出问题，更不会提出有探究价值的问题。因此，对小班幼儿来说，教师要鼓励他们发现问题，对要探究的问题应主要由教师提出或在教师的引导启发下产生。

中班：教师引导幼儿自己发现问题，并鼓励幼儿自己提出想要解决的问题。一般来说，教师应根据幼儿发现的问题和兴趣点来确定要探究的问题。

大班：教师尽量引导、启发幼儿自己发现问题和确定要探究的问题。

注意：幼儿科学探究的问题最好是教师根据幼儿的能力和水平创设的问题，教师引导幼儿自己发现问题和提出问题，即便幼儿不能提出有价值的问题，也要让幼儿亲身经历这个过程，以培养幼儿的问题意识。

环节二：猜想与假设——解决问题的想法

猜想与假设是科学探究过程的重要环节，这一环节能培养幼儿有根据地思考。此环节教师应鼓励幼儿依据原有知识经验猜想问题的答案；激发幼儿间的讨论，使其尽量得出有依据的猜想；引导幼儿用适合自己的方式记录猜想的结果。

对于幼儿的猜想，不论对还是错，教师要尽量启发幼儿去证明它。对幼儿没有依据并且也无法验证的猜想，教师可以持中立态度。

教师的指导策略如下。

第一，幼儿猜想之前，教师一定要启发：你认为可能是什么，你有什么好的办法等，这样可激发幼儿寻找解决问题的方法。

第二，幼儿猜想过程中，教师一定要追问：你为什么这样猜想，有什么依据等，这样可引导幼儿有依据地猜想。

第三，幼儿猜想之后，教师一定要追问：怎样验证你的猜想，还有更好的方法吗？这样可引导幼儿思考如何去设计验证猜想的活动方案。

以上这些引导策略对培养幼儿的想象力、科学思维能力及拓展解决问题的思路至关重要，因为这种能力和意识正是幼儿最薄弱的方面。

环节三：验证猜想——寻找解决问题的证据

这一环节能培养幼儿相信事实的价值观，幼儿的猜想不论是否与事实一致，对培养幼儿的想象力和思维能力来说都是很有价值的。若幼儿通过验证，证明了自己的想法是对的，他们会有一种成就感和自豪感。反之，通过反思自己的猜想和验证环节来改变自己的想法。

在验证环节中，教师应尽量让幼儿按自己的想法选择方案和材料；鼓励幼儿自己进行简单的实验设计和操作；幼儿困惑时，教师一定要给予引导和启发；证据出现时，让幼儿用自己的方式记录信息。

教师的指导策略如下。

第一，幼儿设计方案时，教师尽量不要干涉幼儿的想法，当幼儿设计的方案有偏差或错误时，要及时启发和引导，如想想这样可以吗？还有更好的办法吗？这样使幼儿设计的活动方案更合理。

第二，幼儿收集证据时，教师应指导幼儿掌握记录信息的方法（如用图画、记符号、粘贴等）。

第三，幼儿验证结束时，教师应引导幼儿对信息进行分析和概括。这不仅是解决问题的需要，而且是培养幼儿分析能力和概括能力的过程。如验证时，让浮在水面上的积木沉下去的方法有多种，其中把木块与石块、铁块、水泥块等捆绑在一起，积木块都可以沉下去，但这些属于同一类方法，因为都是与重的物体绑在一起，在处理信息时，应归为一类。

环节四：交流讨论——交流探究过程与结果

交流讨论是幼儿把自己的想法和探究结果向别人说明，或是设法说服别人的过程。这是探究活动必不可少的过程，这个过程既是一种思维的碰撞，也是培养幼儿表达能力、思维能力的过程。

交流中教师应让幼儿学会用语言表达自己或小组的探究过程和结果；会用画图、记符号、粘贴等方式展示自己的探究成果。讨论中，要求幼儿善于倾听别人的观点，发表自己的见解；引导幼儿对比验证结果和自己最初的想法是否一致。

教师的指导策略如下。

第一，营造和谐气氛，鼓励幼儿表述自己的发现。

第二，有分歧时，教师不急于评判，而是启发、引导。

第三，若讨论无果，教师可进行简明分析和概括。

拓展阅读

问题 1：当出现分歧时，教师为什么不裁判？应如何做？

如果教师进行了是非的裁决，就没有讨论的必要了。教师启发、引导的作用主要体现在：一是使幼儿对自己的探究过程进行反思；二是通过启发、引导幼儿也可产生新的探究思路或新的问题。

问题 2：若讨论不出正确结论时，是否意味着探究的失败？

不是。得出正确结论当然是最好的，但得不出正确结论并不意味着失败。因为科学

学习笔记

家也经常失败，何况幼儿呢？不论有无结论，只要幼儿经历了、体验了科学探究的过程，他们就有收获。例如，幼儿体验了探究的过程，学会了如何猜想，如何获取证据等；通过教师的分析和概括，他们获得经验与知识，加深了对科学本质的认识。这就是幼儿科学探究的价值所在！

总而言之，以上活动环节就是以幼儿探究学习为核心的科学教育活动，是在建构主义学习观与教学观的指导下，从日常生活中面临的真实、典型的科学问题入手，教师指导幼儿主动进行的探究活动。通过设计开放性、生活化、游戏化的活动，幼儿根据自己的经历，在直接操作、探究物质材料及与人、事、物相互作用中，在不断地感受中，有所获得、有所发现，并在此过程中体验科学、理解科学、热爱科学。

三、幼儿科学探究活动的特点 >>>>>>>>>>>>>>>>>>>>

✎ 学习笔记

幼儿科学探究活动虽然有一定的流程和环节，但要具体实施这种探究活动，只有了解幼儿科学探究活动的特点才能设计出既科学合理，又适合不同年龄段幼儿的探究活动方案。

根据维果茨基和皮亚杰等心理学家研究的幼儿心理发展阶段论，幼儿探究和认识事物的特点大致可以归纳为以下几点。[①]

（一）幼儿是天生的科学家

幼儿生来就充满了对整个世界的好奇、好问，不知疲倦地探索着周围的世界。正如杜威所说：幼儿有调查和探究的本能，好奇、好问、好探索是幼儿与生俱来的特点。幼儿最初关心的问题大都和自然环境有关，是基本的科学问题。可以说，让幼儿产生疑惑的问题在本质上与科学家的问题并无太大的差异，所不同的只是科学家在以专业的方式从事幼儿自然而然在做的事，寻找着幼儿最关心的问题的答案。

（二）幼儿通过直接经验来认识事物

幼儿不仅好奇、好问、好探索，而且还是一个勇于行动的大胆实践者。心理学的研究证明：幼儿的年龄特点决定了他们对物质世界的认识是感性的、具体形象的，思维还常常需要通过动作来进行。他们对物质世界的认识还必须以具体的事物和材料作为中介和桥梁，在很大程度上借助于对物体的直接操作。

---

① 邱淑慧：《学前儿童科学教育与活动指导》，100～111 页，北京，教育科学出版社，2012。

（三）幼儿的探究方法具有试误性

幼儿在解决问题时和科学家一样，也使用探究法，只是不自觉而已。而由于经验水平和思维特点所限，幼儿探究解决问题的过程和方法具有很大的试误性。他们对事物特点的认识和对事物间关系的发现需要多次尝试，不断排除无关因素，需要很多次、很长时间的探索才能接近答案。

（四）幼儿所获得的知识具有"非科学性"

受其原有经验和思维水平的直接影响，幼儿形成了他们所独有的"天真幼稚理论"和"非科学性"的知识经验。幼儿在探索和认识事物过程中所表现出的不合乎成人逻辑的想法和做法，在幼儿原有经验和认知结构上却是极其合理的，是合乎他"自身逻辑"的。幼儿对事物的认识不能抓住本质特征，对事物及其关系的认识和解释只是根据他们具体接触到的表面现象来进行的。幼儿总是用"幼儿独特的眼光"来看待事物及其关系。他们的解释往往具有"人为的"和"万物有灵论"的色彩，还不能客观地解释自然事物和现象及其关系。幼儿在认知发展上的这种局限性决定了他们无法获得完全客观的认识。

四、不同年龄段幼儿科学探究活动的要求 >>>>>>

科学探究活动虽然是幼儿学习科学的主要方式，但根据年龄和认知特征，对不同年龄段的幼儿应提出不同的要求。

小班

①敢于提出问题；

②能在教师的引导下进行大胆的猜想；

③能用简单、形象的方式记录自己的发现；

④敢于用简单的语言表达自己的疑问和发现。

中班

①乐于并敢于提出问题；

②能围绕简单的问题和探究任务运用自己原有经验进行猜想和假设；

③尝试运用观察和简单的实验方法解决问题，并用简单易懂的方式进行记录；

④能初步得出自己的结论，敢于与同伴交流和分享。

大班

①懂得事实证据的重要性；

②能提出有探究意义的问题，充分调动自己的原有经验进行猜想和假设；

③尝试着制订简单的观察和实验方案；

④用适宜的方式记录数据和事实，并在此基础上得出自己或小组的解释和结论；

⑤乐于与同伴分享交流探究的过程和结果，敢于对同伴或教师的结论质疑。

由此可见，实施幼儿科学探究活动虽然没有固定的模式，但是有一定规律可循，只有遵循幼儿的发展水平、探究的特点，才能对幼儿科学探究活动提出合理的要求和实施策略。

扫码查看《幼儿的自发探究、科学家的探究与在教师指导下的探究之比较》

典型案例

大班科学活动：有力量的纸桥

设计意图

桥与我们的生活息息相关。随着交通的发展，各种各样的桥已成为一道道亮丽的风景线。根据幼儿实际，了解幼儿的"最近发展区"，认真钻研教材，精心设计有层次、有目标的尝试活动，引导幼儿通过感官、体验、亲自尝试的过程去发现事物变化的起因和内部联系，培养幼儿积极探索的精神。活动"有力量的纸桥"引导幼儿利用简单的材料，探索桥更多的奥妙，并在实验中，感受其中的科学原理，体验发现的乐趣。

活动目标

1. 尝试用纸做桥（桥墩固定），感知桥的承重力。

2. 知道波浪形的桥比平面的桥牢固，探索波浪的多少与桥的承重力之间的关系。

重点难点

1. 探索纸桥桥面波浪的多少与桥的承重力之间的关系。

2. 通过操作发现改变桥面形状与纸桥承重力的关系。

活动准备

1. 长方形的图画纸每人4张，正方体积木、吸管、垫圈若干。

2. 纸桥承重实验记录表人手1份，记录笔1支。

3. 与教学活动有关的课件。

活动过程

一、回忆经验，导入活动（激发幼儿活动兴趣）。

1. 师："小朋友，你们见过桥吗？你见过什么样的桥？它们是用什么材料建成的？"

2. 师："平常我们见过的桥大多都是用水泥钢筋、石头或者木头等材料建成的。"

二、引导幼儿开展探究活动。

探究一：幼儿制作纸桥，并尝试探索平面纸桥的承重力。

1. 师："你们见过用纸做成的桥吗？你们想不想做一名小小建筑师，试着用纸搭建小桥？今天我们一起来试试吧。"

2. 教师介绍操作材料，请幼儿试着用两块积木做桥墩（桥墩的距离固定），用吸管做桥下的流水，用纸来做桥面，看谁搭建得又快又好。

3. 幼儿尝试，教师巡回指导。

4. 请搭建好纸桥的幼儿尝试着放垫圈，看看桥上最多能放几个垫圈？并把它的数量记在记录表上。

5. 幼儿集体交流。

探究二：幼儿尝试改变桥面形状，探索其承重力。

1. 师："我们改变桥面的形状，它又能承受多大的力？（可以放几个垫圈）请小朋友试着用折一折或卷一卷的方法改变桥面的形状，下面桥墩的距离保持不变，然后在上面放垫圈，最多能放几个垫圈？"

2. 幼儿尝试操作，教师巡回指导。

3. 请幼儿说一说改变形状后的桥面最多能放几个垫圈，并进行记录，询问幼儿发现了什么。

4. 幼儿集体交流。[弯曲（有波浪）的桥面与平的桥面相比，弯曲（有波浪）的桥面比平的桥面能承受更大的重力。]

探究三：波浪的多少和承重力的关系。

1. 师："刚才小朋友发现弯曲（有波浪）的桥面承受的重力变大，要是弯曲的次数变多了，它又能承受多大的力？现在我们试着把它反复折叠几次，看能放几个垫圈？"

2. 再次操作探究。

①幼儿可根据自己的意愿折叠不同的次数，然后用垫圈进行探究。

②教师观察幼儿操作情况。

③你做的纸桥最多能放几个垫圈？（并记在记录表上）

3. 比较哪种形状的纸桥更有力量？

师："通过实验，记录比较，你发现了什么？"

幼儿相互交流。

三、谈话小结。

1. 师："纸折叠成波浪形后，能承受的力量变大，每一个波浪就像一个小巨人，许多小巨人连在一起力气就大了。我们回家再和爸爸妈妈一起探究折叠的波浪比现在多，是不是它的承重力就更大呢?"

2. 拓展幼儿的生活经验。师:"在平时生活中,你发现哪些东西是利用弯曲来使它更牢固的呢?"幼:"瓦楞纸、塑钢瓦、瓦片、纸扇、石棉瓦等。"师:"建筑师根据一些科学原理,建造了许多坚固的桥,如中国的赵州桥、美国的金门大桥,小朋友们只要多动脑筋、多动手,也能成为一名伟大的工程师。"

活动延伸

在活动区域投放操作材料,让幼儿自由探究桥墩多少、桥墩之间距离的远近与纸桥承重力的关系。

活动反思

在谈话中回忆经验,教师借助生活中各种桥的图片,与生活情境相融合,激发幼儿活动的兴趣。找到新知识的衔接点,教师通过支架式语言,譬如,你们见过用纸做成的桥吗?你们想不想做一名小小建筑师,试着用纸搭建小桥?将原有经验与现时活动情境结合起来,激发幼儿探索的欲望。在活动中重视幼儿体验学习,让幼儿动手、动脑、动口等,使其多种感官共同参与,促使幼儿全身心地投入学习,根据幼儿年龄和实际发展水平,由浅入深,让幼儿学会如何观察,如何运用自己的经验进行建构,如何表述自己的发现等,如活动中原本的平面纸桥连一个垫圈也不能承受,教师引导幼儿改变桥面形状后,他们能发现什么呢?桥面所能承受的重力增大,改变形状后的桥面更有力量,再循序渐进,弯曲次数由少到多后又发现了什么?让幼儿在实验操作中体验发现的乐趣,并试着总结出其科学原理。

采用开放式的问题引起幼儿内在的学习动机,引导幼儿主动去活动,积极去思考,教师在活动中观察发现幼儿的反馈信息,及时给予指导,以便师幼之间都能掌握信息。例如,让幼儿明白纸桥的上端(也就是桥墩支撑的地方),不能用垫圈压住,那样并不是利用纸桥自己的力量而是借助了其他的力量。最终要在科学活动中帮助幼儿获得科学的知识和简单的操作实验技能与方法。

(选自:当代学前教育网。作者梁莲芬,该教案获第十四届"当代杯"全国幼儿教师职业技能大赛一等奖。收入本书时有改动。)

练一练

根据探究活动的基本环节,在考虑幼儿探究事物的特点、行为层次的基础上自选内容,设计一个适合幼儿园中班的科学探究活动方案。

要求:写明探究课题、年龄班级、活动目标、活动准备及活动过程。

学习主题 2
幼儿科学探究活动中常用的方法

情境案例

　　一天，某幼儿园大班正在上科学活动课"换笔芯"，教师试图通过引导幼儿拆笔、换笔芯、装笔的过程，使他们能一边拆一边仔细地观察研究，并让他们在拆拆装装的过程中主动地发现问题和解决问题。

　　活动开始，教师出示了活动材料（拆装难易程度不同、配件不同的三种笔及与之相匹配的笔芯若干，操作盘人手一个），就开门见山提出了这节课的活动任务——换笔芯，问幼儿喜欢吗？所有幼儿都对换笔芯表现出了极大的兴趣。幼儿领取材料后，就各自进入了换笔芯的活动中……十几分钟过去了，只有个别幼儿能独立拆卸、换笔芯并安装成功，大多数幼儿拆开了安装不上，还有的没拆开……

　　思考：

　　1. 大多数幼儿拆开了安装不上，与教师的指导有关系吗？为什么？

　　2. 你认为教师应采用哪些方法指导幼儿探究活动？为什么？

　　【点评】

　　这节课中教师的设计意图挺好，但是教师的引导作用没有发挥出来。主要问题有三点：一是活动开始前，教师没有提醒幼儿观察不同笔的结构和拆卸方法，也没有交代拆卸的顺序及注意的问题；二是没有交代如何观察笔的内部和外部结构、部件及其作用；三是整个活动过程没有与幼儿交流拆卸过程与安装过程有何关系。这些问题是导致大多数幼儿探究失败的原因。这也说明幼儿科学探究活动不是有了问题和操作的材料就能达到目标，教师必须通过多种教学方法和手段才能帮助其达到目标。

　　幼儿科学探究活动中所用的学习方法很多，主要有观察法、实验法、测量法、谈话法及讨论法等，这些方法是本主题要学习的主要内容。

一、观察法 >>>>>>>>>>>>>>>>>>>>>>>>>>>>>>>>>>>>>>

（一）观察法的含义

　　观察既是幼儿认识世界的最基本方法，也是科学探究活动中一种重要的方法。它要求幼儿运用多种感官直接、具体地认识事物，了解事物的特性，能提高幼儿感官的综合活动能力，培养幼儿运用感官探索周围环境的习惯，并为发展幼儿的抽象思维能力、形成概念提供丰富的感性经验。

观察法是通过观察活动进行的，观察活动是一种有计划、有目的、有组织、比较持久的高级知觉过程，是人类对客观世界的主动认识过程。幼儿科学教育中的观察方法就是提供大量直接经验让幼儿观察探索，让幼儿通过感官来发现、探索客观世界的事物和现象，从而获得具体印象，并在此基础上形成概念。

（二）观察活动的类型

一般来说，观察分为直接观察和间接观察两种类型。直接观察是指借助于感官对物体进行直接观察的方式；间接观察是通过仪器(放大镜、显微镜等)间接地对物体进行观察。在幼儿科学教育中，观察可分为个别物体观察、比较性观察、长期系统性观察三种类型。

1. 个别物体观察

个别物体观察是指对单个的物体(或一类物体)或现象的观察。幼儿通过有目的地运用感官，与周围某一事物或现象直接接触，从而了解它的外形特征、属性、习性等。一般来说，教学要求幼儿通过个别物体观察，获得有关个别物体的信息。例如，观察物体的形状、颜色、大小等信息。

2. 比较性观察

比较性观察是指同时观察两种或两种以上的物体并进行比较，以找出物体间的异同点。这种观察方式一般在中班和大班使用，但不同年龄段有不同的要求。中班幼儿仅比较不同物体或现象明显的不同点；大班幼儿不仅比较物体的不同点和相同点，而且能在此基础上进行分类。例如，在比较观察中发现自然物和科技产品的相似处与不同处，学会以两样物体的相应部分和整体进行比较观察，要求幼儿以一种已认识的物体与新的观察对象进行比较观察等。

3. 长期系统性观察

长期系统性观察是指幼儿在较长的时间内，持续地对某一物体或现象进行系统的观察，对其质和量两方面的发展变化过程有较完整的认识。长期系统性观察对幼儿的知识经验、认知水平要求较高，因此一般在中班才开始采用这种观察类型，而且主要在大班进行。例如，通过观察、记录某植物的生长和变化，来了解植物的生长规律、特性等就属于长期系统性观察。

（三）幼儿观察活动的指导

教师在指导幼儿观察时要注意以下几点。

第一，利用观察对象的显著特征激发幼儿的观察兴趣。幼儿容易对新奇的事物产生观察和探究的欲望。教师可以利用这一特点吸引幼儿对观察对象的注意，激发幼儿观察的兴趣。

第二，引导幼儿运用多种感官感知事物的特征，让幼儿在看看、听听、闻闻、摸摸等的过程中，获得全面的观察信息。

第三，通过启发性提问引导幼儿观察。教师的提问要围绕观察目的，提出明确的问题，使幼儿明确观察的方向，引导幼儿全面、系统、有序地观察。注意引导幼儿既观察事物的整体，又观察事物的主要细节，以保证观察的全面性。引导幼儿学习按一定顺序观察。例如，观察植物可按根—茎—叶—花—果实的顺序，也可以按花—叶—茎—根的顺序；观察动物可按头—身—尾—四肢的顺序；观察水果可从外到里等。当然观察的顺序不是一成不变的，可以根据具体情况灵活处理。

第四，将观察和操作活动相结合。让幼儿通过对观察对象的操作、摆弄，全面地观察事物，并了解观察对象的变化。

第五，要鼓励幼儿用语言表达观察中的发现。语言可以帮助幼儿整理自己的观察结果，并使之系统化，还可以促进幼儿之间的交流。教师既要鼓励幼儿用自己的语言来表达，又要注意纠正其语言表达与观察不符的地方。

第六，指导幼儿学习用各种方法记录观察结果。观察记录就是由幼儿以形象化的绘画、图表等方式表达对自然物、科学现象的观察结果。它是幼儿观察活动中的一个方面，也是一种表达的方式。

二、实验法 >>>>>>>>>>>>>>>>>>>>>>>>>>>>>>>>>>>

（一）实验法的含义

实验法是科学探究活动中非常重要的一种方法，是人们根据一定的研究目的，在人为地控制或模拟自然现象的条件下，运用一定的物质手段(仪器或设备)获得科学事实的方法。

实验法是较观察法更为主动的行为，是更高一级的科学研究方法。因为科学实验不但是为了验证某个现象或结论，而且是对假说进行检验，比直接观察更具有能动性，所以，科学实验活动是最能反映科学方法的活动之一，也是认知上比较高层次的一种探究活动。因此，实验活动设计的宗旨是通过对非观测变量进行有效控制，从而对观测变量进行有效的观测。例如，要研究温度对盐的溶解速度的影响，就要对两杯参与实验的盐水进行一系列控制，如控制两杯盐水盐的量、水的量、搅拌与否或搅拌的时间等，使影响盐溶解速度的其他因素都相同的条件下，从而观察温度对其的影响。

幼儿科学实验也是如此，在实验过程中也离不开操控和观察，对实验的基本要求与上述内容一致。

幼儿科学实验的种类通常分为教师演示实验和幼儿操作实验两种。

教师演示实验是指由教师操作实验的全过程，幼儿观察实验的过程、现象、变化和结果的一种形式。幼儿原有经验中没有出现过的，或者操作较难、手眼协调要求较高的科学实验等，可以通过这种形式来完成。教师在演示中要边做边讲解，让幼儿看清楚、听清楚，这样既能引起幼儿的兴趣，又可以让幼儿事后的模仿实验成功率较高。

幼儿操作实验是指幼儿亲自动手操作，参与全过程的实验。幼儿操作实验的性质比较简单，常带有游戏性。幼儿在动手操作过程中，熟悉实验材料的性质和使用方法，充分观察实验过程中现象的变化，并可以重复操作，多次尝试，进行科学探索。幼儿操作实验选用的设备材料要齐全、够用，时间要充足，使每个幼儿有尝试的机会，并具有安全性。

在实验活动中，幼儿可以亲自动手，反复尝试，能在最大限度上激发幼儿对科学活动的兴趣，体验到科学探究的本质。实验操作不但能帮助幼儿理解一些简单的科学现象和知识，而且能培养幼儿对学习科学的兴趣和求知欲望，也能调动幼儿学习科学的积极性和主动性。实验活动既能培养幼儿的动手操作能力，也能培养幼儿的观察能力和实事求是的精神，还能让幼儿体验到科学探究的本质。

（二）幼儿科学实验的特点

科学实验可以分为特定条件实验和非特定条件实验，而幼儿科学实验主要指不需要在实验室中进行，不需要在特定条件下进行的实验，幼儿科学实验不但具有知识性，而且还具有下列特点。

1. 直观性

幼儿的思维以直观形象性为主。幼儿对听得到、看得见、摸得着的东西很感兴趣，也容易理解、记忆。在科学领域里，有很多原理看似简单，却很难用语言解释清楚。用于解释这些原理的专业术语对幼儿来说更是天方夜谭。科学实验能让幼儿直接看到事物性状的改变或事物发展变化的过程，非常直观地向幼儿展示其中的科学道理。实验中的奇妙现象、有趣的过程也深深地吸引着幼儿，易于被幼儿接受。

2. 简易性

幼儿科学实验不同于正规的科学实验，由于幼儿动作的精细性相对较差，不可能做要求很精确的实验。因此，幼儿园的实验多以操作简单、容易出效果的实验为主，对实验材料的要求也不是很高，不需要有精确的刻度，也无须受时间和空间的限制，都是生活中常见的或是很容易找到的东西，如木块、石子、别针、磁铁、电池、纸、蜡烛、颜料等。教师准备起来比较方便，不需耗费过多人力、物力。

3. 操作性和可视性强

幼儿科学实验的过程和操作方法都比较简单，现象比较典型。操作性和可视性强是指幼儿在实验中最大限度地运用各种感官参与活动，通过看、听、摸等多种方式作用于材料，获得对材料的认识，直接观察到有趣的现象，理解相关的科学道理。

（三）幼儿科学实验活动指导

幼儿园开展幼儿科学实验，首先，要为幼儿创设一个比较宽松的心理氛围；其次，要激发幼儿参与实验活动的积极性和主动性，鼓励幼儿敢想、会想，愿意动手，敢于动手，并能用和别人不同的方式进行探索，在活动中让幼儿体会到活动的快乐和创新的快乐。另外，要特别关注下列问题。

1. 提供能启发幼儿探索的实验材料

科学实验材料是引发幼儿探究的刺激物，是科学现象和原理的载体，因此，教师提供的材料对幼儿来说就显得尤为重要。在课前准备时，教师要对多种材料进行反复实验，改变传统教学中提供材料单一、现象单一的状况，尽可能为幼儿提供多种可以产生相同或相似现象的材料，并创造条件让不明显的关系明显化。

2. 实验操作前，要给幼儿留下猜想和假设的空间

实验开始前，教师不要为幼儿提供统一的实验方法或方案，而是要引导幼儿观察所提供的材料，通过设疑使幼儿对即将产生的现象进行猜想和假设，产生参与实验的愿望。幼儿根据已有的知识经验，对即将产生的现象或操作方法进行猜想。每个人的猜想不一定一样，这就为幼儿的思维提供了广阔的空间，也大大激发了幼儿的兴趣和亲自动手尝试的愿望，提高了活动的目的性。

3. 实验操作时，要鼓励幼儿按自己的想法进行尝试

实验活动中，在进行了猜想和假设之后，教师鼓励幼儿根据自己的想法大胆地进行尝试。猜想激发了幼儿的兴趣，操作则起到了验证猜想正确与否的作用，有助于幼儿形成正确的科学概念，掌握正确的操作方法。此时，幼儿可以相对自由地选择材料，以各自不同的方式进行实验，教师则在一旁观察，并给予必要的帮助和指导。

4. 实验过程中，要引导幼儿进行记录

有了一定的操作经验，观察到了一些现象后，教师应引导幼儿用适合自己的方式进行记录，如用图画、符号、图片以及实物粘贴等，充分表达自己的实验过程。这样，有助于幼儿将实验结果与猜想结果进行对比。若实验结果与猜想结果一致，会增强幼儿的成就感；反之，可引导幼儿反思自己的实验过程，从而改进实验方法，调整原有认识，促进新经验的主动建构。因此，表达和记录过程不但为幼儿的交流讨论过程提供了第一手材料，而且也开阔了幼儿的眼界，拓展了其思维，提高了其表达能力。

总之，幼儿科学实验是幼儿认识自然事物最直接的一种方法，其内容和方法深受幼儿喜爱，幼儿通过亲自动手进行实验，能引发其对科学的兴趣，培养其大胆动脑、积极动手的习惯，并能在实验过程中发展其观察力、理解力、分析力、判断力，在相对自由的活动中，幼儿的创新精神和创造能力得到发展。

学习笔记

典型案例

大班科学活动：什么是风

设计意图

自然界中充满着神奇有趣的科学现象，"风"这一自然现象是幼儿能经常感受到的自然现象。幼儿的很多游戏，如玩风车、放风筝等都离不开风。在幼儿园，我们常听到幼儿说："树叶被风吹到了地上""台风来了""今天风有点大，妈妈又给我多穿了衣服"……从幼儿的对话中，我们发现"风"是幼儿需要的、感兴趣的内容。追随幼儿的经验和生活，特围绕"风是什么"设计了此次活动，让幼儿进一步探究和认识风。

活动目标

1. 通过感知和操作初步探究风形成的原因。

2. 结合已知经验，了解风对人们日常生活和周围环境的作用及影响。

3. 积极参与科学实验探索、勇于探究。

重点难点

重点：了解风形成的原因以及风对人们生活的影响。

难点：能够积极参与科学实验探索，勇于探究。

活动准备

1. 物质准备：

教具：PPT课件、音频、视频、轻音乐、扇子、书本、保鲜袋、碎纸屑、牙签、吸管。

学具：风车、帆船和会跳舞的纸屑的制作材料。

2. 经验准备：幼儿感受过四季风的不同。

活动过程

一、音频导入：感知风声。

师："今天老师带来一个新朋友，请小朋友们竖起耳朵仔细听，然后告诉我你听见了什么？"（播放风声的音频。）

提问："听到了什么声音？小朋友们见过风吗？风吹在我们身上是什么感觉呢？"

总结："风是看不见、闻不到、摸不着的，但是我们可以通过感觉和周围事物的变化知道风来了。"

二、探究风的形成。

1. 用自己的身体部位产生风。

提问："你觉得身体的什么部位可以产生风？是怎么产生的？吹在身上有什么感受？"

2. 请寻找一件物品试试用什么方法可以产生风。

提问："为什么吹一吹、扇一扇可以产生风呢？它们的大小是一样的吗？"

3. 总结实验：跳舞的纸屑。

将一个透明保鲜袋里面装满空气，然后用牙签扎一个小洞，让幼儿直观地感受到扎了洞的保鲜袋会产生风，从而使得碎纸屑到处飞动。

教师总结："空气流动产生了风，流动速度越快，风就越大，速度越慢，风就越小。"

三、探讨风的作用。

1. 风的积极作用。

幼儿根据自己生活经验回答问题，教师播放PPT帮助幼儿了解风对人们日常生活和周围环境的积极作用与影响，如发电、控制帆船航向等。

2. 风的消极作用。

播放台风来了的视频，让幼儿了解风对人类生活产生的巨大危害。

活动延伸

教师播放轻音乐，幼儿自由选择操作项目，完成第一项操作之后，可以跟其他组的同伴进行交换。

1. 完成风的作业纸。
2. 制作会跳舞的纸屑。
3. 制作帆船。
4. 制作风车。

活动反思

"什么是风"以音频直接导入，开门见山，瞬间吸引了幼儿的注意力。当幼儿听出风的声音之后，教师顺势直接导入，引导他们进行讨论，并提问："你见过风吗？风吹在身上是什么感觉呢？"帮助幼儿启用已有生活经验，然后及时对风的特征进行总结。在探究风的形成这一环节，教师让幼儿动静结合参与探索：用自己的身体产生风，用教师提供的材料产生风，并引导幼儿思考：为什么吹一吹、扇一扇可以产生风？怎么吹一吹、扇一扇风就形成了呢？每一个问题循序渐进，加深难度，从而激发幼儿的思考。在幼儿思维得到提升之后，教师又用一个总结实验帮助幼儿直观地理解风的形成原因。因此，整个探索过程幼儿注意力都非常集中，重难点也得以解决。学习活动不仅是知识的学习，而且是为了生活的运用，在探讨风的作用环节，教师利用 PPT 和视频，让幼儿对风的作用有了辩证的认识，任何事物都是有两面性的，我们要正确对待。多媒体教学形式的利用大大地提高了教学效果。活动结束时，教师提供丰富的材料让幼儿分组操作，既能让幼儿的抽象思维转为具体感知，又能让幼儿通过实践来增加兴趣，加深印象。

（选自：当代学前教育网。作者唐倩，广东省惠州市惠东县直属机关幼儿园。该教案获第十二届"当代杯"全国幼儿教师职业技能大赛一等奖。收入本书时有改动。）

【评析】

该案例表面上看是实验性活动，但从提出问题、猜测、验证猜测、交流讨论等思路看，又是典型的科学探究性活动，其中不仅涉及实验法，还有观察法、讨论法等，说明一项幼儿科学活动可能涉及多种教学方法和学习方法，但有时以某一种学习方法为主。

三、测量法 >>>>>>>>>>>>>>>>>>>>>>>>>>>>>>>>>>>>>>

测量是幼儿通过目测或利用简单的工具，对物体进行简单的、初级的测定活动。幼儿的测量包括大小、长短、粗细、高矮、轻重等内容，如用绳子、尺子测量桌子的高度，用温度计测量气温等。幼儿科学教育可以进行测量的内容包括以下几个方面。

（一）测量物体的个别特征

第一，通过目测感知物体的大小、长短、粗细等。

第二，用手感觉不同水杯中水的温度(冷、热)，用手掂量物体的轻重。

第三，学习使用简单的非正式量具，用小棒、绳子、布条等测量和比较物体的高矮。

第四，学习使用正式量具，如用尺子、天平、温度计等测量物体。

（二）观察与测量植物的生长情况

教师指导幼儿在种植园地测量植物生长过程中的各个阶段的高度或质量，可以用尺量一量植物比前一周长高了多少，并在"自然角记录本"或"植物记录本"上做记录。

（三）观察与测量天气情况

感知、了解阴天、晴天、降水、风和温度等主要的天气特征。了解天气是不断变化的，也是可以观测的。可以设置"气象角"，测量、记录气温的变化和风速、湿度、风向等。观察与测量活动的指导主要表现在四个方面。

第一，教幼儿学会使用测量工具，如温度计、湿度计等。

第二，教幼儿学会记录测量结果的常用方法。记录测量结果有图画式和表格式等，幼儿运用这些记录方法记录测量结果，养成系统记录的习惯。

第三，引导幼儿根据观察和观测到的天气变化记录的比较、分析和统计，探究与天气变化相关的现象，如动植物的变化。

第四，引导幼儿采用情境化、拟人化的形式做"天气预报"，将天气观察与测量的结果播报出来，并添加"爱心提示"，用图画的形式把穿衣和户外活动方面的注意事项告诉大家，体验天气与生活的关系。

扫码观看
《测量甬道》

拓展阅读

种植与饲养

一、幼儿种植和饲养的含义及作用。

种植和饲养是幼儿通过使用简单的工具，多次、反复地劳动，不断作用于某一植物或动物，在与它们频繁的接触中探索生命科学的奥秘。种植和饲养是幼儿学科学的一项实践活动，是幼儿探索生命科学的重要方法，是幼儿感兴趣和喜爱的活动。

种植和饲养的作用有以下方面。通过幼儿的亲身体验，一是让幼儿理解生命的过程和意义。幼儿通过观察动植物的生长、发育、死亡等生命现象，生物与非生物的关系，人与自然的关系，获取有关生命科学的经验，理解有关生物科学的简单的概念。二是让幼儿体验自己的劳动成果。由于动植物是在幼儿亲自管理和照料下逐渐变化和成长的，易于激发幼儿愉快的情绪体验，使幼儿产生对动植物的积极情感，易于产生保护、爱护动植物的情感和行为。幼儿从种植和饲养中还能学习简单的种植、饲养技能，培养幼儿爱劳动的品质。

二、幼儿种植与饲养的要求。

（一）种植活动。

1. 种植内容。

适合幼儿园种植的植物品种很多，选择时主要根据各地区的特点和各幼儿园的实际情况而定。一般以经常食用的蔬菜和一年生草本花卉为主。蔬菜宜选择管理方便、幼儿熟悉的品种；花卉应选择无毒、无刺、无刺激性气味、花朵艳丽或芳香的种类。开展种植活动还应考虑各年龄班幼儿的特点。

小班幼儿年龄小，各方面能力较差，需要在教师的帮助下才能进行种植。应该选择几种种子大、生长快的植物，种类不宜过多，两三种就可以了。

中班幼儿还不能完全独立管理所种植物，所以种植的品种仍应选择容易栽培的植物，但品种可以比小班丰富一些。

大班幼儿已有较强的活动能力，种植品种可全面些，有条件的幼儿园还可以种些粮食作物和经济作物等。

2. 种植的准备。

园地：城市幼儿园空地少，难以安排大面积的种植园地，因此，幼儿园的种植可以用花盆或选择教室外的边角地。

工具：教师需要为幼儿准备一些必备的劳动工具，如小铲、小耙、小筐、小水桶、水勺、喷水壶等。这些工具必须适合幼儿使用，应小巧、轻便、安全，最好能人手一套。

3. 种植方法。

幼儿园开展种植活动，关键在教师。教师必须了解植物的特点，掌握植物的生长规律，并学会种植的基本方法，才能正确指导幼儿开展活动。

一般种植活动在春秋季进行，主要是春季。春季于清明前后播种，秋季一般在9—10月进行。必须将园地进行整地、作畦后才能开始种植，并进行管理，最后收获。种植步骤如下。

第一步，整地。中、大班的幼儿可以与教师一起用小铲将土块敲碎，并捡去石块、碎砖瓦，然后耙细。

第二步，播种。播种前幼儿在教师带领下选出颗粒饱满、无虫害的种子。

播种时，小班幼儿由教师带领将种子放入土中，然后将种子盖上土，浇点水；中班、大班的幼儿可以在教师的指导下自己进行，先听教师讲播种的方法，然后看教师示范，再分组进行。教师要巡视，及时帮助幼儿种好。

第三步，管理。植物的管理工作是一项需要较长时间而且是经常性的工作，教师应教育幼儿持之以恒。管理工作主要有以下几点。

浇水。种子播下后需要经常浇水，因为种子的萌发需要适宜的水分。出苗后应视天气情况浇水。

除草。自出苗后，植物周围会不断长出杂草，必须及时拔除，否则将影响植物的生长。除草工作可随时进行，小、中、大班幼儿均可在教师带领下用手拔除杂草。大班幼儿还可以结合除草给植物松土，使植物能更好地生长。

施肥。幼儿园种植的植物施肥一般由教师进行。例如，在种植前要下足底肥，在生长过程中就可以少施或不施。教师可以带领幼儿观察施肥的过程。

其他。如种植藤本植物黄瓜、丝瓜、番茄等生长到一定时期需要搭架子，这些工作一般由教师和大班幼儿一起进行。

第四步，收获。收获是一项既富有乐趣又有意义的劳动。教师必须指导幼儿进行，使幼儿体会到丰收的喜悦。中、大班幼儿将收获下来的果实进行分类，每一种类选择粒大饱满的种子将其晒干、储存。

除了上面介绍的种植内容之外，还可尝试无土栽培。无土栽培又称水培、营养液栽培，在温室等保护地栽培，改变了传统的土壤栽培的方法，实现了植物栽培的现代化。

(二)饲养活动。

1. 适合幼儿园饲养的动物。

幼儿园因受场地、人员、经济条件等多种因素的限制，选择饲养动物的种类时，应根据各幼儿园的实际情况，并考虑到幼儿的兴趣以及教学的需要。一般选择本地区常见的动物种类，符合防疫要求、安全、性格温顺又易于管理的小动物。

自然角可饲养一些小型的、适合室内饲养的小动物，最好不要有叫声，以免影响幼儿的教育活动。可根据季节选择几种饲养，过一段时间再换另一些种类。

2. 饲养和管理方法。

饲养、照料小动物是一项长期、持续进行、需要耐心细致的活动。教师必须给予幼儿及时的指导，教会幼儿一些基本技能，让幼儿自己照料和管理，以避免幼儿逐渐失去兴趣。小班幼儿年龄小，操作能力差，饲养的动物应少些，管理要方便，需要教师多照顾或教师带领幼儿一起做，如给金鱼喂食等。中班幼儿可在自然角饲养较为丰富

扫码观看视频
《小班科学活动：种大蒜》

的种类，管理方法不能太复杂，在教师带领下进行，并在活动中学会一些技能，逐渐过渡到让幼儿独立完成管理小动物的工作。大班幼儿在小、中班的基础上已积累了一定的经验，掌握了一些技能，所以管理工作主要让幼儿承担。教师安排幼儿轮流担任自然角或饲养场内管理小动物的工作。在教师帮助下，幼儿懂得按动物的生活习性喂养，喂食要定时定量，还要学会做清理工作。

典型案例

综合活动：室内种植

3 月第 2 周集体活动

活动目标

1. 认识了解种植用的工具，会安全使用工具。

2. 结合生活经验探究科学的种植方法，了解种子的生长过程。

3. 乐于参与种植活动，通过种植和照顾植物的活动增强责任感。

活动准备

1. 物质准备：收集的种植工具，如铲子、耙子、水桶、喷壶、刍子；收集的各种种子；花盆；土，水；黑板，粉笔；自制谜语牌；自制"观察记录本"；PPT，大班幼儿用书 3 月分册。

2. 知识经验：幼儿有初步安全使用工具的简单经验。给自己收集的种子编谜语，增强探索活动的趣味性。

活动过程

一、开始部分。

猜猜我要种什么。

师："请你说一说自己的种子的谜语，大家一起猜一猜，这是哪种植物的种子。"

师："我们今天要在班里种下自己的种子，你知道它会怎样长大吗？"

二、基本部分。

1. 了解植物的生长过程，知道种植的重要性。

播放 PPT：种子—发芽—展叶—开花—结果过程图。

师："植物是怎样从种子长大的？"

播放 PPT：草地、花圃、果园、农场、防风固沙等图片。

师："种植植物能为我们的生活提供哪些帮助？"

2. 讨论种植程序。

师："你知道种植种子的步骤有哪些吗？"

教师根据幼儿的回答，用简图把步骤记录在黑板上。

师："在种植过程中都需要什么工具？这些工具在种植时能帮助我们做什么？我们应当如何安全使用这些工具呢？根据种植过程将种植步骤进行排序吧！"

巩固：教师引导幼儿打开幼儿用书 3 月分册第 15 页，填涂画面并用数字标出种植顺序。

3. 大家来种植。幼儿分组进行种植。

种植过程中，教师应重点指导以下几点。

（1）鼓励每组幼儿分工合作，如一部分幼儿向花盆中装土，另一部分幼儿用小水桶盛水，准备浇水。

（2）引导幼儿对照播种步骤图，按步骤进行种植。

（3）提示幼儿安全合理使用工具。

（4）分享种植经验。

师："你能说一说自己在种植过程中感到快乐的事和遇到的困难吗？困难是怎么解决的？"

三、结束部分。

师幼共同整理工具并进行清洁。活动自然结束。

活动延伸

1. 平时多引导幼儿观察自己种植植物的情况，根据它的需要浇水。

2. 为自己的种子制作成长记录。

指导建议

除室内种植外，还可带领幼儿到户外进行种植活动，并鼓励幼儿进行观察记录。

备课笔记

_____

_____

_____

_____

四、谈话法 >>>>>>>>>>>>>>>>>>>>>>>>>>>>>>>>>>>>

谈话法是教师和幼儿以口头语言问答的方式进行的一种科学探究方法。其基本特点是教师根据幼儿已有知识和经验，提出一系列具有严格逻辑顺序的问题，引导幼儿思考或回答，从而使其获得新知识，巩固已有知识。它是教师引导幼儿把发现的信息通过自己思考后加以重新安排，并进行进一步的组织与转换，使它和原有的认识结构融合起来的一种方法。

（一）谈话法的优缺点

谈话法便于激发幼儿的思维活动，培养其独立思考能力和语言表达能力，唤起和保持其注意力和兴趣。教师通过谈话可直接了解幼儿对知识技能的掌握情况，获得反馈信息。这种科学探究方法的缺点是在活动过程中教师的注意力容易被表现积极的幼儿所占据，而表现不积极的幼儿容易被忽视。活动过程中注意力差的幼儿掌握的知识就会不完整。

📝 学习笔记

（二）谈话法的应用

谈话法就其适用范围而言可分为引导性的谈话、传授新知识的谈话、复习巩固知识的谈话和总结性谈话。无论哪种形式的谈话，都要设计不同类型的问题，开展不同形式的谈话活动，调动幼儿的积极性。这是发挥谈话法作用的关键所在。在应用谈话法时应做到：在谈话之前，教师要在明确教学目的、把握教材重点、摸透幼儿情况的基础上做好充足的准备，精心设计谈话问题，审慎选择谈话的方式。

注意：谈话时，教师提出的每一个问题都要紧扣主题，难易适中，既要面向全体幼儿，也要因人而异。谈话后，教师要及时进行总结，使幼儿零乱的知识得以梳理。

五、讨论法 >>>>>>>>>>>>>>>>>>>>>>>>>>>>>>>>>>>>>

讨论法是在教师指导下，幼儿以一个班或一个组为单位，围绕科学探究活动的核心问题，各抒己见，通过讨论或辩论活动，获得知识以及巩固知识的一种科学探究方法。

（一）讨论法的优缺点

这种科学探究方法的优点是能够集中幼儿的注意力，充分调动幼儿的积极性，活跃气氛，对培养幼儿思维敏捷性和灵活性以及语言表达有独特的作用。

这种科学探究方法的缺点和它的优点一样很明显，其缺点就是难以组织，难以调动幼儿的情绪，而幼儿的积极性一旦调动起来又不易控制，讨论问题又很费时，就会降低效率，教师工作量大而且要有相当的能力和丰富的知识，否则难以收到应有的效果。

（二）讨论法的应用

讨论前，教师要提出讨论的题目，思考提纲和具体的要求。讨论过程中，教师要善于启发和引导，既要使幼儿大胆地发表意见，又要使其抓住问题的中心。讨论结束后，教师不但要总结讨论的问题，而且要正确评价幼儿的表现，对幼儿的评价应着眼于引导和鼓励。

总之，以上是幼儿科学探究活动中最常用的几种教学方法，这些方法并不是独立地应用的，而是根据具体教学内容的需求选择几种有效的方法相互穿插应用。实际上，在幼儿科学教育活动中常用的还有分类法、访谈法、调查法等。

练一练

请自选内容，设计一个适合幼儿园大班的科学探究活动方案，其中至少需要用到观察法、实验法、讨论法、谈话法等方法。

学习主题 3
幼儿科学游戏及其活动设计

情境案例

幼儿科学游戏：数泡泡

某幼儿园中班幼儿，在教师示范下将自己的小手帕塞进小水杯里（既要塞得不会掉下来，又要使它蓬蓬松松的），再将杯子倒过来，杯口朝下盖住水面，垂直地朝下按压到水底（让幼儿体会到很吃力）。教师引导幼儿："你们猜猜小手帕湿了吗？"此时，教师让幼儿竖直地拿出小水杯，抽出手帕（一点儿也没有湿）。教师问："水为什么不会跑到杯子里浸湿手帕？"于是，教师又让幼儿将杯口稍稍倾斜一点儿插入水里，只看到杯口处有泡泡"噗噗噗"往上冒。教师让幼儿逐个模仿着做，其他幼儿一边观察，一边数泡泡的个数，看谁的泡泡冒得最多。教师在示范时指导幼儿将杯口逐渐倾斜，让泡泡一个一个产生。教师问："泡泡里是什么？它是从哪儿来的？"

　　规则：当一个幼儿操作时，其他幼儿做裁判（数泡泡个数），不能争抢，保证一个一个地做。

【点评】

　　教师通过游戏，让幼儿感知"空杯子"里面有空气，以激发幼儿对周围自然事物的探究欲望。在游戏中，幼儿通过手脑并用，发展了动手能力和思维能力，通过数泡泡游戏，获得了空气无处不在的知识和实践经验。

　　你怎么认识幼儿科学游戏？它有哪几种类型？幼儿科学游戏的实施与设计应注意什么问题？这些是本主题主要学习的内容。

一、认识幼儿科学游戏 >>>>>>>>>>>>>>>>>>>>>>>>>>

　　游戏是幼儿喜欢玩的一种活动。幼儿游戏是适合幼儿年龄特点的一种有目的、有意识的，通过模仿和想象，反映周围现实生活的一种独特的社会活动。幼儿科学游戏也属于幼儿游戏的范畴。

（一）幼儿科学游戏的含义

　　幼儿科学游戏就是有计划、有目的地让幼儿获取有关科学学习经验的游戏活动，它是在教师的指导下，运用一定的器材，再现某些科学现象的游戏。通过观察、操作，幼儿在玩的过程中接受科学教育，形成他们对周围事物和现象积极探索的浓厚兴趣，丰富知识和提高能力。幼儿科学游戏是借助于自然界的物质材料，如水、石、土、树叶、贝壳等以及科技产品、玩具、图片等，把科学的道理寓于游戏之中，通过幼儿参与有一定规则的、有趣的活动，达到某一科学教育的要求，以促进幼儿的发展。它是进行科学启蒙教育的一种有效方法。

　　幼儿进行科学游戏是体力和脑力的共同活动，既有趣、轻松愉快，又减轻了智力负担，有利于其身心健康和智力的发展。幼儿科学游戏可促进幼儿以下方面的发展：促进幼儿动作技能和身体素质的发展，促进幼儿探索性的发展，促进幼儿想象力和创造力的发展，促进幼儿语言的发展，促进幼儿社会性的发展，促进幼儿情感发展等。

　　游戏的进程和任务的完成，要求幼儿必须按照游戏规则进行，这有利于培养幼儿的控制能力以及和同伴合作的精神等。

（二）幼儿科学游戏的分类

　　幼儿科学游戏有多种类型，根据其内容及活动方式，大体分为下列几类。

1. 感官游戏

这类游戏主要是让幼儿运用感官，感知辨别自然物体的属性和功能。幼儿运用感官进行观察是其认识周围世界的重要手段。而感官游戏可以让幼儿在愉悦的情境中发展其感知观察能力，帮助幼儿学习运用自己的感官来认识物体、体验物体的特性。依据参与感知的不同感官，感官游戏包括视觉游戏、听觉游戏、嗅觉游戏、触摸觉游戏等。感官游戏需要在一种心平气和的心境下进行，否则，心浮气躁会影响感知的效果。这种游戏通常在小班进行，如"黑箱"(或"摸箱")游戏就是一种训练触摸觉的游戏，而"气味瓶"游戏则可以训练幼儿的嗅觉。

2. 操作游戏

这类游戏是指通过给幼儿提供操作玩具或实物材料，让幼儿在自由的操作过程中，获得有关科学经验的游戏。常见的操作游戏有以下三种。

(1)分类游戏

分类游戏就是根据不同物体具有的某些相似点进行分类的游戏。例如，教师提供颜色、大小、图案、形状等不同的积木，可引导幼儿根据一个相似点(如颜色或形状)或者根据两个相似点(如颜色和形状都相似)进行分类。

(2)配对游戏

配对游戏是指根据物体与物体之间的相同关系、相关关系、从属关系进行匹配的游戏。3岁左右的幼儿对身边常见的物体有了一定的认识，对于物体间相互的关系也有了初步的了解，可以玩玩配对游戏，但需要与实际生活中随处可见的物品联系，如图片、积木、水果等。配对游戏有助于幼儿从形象思维向逻辑思维发展。

(3)排列游戏

排列游戏是指根据物体某些性质的变化规律进行有序排列的游戏。例如，将各种自然材料(如树叶、石子、贝壳、松果等)，按照物体的外形、大小、颜色、长短、轻重等有顺序地进行排列。

3. 情景性科学游戏

情景性科学游戏是教师根据一定的意图，随机或创设特定的情景，让幼儿观察、思考，从中发现事物之间的联系，让幼儿运用已有的知识和经验反映、再现或表演他们对事物的认识，或运用已有知识和经验处理特定情景下遇到的问题。例如，"堆雪人"就是一个带有表演性或表现性的游戏。在优美的音乐背景下，一名幼儿扮演堆雪人者，另一名幼儿扮演被堆的"雪人"。前者可以任意地塑造雪人的造型，而后者则要与他配合，扮演出雪人的各种姿态来。接着，太阳出来了，"雪人"在太阳的温暖中逐渐"融化"，这时，幼儿可以用各种创造性的方式来表现融化的过程，甚至到最后，他变成了地上的一摊"水"！在这个游戏中，幼儿不但可以再现和雪有关的科学经历，而且可以获得无穷的乐趣。

4. 运动性科学游戏

运动性科学游戏是寓科学教育于体育活动的游戏。这类游戏适宜在室外进行，活动量较大，如捉影子、玩水、玩沙、堆雪人、跷跷板、放风筝、玩风车等。通过这类游戏，幼儿能亲身感受并进一步理解事物的特性，加深对事物及科学现象所产生的因果关系的理解。运动性科学游戏充分满足幼儿好动的特点，激发幼儿的学习热情，发展幼儿活泼开朗的个性。例如，在"玩风车"的游戏中，幼儿可以在无拘无束的奔跑中感受到空气的流动和风的产生；在"捉影子"游戏中，幼儿能深刻体验到自己的影子无时无刻不在变化，感受自己身体的运动和影子的大小、方向改变的关系。

5. 竞赛性科学游戏

竞赛性科学游戏是以发展幼儿思维敏捷性和灵活性为特点，以竞赛判别输赢的游戏。竞赛性科学游戏适合在中、大班开展，满足中、大班幼儿日益增长的求知欲和好胜的心理。竞赛性科学游戏的内容也比较丰富。例如，棋类游戏就是一种幼儿喜欢的竞赛游戏。幼儿的棋类竞赛，一般都借助跳棋、转盘棋的基本走棋规则，然后融入科学方面的有关知识概念设计而成。竞赛性科学游戏有利于培养幼儿的分析、判断能力，在竞争比输赢的气氛中，幼儿的思维会更加积极活跃。

其他还有运用图片进行的接龙游戏，即在图片的两端各画一种图形，要求幼儿将相关内容的图片接在一起，可以根据动物吃食与相应动植物连接，或根据季节变化与相应生长的植物、花卉相连接等；还有拼图游戏，即将物体的整体结构分画在若干小图片上，要求幼儿把部分拼成整体，再把整体拆成部分，培养幼儿的综合能力。

（三）幼儿科学游戏的价值

幼儿科学游戏除了有一般游戏的娱乐作用及科学教育的作用外，还有下列两个方面的价值。

1. 幼儿科学游戏能促使幼儿形成良好的学习行为

(1)幼儿科学游戏让幼儿成为活动的主人，在自由的心态中学习科学

游戏是一种建立在内在动机基础上的活动，游戏的过程也具有内部

学习笔记

控制特征，这就在很大程度上保证了幼儿学习的自主性。另外，很多科学游戏属于规则游戏，游戏时，幼儿要接受规则的约束；否则，他就要被其他游戏者所排斥。在这种情况下，尽管幼儿的"自由"受到一定限制，但却换取了更多的游戏权利。因此，游戏中的规则更能发展幼儿的自主性。

(2)幼儿科学游戏让幼儿在玩中学，在愉悦的心态中学习科学

学习笔记

心情愉悦是游戏的一个重要因素。幼儿投身于科学游戏中的最主要动因就是"好玩"，或是新颖的游戏材料吸引了幼儿，或是游戏中伴有的现象引起了幼儿的兴趣……这样，幼儿在愉悦的心态中学习科学，不仅智力潜能能得到开发，而且能观察到一些教学中观察不到的科学现象，获得在教学中不可能得到的情感和体验。

(3)幼儿科学游戏让幼儿保持必要的"张力"，在轻松的心态中学科学

游戏属于同化性的行为。幼儿的行为通常表现为重复操作和摆弄，这对于成人没什么意义，但对幼儿来说是一种必要的练习，因为这种重复能使幼儿从中积累科学经验。而且，幼儿的重复操作也并不完全是简单的重复，因为这其中也包含着一定程度的"顺应"，就是说，幼儿在游戏中，并不是一味在"玩"，重复中也包含着一些尝试性操作，甚至还会孕育出探索性的行为。

2. 幼儿科学游戏能促进幼儿的身心发展

(1)幼儿科学游戏可促进幼儿动作技能和身体素质的发展

游戏是幼儿活动的一种形式，这种活动是幼儿自如地、无拘无束地根据自己的需要不断变换的活动。不管哪些部位的运动，都满足了幼儿生理发展的需要。例如，折纸、捏泥、穿珠、夹玻璃球等对手部小肌肉群发展、对手眼协调能力的锻炼十分有益；爬行、攀登、走平衡木、跳绳等游戏对臂部和腿部的配合协调训练十分有益。我们为幼儿提供各种各样的游戏材料，幼儿可以根据自己的需要，选择游戏内容。

(2)幼儿科学游戏可促进幼儿探索性的发展

游戏可以满足幼儿的好奇心和兴趣，这种好奇心和兴趣常常在游戏中发展成为求知、探索的需要。例如，"玩磁铁"游戏，教师可提供磁铁、铁、大头针、曲别针、发夹、纽扣、纸片等，引导幼儿以游戏的形式玩，看谁的发现最多。通过玩游戏，幼儿会发现各种有趣的问题：如有的东西能被磁铁吸住，有的不能；磁铁隔着纸也能吸住大头针、曲别针；磁铁不同的部位吸曲别针的力量不同；两块磁铁有时吸在一起，有

时相互排斥……这些有趣的现象促使幼儿反复操作。通过教师启发与讲解，幼儿不仅能获得有关的粗浅知识，而且能引起对科学的兴趣，进而促进探索性的发展。

（3）幼儿科学游戏可促进幼儿想象力和创造力的发展

游戏是幼儿在虚构中对现实生活实行创造性反映的过程。随着游戏情节的发展变化，幼儿的想象也张开了翅膀。游戏内容越丰富，想象就越活跃。例如，"七巧板拼图"，教师准备一些基本图形的卡片，启发幼儿发挥想象力，用卡片拼出物体形状，拼出的种类越多越好，如拼出船、汽车、兔子、狗、鱼、房子等。幼儿通过自由想象，组成自己喜爱的物体，使幼儿的创造力在充满自由和幻想的世界里体现出来。幼儿在创造过程中获得心理上的满足，对创造产生浓厚的兴趣，从而使其创造力得到发展。

（4）幼儿科学游戏可促进幼儿语言的发展

幼儿的语言能力是在使用语言的过程中发展起来的。游戏特别是角色游戏正是为幼儿创设了一个使他们想说、敢说、喜欢说、有机会说并能得到积极应答的环境。有的幼儿胆小懦弱，语言能力较差，他们参加角色游戏时，教师应引导他们当汽车售票员、交通监督员、老师、妈妈（爸爸）等角色，启发他们在扮演角色中积极使用语言与人交往。

（5）幼儿科学游戏可促进幼儿社会性的发展

游戏是幼儿社会交往的重要途径。幼儿通过游戏进行交往活动，逐步了解了同伴，学会与同伴合作、互助、平等竞争，并逐步形成了分享、谦让等行为。特别是在角色游戏中，不管哪一种社会角色都有相应的角色行为，如果幼儿扮演司机，执行的则是司机的行为规则。通过游戏，幼儿懂得了各种角色之间的关系，懂得了社会生活中人人都有义务、责任和权利，逐步摆脱自我中心而获得群体意识和合作精神。在游戏中，幼儿也逐渐认识了自己所在的集体，知道了自己和集体的关系，能逐步履行集体活动赋予自己的职责。

（6）幼儿科学游戏可促进幼儿情感发展

游戏是幼儿积极、愉快参与的活动，是一种无拘无束的，有兴趣的活动。游戏时，幼儿没有外来的心理压力，可以通过各种方式表达自己的情感，在轻松愉快的氛围中，通过自己的努力获得成功的喜悦。活泼开朗的性格就产生于这种积极情感体验的多次积累中。因此，幼儿科学游戏既满足了幼儿自主性的需要，又放松了幼儿的情绪，有利于其身心健康发展。

可见，幼儿科学游戏是由幼儿的内在需要引发的愉快的活动，是幼儿体验快乐、寻求满足、获得身心发展的重要途径，对幼儿具有特殊的价值。幼儿科学游戏对于幼儿动作技能、探索行为、想象力、创造力、人际交往、社会性等方面的发展都有着十分重要的作用。

二、幼儿科学游戏的设计及实施 >>>>>>>>>>>>>>>>>

（一）幼儿科学游戏的设计

1. 幼儿科学游戏的设计原则

(1)游戏的科学性

学习笔记

教师在选择和编制游戏时，首先要考虑游戏的科学性，即保证游戏中蕴含的科学知识内容准确、难度适中，符合科学教育的目的要求和幼儿学习的可能性。如果为游戏而游戏，缺少科学性，就失去了科学游戏的意义。此外，教师也要考虑到科学经验与概念应该隐含在游戏的材料和游戏的规则中，不能变成生硬的说教。例如，情境案例"数泡泡"游戏要求幼儿通过自己的操作知道杯子里面有空气。这个游戏就隐含了"空气无处不在"的知识，但又不是通过直接说教告诉幼儿的。幼儿在一种愉快的情境中学习掌握了科学知识。

(2)游戏的趣味性

趣味性是游戏的生命。好玩的游戏就连成人也会为之吸引。而如果幼儿科学游戏的内容和过程既不生动，也不有趣，没有一定的难度，不需要付出智力代价，对幼儿缺乏吸引力，那就削弱了游戏的价值。因此，设计幼儿科学游戏，要注意结合幼儿的兴趣特点。幼儿的兴趣表现在哪里呢？第一是带有神秘色彩的游戏(如摸一摸，猜一猜之类的游戏)，如情境案例"数泡泡"游戏中，把塞手帕的杯子压入水中，杯子里的手帕为什么没有湿？能很快将幼儿的好奇带入游戏中来。第二是自己动手操作的游戏(如操作类游戏)，能满足幼儿好探索的需要。第三是可用自己喜欢的表现方式来反映对事物认识的游戏(如运动性游戏、情景性游戏)，这是最能让幼儿获得成就感的游戏。第四是带有竞赛和富有挑战性问题的游戏(如竞赛游戏和登山游戏)，对中、大班幼儿来说，这种游戏具有挡不住的诱惑力。因此，在设计幼儿科学游戏时，教师应尽可能多地融入幼儿感兴趣的成分，让幼儿在游戏中，体会到学习的愉悦。

(3)游戏的活动性

幼儿喜欢摆弄物品、好动，游戏应是幼儿的活动探索过程。幼儿在游戏中，既有外部的操作感知和身体运动，以满足幼儿活动的需要，又有内部的智力活动，要求幼儿努力进行思考，两者的有机结合，既符合幼儿的年龄特点，又能达到科学游戏的目的。幼儿在游戏中既玩得愉快，又获得了知识经验，也发展了智力。

2. 幼儿科学游戏的设计要点

（1）幼儿科学游戏所隐含的科学知识

幼儿科学游戏必须隐含一定的科学知识，幼儿在游戏中可能获得什么样的科学知识或概念，一般不主张在设计游戏时确定，但教师应明确每个游戏中所隐含的科学概念。如在课后案例"太阳、地球和月亮的关系"的游戏中所隐含的科学知识：地球是围绕太阳运转的，月亮是围绕地球运转的。

（2）幼儿科学游戏所使用的材料

开展好幼儿科学游戏首先离不开物质环境的提供和游戏材料的准备，材料最好是教师自制或教师与幼儿共同完成的，特别是用废旧物品制作的。自制的游戏材料不但能体现教师的设计意图，而且能培养幼儿手脑并用的能力。如在课后案例"太阳、地球和月亮的关系"的游戏中，所使用的材料就是教师与幼儿共同完成的太阳、地球和月亮的头饰。

（3）幼儿科学游戏的玩法（规则）

幼儿科学游戏设计的一个重要方面就是要详细说明怎么玩，以及适合什么年龄的幼儿玩，适合几个人玩等。要达到游戏的目的，交代游戏规则很重要。如在课后案例"太阳、地球和月亮的关系"的游戏中游戏的玩法：全体幼儿围成大圆圈，选出三个幼儿分别戴上太阳头饰、地球头饰和月亮头饰。每个幼儿都不知道自己戴的是什么头饰，也不知道别人戴的是什么头饰。教师发令"开始"，幼儿就根据教师给出的规则进行游戏。若幼儿不遵守规则，游戏的效果就会大打折扣。

3. 设计幼儿科学游戏应考虑的问题

幼儿科学游戏的形式应是多种多样的，教师在选择或设计幼儿科学游戏时应考虑的问题包括以下四个方面。

（1）幼儿科学游戏的目标要有层次性和隐含性

幼儿科学游戏的目标要有层次性，这样才能充分发挥各种认识水平层次幼儿的积极性和主动性。目标的实现要隐含在活动内容的选择、活动材料投放、活动过程指导与评价之中。如课后案例"太阳、地球和月亮的关系"游戏要体现两个层次的目标：一是知道太阳、地球和月亮有一定的关系；二是知道它们的关系是地球是围绕太阳运转的，月亮是围绕地球运转的。在游戏中，这两个目标由浅入深，循序渐进，由感性到理性，充分调动了幼儿学习的积极性。

（2）幼儿科学游戏的内容要有趣味性和可操作性

科学的抽象性、严密性会在一定程度上影响幼儿的求知欲，因此幼儿科学游戏内容的选择只有符合幼儿的认知特点，才能充分调动幼儿的积极探索精神，使幼儿在游戏中充分发挥主体性。首先，选择幼儿感兴趣的材料，才能激发幼儿的好奇心，使幼儿迷上科学。其次，选择操作性强的内容。游戏的趣味性的强弱与可操作性的强弱有关。操作性强的游戏，趣味性也强，容易调动幼儿学习的积极性。

（3）幼儿科学游戏的过程要有情景性和灵活性

幼儿在科学游戏中自主探索能否得到发挥，不但要看幼儿是否能获得一定的知识，而且要看幼儿是否能积极参与游戏过程，是不是肯动脑筋思考，是否在原有的水平上有所发展。为此，幼儿科学游戏的过程必须要有情景性和灵活性，这样才能充分体现幼儿的自主探索，让幼儿在游戏中积极参与、大胆尝试。首先，要创设游戏的情境，准备充足的游戏材料。这样幼儿动手操作机会多，选择性强、涉及面广，幼儿兴趣就高。其次，在游戏过程中让幼儿自主选择、自主观察、自主动手、自由表达，体现出高度的灵活性。

（4）幼儿科学游戏的形式要有活动性和广泛参与性

幼儿科学游戏应是幼儿的活动探索过程，应既有外部的操作感知和身体的运动，以满足幼儿活动的需要，又有内部的智力活动，要求幼儿努力思考，两者的有机结合，既符合幼儿的年龄特点，又能达到科学游戏的目的。此外，要保证每个幼儿都能参与游戏，使每个幼儿成为游戏的主体，使幼儿在与物质材料相互作用的过程中学科学。

（二）幼儿科学游戏的指导

对于集体性的幼儿科学游戏活动，教师可以按以下步骤组织实施。

1. 集中幼儿的注意力，调动幼儿参与游戏的热情

如教师以充满激情的语调告诉幼儿："下面我们即将玩一个十分有趣的游戏，谁能听见我宣布的游戏名称，谁就可以参加这个游戏。"这样，幼儿就会立刻安静下来，以期盼的心理来接受游戏。

2. 帮助幼儿理解游戏的规则

根据需要，教师可示范玩一次或做一点热身活动，待幼儿完全理解了游戏的规则要求后再正式开始游戏。

3. 正式组织游戏活动

一方面教师要关注游戏的进展，另一方面还要关注幼儿在游戏中

的反应，必要时可对个别幼儿提供一些帮助，如提示下一步可进行的操作。为了给游戏助兴，教师也可介入游戏之中以推动游戏的发展，但应注意的是不要身陷其中，自己玩得乐不可支，忘记了组织领导的责任。

4. 做好游戏的评价工作

在游戏结束时，教师可组织幼儿交流一下自己在游戏中的所见、所想以及自己的发现和内心的感受等。教师要为每一个幼儿在游戏中的出色表现喝彩，如果是团队集体游戏，还应感谢大家为成功地开展游戏所付出的努力。

说明：幼儿科学游戏除了集体组织的游戏活动外，还可在幼儿园日常生活中分散成小组或让单个幼儿独自进行。

由此可见，幼儿科学游戏不仅渗透着科学知识、教育意义，还具有趣味性，是幼儿科学教育中不可或缺的一个重要途径。

📖 相关链接

幼儿科学探索活动与幼儿科学游戏的比较

	幼儿科学探索活动	幼儿科学游戏
学习动机	为"解决问题"而探索，一般带有明确的问题、任务或目的	为了"好玩"而游戏，一般没有要解决的问题或要完成的任务
学习特点	主客体的相互作用以"顺应"为主，即努力改变自身已有的认知结构或行为，以适应外部环境	主客体的相互作用以"同化"为主，即将外部环境的信息同化到自身已有的认知结构或行为模式中
学习行为	幼儿操作以尝试性操作为主，旨在探索科学现象或解决问题	幼儿操作以重复性操作为主，旨在重复游戏中所伴随的科学现象
学习结果	通常是获得新发现、新知识	通常是巩固对已有科学现象和知识的认识

（选自邱淑慧：《学前儿童科学教育与活动指导》，北京，教育科学出版社，2012。）

📄 典型案例

太阳、地球和月亮的关系

设计意图

幼儿心中有无数个为什么，如地球为什么是圆的？为什么有白天和黑夜？太阳为什么会发光？太阳为什么掉不下来等问题，为了满足幼儿的好奇心和求知欲望，在让幼儿认识太阳、地球和月亮的基础上，通过玩游戏加深巩固太阳、地球和月亮之间的关系。

游戏目标

1. 通过游戏让幼儿进一步熟悉太阳、地球和月亮。

2. 在游戏中让幼儿了解地球是围绕太阳运转的，月亮是围绕地球运转的。

3. 通过游戏增强幼儿学科学的兴趣。

游戏准备

太阳头饰、地球头饰、月亮头饰。

游戏玩法

全体幼儿在草地上(或教室里)围成大圆圈，选出三个幼儿分别戴上太阳头饰、地球头饰和月亮头饰。每个幼儿都不知道自己戴的是什么头饰，也不知道别人戴的是什么头饰。教师发令"开始"时，全体幼儿就齐声念"太阳大，地球小，地球绕着太阳跑；地球大，月亮小，月亮绕着地球跑"。戴头饰的幼儿要尽快地找到各自应围绕运转的"太阳"和"地球"。当幼儿第三遍念到"月亮绕着地球跑"时，戴头饰的幼儿必须停下站定，各自说出是谁围绕谁运转的，找对者为优胜者，便可退到大圆圈上，另换别的幼儿上来玩此游戏，没找对的要继续留下，但头饰要重新调换。

说明：此游戏适合中、大班。

1. 教师给幼儿戴头饰时，把头饰正面向着头的后脑勺，不让幼儿看到别人戴的头饰所表示的星球。

2. 戴头饰的幼儿站在圆圈内三个距离相等的位置上，游戏时要设法看到另两个幼儿头饰上表示的星球，而避免让别人看到自己的头饰。

3. 戴太阳头饰的幼儿，必须说出另外两个幼儿中哪一个是围绕他运转的，说对的为优胜者并退到大圆圈上。

认识四季

游戏目标

1. 让幼儿了解一年有春、夏、秋、冬四季。

2. 让幼儿初步了解春、夏、秋、冬各季节的一些特点。

3. 培养幼儿的观察能力。

游戏准备

自制四季转盘1个，转盘上画有四季景象(冬：树叶落光了，树下堆着雪人。春：树木发芽，小草长出来了。夏：枝叶茂盛的树木。秋：树叶黄了，落了。)

游戏玩法

让幼儿自己转动四季转盘，等停下后，指针所指是哪个季节，就请幼儿讲一讲这个季节的天气特征、景物现象、穿什么衣服、吃什么应时水果。然后再请一位幼儿继续玩此游戏，对说得好的幼儿给予表扬。

说明：此游戏适合小、中班。游戏结束后可让幼儿自制1个四季转盘，转盘上的四季景象可让幼儿根据自己的观察来选择。

给小动物喂食

游戏目标

使幼儿了解各种动物应该吃什么食物。

游戏准备

贴绒板1块，各种动物头像画片1套，各种动物食物画片若干，小篮子1个，平衡木1个。

游戏玩法

1. 将动物头像粘在贴绒板上，将动物食物画片放在小篮子中。

2. 将幼儿分成人数相等的两组。

3. 教师发出信号后，每组第一位幼儿向前跑出，走过平衡木，到贴绒板前，从篮子里取出一张食物画片，贴在绒布上相应的动物头像下面，表示喂食，然后跑回本组。

4. 第二名依次进行，直至最后。哪一组贴得对且跑得快为胜。

说明：此游戏适合小、中、大各年龄班，但动物的种类及食物可根据幼儿年龄来确定。小班应选择常见的动物，并可以不设平衡木。

思考与练习

1. 幼儿科学游戏有何价值？

2. 实施幼儿科学游戏时应关注什么？

3. 设计幼儿科学游戏时应关注什么？

4. 幼儿能进行科学探究活动吗？你有何认识？

5. 你认为在科学探究活动中如何培养幼儿的思维能力和实事求是的观念？

6. 你认为交流讨论过程对幼儿的发展有何价值？

7. 教师在指导幼儿进行科学探究活动时应注意什么？为什么？

8. 举例说明观察法在幼儿科学教育活动中的应用。

9. 幼儿进行实验操作时，教师应注意哪些问题？

拓展训练

设计一个适合幼儿园中班的以观察法为主的科学游戏活动。

要求：

(1)说明游戏活动的目标；

(2)说明游戏活动的准备；

(3)说明游戏规则；

(4)观察的物品不少于6种；

(5)让所有幼儿都能参与。

考证导航

扫码查看答案

学习笔记

一、选择题

1. 关于幼儿科学探究正确的陈述是(　　)。

A. 幼儿按照科学家发现知识的过程来学习科学

B. 科学探究是科学家的事情，与幼儿无关

C. 幼儿的科学探究只是一种游戏，不会得出正确的结论

D. 幼儿科学探究的活动要求与科学家一样

2. 下列不宜作为幼儿科学领域学习方式的是(　　)。

A. 直接感知　　　B. 实际操作　　　C. 亲身体验　　　D. 概念解释

(2019年下半年幼儿园教师资格考试"保教知识与能力"真题)

3. 幼儿科学教育中，观察法一般可分为个别物体观察、比较性观察以及(　　)。

A. 整体观察　　　　　　　　　B. 长期系统性观察

C. 分类观察　　　　　　　　　D. 测量观察

4. 在影响幼儿科学探索的外部因素中，居于主导地位的是(　　)。

A. 材料　　　　　　　　　　　B. 时间和空间

C. 同伴　　　　　　　　　　　D. 教师

5. "能对事物或现象进行观察比较，发现其相同与不同，并在此基础上进行分类"，这一目标符合的年龄段是(　　)。

A. 3～4岁　　　B. 4～5岁　　　C. 5～6岁　　　D. 6～7岁

6. 在幼儿科学教育的方法中，运用感知觉探索物体的特性，发现某种现象的发展过程或所发生的变化的方法是(　　)。

A. 观察法　　　B. 实验法　　　C. 测量法　　　D. 游戏法

7. 有关幼儿科学游戏规则的说法中，错误的是(　　)。

A. 规则应服从于科学教育的目标

B. 规则应有利于幼儿的操作和认知活动

C. 规则应限制幼儿的活动

D. 规则应简单，易于理解，便于执行

8. 在幼儿科学探索过程中，无目的地摆弄物体的行为出现在（　　）。

A."瞎忙"阶段　　　　　　　　　　B."探究"阶段

C."领悟"阶段　　　　　　　　　　D."发现"阶段

9. 在探究种子发芽的条件时，教师请幼儿在自然角种蚕豆，一颗不浇水，一颗用塑料袋罩住，一颗放在太阳照不到的地方，这种做法采用的幼儿科学教育方法是（　　）。

A. 测量法　　　　　B. 实验法　　　　　C. 观察法　　　　　D. 实践法

10. 幼儿科学实验的种类一般有教师演示实验及（　　）。

A. 实验室实验　　　　　　　　　　B. 家长操作实验

C. 幼儿操作实验　　　　　　　　　　D. 野外实验

二、简答题

1. 观察法和实验法的含义是什么？指导要点有哪些？

2. 简答对不同年龄班幼儿科学探究活动的要求。

三、设计题

利用磁铁吸铁的特性，设计一个幼儿园大班科学游戏，写明游戏名称、游戏目标、游戏玩法、游戏规则。

专题四
幼儿科学教育活动的设计与组织

学习目标

1. 了解幼儿科学教育活动的特点及类型。
2. 掌握设计幼儿科学教育活动的要素与基本方法。
3. 初步尝试设计与组织不同年龄班的幼儿科学教育活动。

学习导航

```
                                    ┌─ 幼儿科学教育活动的特点
                  幼儿科学教育活动的 ─┤
                  特点及类型          └─ 幼儿科学教育活动的类型
幼儿科学教育活 ─┤
动的设计与组织                        ┌─ 正规性科学教育活动的设计与指导
                  幼儿科学教育活动的 ─┼─ 非正规性科学教育活动的设计与指导
                  设计与指导          └─ 偶发性科学教育活动的指导要点
```

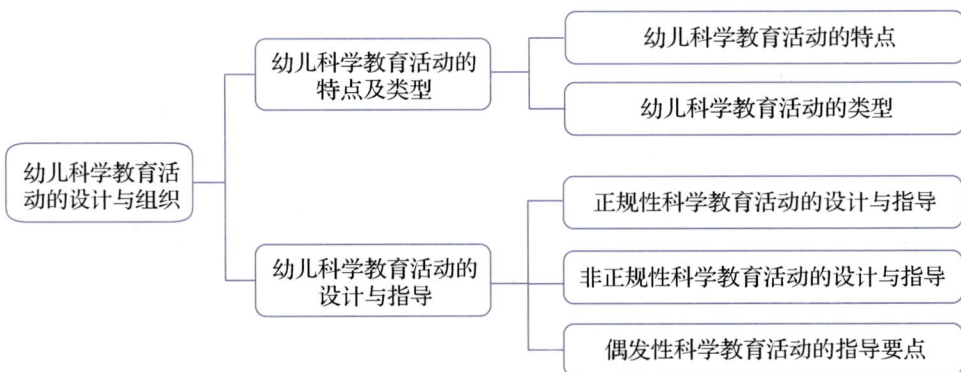

　　本专题的内容是围绕幼儿科学教育活动展开的，从幼儿科学教育活动的设计到幼儿科学教育活动的组织，给我们提供了大量的理论知识与实践经验。本专题是幼儿科学教育教材非常重要的一部分，关系到幼儿教师教案的编写和活动过程中的指导，需要同学们认真学习，深刻体会，切实掌握。

学习主题 1
幼儿科学教育活动的特点及类型

情境案例

秋天是收获的季节，教师让幼儿收集各种植物的种子布置自然角，幼儿兴致特别高，第二天纷纷收集了玉米、大豆、高粱、花生、绿豆等投放在自然角。有一天午饭的时候，幼儿吃豆芽炒肉，大家都在安静地吃饭，只有几个幼儿在窃窃私语，争论不休，声音渐渐大了起来。露露说："豆芽是从地里长出来的。"珂珂说："不对，是从豆子里冒出来的。"程程说："可是豆子硬邦邦的，怎么能长出芽来呢？"……教师走过去，幼儿马上把求助的目光投向教师，教师没告诉他们答案，只是说："小朋友们认真吃饭，吃完了，我们来做个实验，你们就知道了。"幼儿的兴致特别高，一会儿工夫，饭都吃完了，教师让每个幼儿到活动区域拿一个一次性纸杯，再拿几粒黄豆装在杯子里，然后盖上一块浸满水的海绵，把纸杯放在活动区域，并交代他们耐心等待几天，就会发现答案了。接下来的几天，教师发现有的幼儿忍不住偷偷去掀开海绵看……

思考：从这个案例中你能得到哪些启示？幼儿科学教育活动有何特点？有哪些类型？我们如何把握幼儿科学教育活动的特点，合理组织不同类型的科学教育活动？

【点评】

该案例体现了教育内容的生成性和教育过程的探究性，活动中教师抓住了幼儿的兴趣点，从幼儿常见、熟悉的现象入手，引导幼儿主动地参与学习，亲历探究解决问题的过程，使每一个幼儿都得到了充分的发展。《纲要》指出："教师应成为幼儿学习活动的支持者、合作者、引导者""耐心倾听、努力理解幼儿的想法与感受，支持、鼓励他们大胆探索与表达"。教师适时地参与和帮助，推动和激励幼儿在活动过程中不断发现问题、寻找答案。这样既激发了幼儿探索的积极性，又锻炼了他们的观察能力和动手操作能力。

一、幼儿科学教育活动的特点 >>>>>>>>>>>>>>>>>>>>>>

幼儿科学教育活动就是指教师充分利用周围的环境，主动为幼儿创设条件，提供充足材料和机会，让幼儿通过自身的感官，主动探索周围世界，获取信息，发现问题，寻找答案的过程。它具有不同于其他教育活动的特征，具体表现在以下几个方面。

（一）教育内容的生成性

幼儿对感兴趣的事物学得积极主动，效果好。这一点早已为我们所熟知。不仅如此，事实上，幼儿感兴趣的事物和想要探究解决的问题，本身就已经暗含着符合教育目标和价值的内容。教师要善于发现、利用幼儿感兴趣的事物和想要探究的问题及喜欢的内容，生成科学教育活动；要善于发现、保护和培养幼儿科学家般的好奇心和探究兴趣。

典型案例

一天，一个幼儿从院子里拿一些狗尾草回教室，走到自然角，说："老师，我喜欢狗尾草，我想让它长大。"教师说："那你怎样让它长大呢？"然后，教师把所有的幼儿都叫过来，让幼儿们一起展开讨论，然后让幼儿们根据讨论的结果帮这个幼儿在自然角种上狗尾草，并让幼儿观察狗尾草以后几天的变化。过后，教师需要准备一些狗尾草种子，发给幼儿们，也让他们种上，看看几天之后会有什么变化，并让幼儿做好记录。几天之后，教师为幼儿设计了一个科学活动——"小草是怎样长大的？"教师就是利用幼儿这一感兴趣的问题给幼儿生成教育活动的。

（二）教育过程的探究性

学习笔记

幼儿科学教育是引导幼儿主动探究、主动操作、主动发现和获得知识的过程。也就是说，幼儿的知识经验不再是教师直接告诉和传授给幼儿的，而是幼儿自己获得的。幼儿是一个主动的学习者，教师的作用不再是用范例或操作实验向幼儿分步讲解或示范，而是支持、引发和引导幼儿的探索和发现过程。因此，加强幼儿科学教育过程中的启发和引导对幼儿的科学探索有很重要的价值。

（三）教育组织形式的多样性和灵活性

幼儿科学教育活动有很多的组织形式，主要分为集体活动、小组活动和区域活动。教师应根据幼儿科学教育内容的需要选取合适的教育组织形式。当然，教师还要关注各种形式的优势和不足，在教育活动的实施中有效选用。例如，大班集体教学活动"蚕的一生"的起点是区域活动，幼儿在区域活动中讨论如何喂养蚕宝宝、照料蚕宝宝，之后真正喂养蚕宝宝，观察蚕宝宝的外形变化，并填写记录单，这一形式为集体教学活动提供了感性经验。

（四）教育活动的结果使幼儿获得广泛的经验

幼儿科学教育的结果是让幼儿在操作中感知、体验，并获得广泛的科学知识和经验。例如，在大班科学活动"有弹性的物体"中，首先，幼儿在玩玩具的过程中获得感知物体弹性的经验，理解弹性指用力压、拉、踩时物体会变形，松开时物体会复原。其次，幼儿用"按一按、捏一捏、压一压、摔一摔、踩一踩、拉一拉"等方式在身上和教室里寻找有弹性的物体，填写记录单，并分享自己的发现，从而获得身体和环境中物品的弹性经验。最后，回忆分享生活中有弹性的物体及用途，感受弹性物品给人们带来的便利与乐趣，丰富基于弹性科学经验的情感体验。在认识"各种各样的磁铁"时，幼儿在操作过程中，能够获得"同极相斥，异极相吸"的科学经验，也能够获得"磁铁能吸铁质的物品"的知识，知道了磁铁在日常生活中的应用。

二、幼儿科学教育活动的类型 >>>>>>>>>>>>>>>>>>>>

（一）正规性科学教育活动（集体教育活动）

正规性科学教育活动也叫集体教育活动，它是指由教师根据幼儿科学教育的目标和任务，有目的、有计划地选择科学教育的课题，选择决定探究的内容和方法，提供相应的材料和环境，并在教师的指导下有步骤地开展科学探索和操作的活动。例如，"认识家禽"的活动，教师首先选择课题，设计活动方案，准备相应的材料，如小鸡、小鸭、小鹅等的图片，有关小鸡、小鸭、小鹅等的儿歌、故事和歌曲等，并指导幼儿开展活动。

正规性科学教育活动是在教师有目的、有计划的指导下开展起来的，是面向全体幼儿的教育活动，要求全体幼儿都必须参与的活动。正规性科学教育活动可以采取全班集体活动的方式，也可以采取分组或个别的形式轮流进行。教师在整个活动中起了重要的作用，从选择课题内容，确定活动目标，创设环境和准备材料，到组织实施活动计划的整个过程，都离不开教师的指导。

正规性科学教育活动具有以下特点。

第一，学习内容统一、固定，由教师选择。针对每一次的正规性科学教育活动，教师都事先选择和确定好幼儿科学教育的内容，并根据幼儿的实际情况确定相应的活动目标。

第二，目标和任务明确，有步骤、有计划地在教学过程的各个环节中分解、落实目标。例如，在大班幼儿认识"蚕的一生"时，教师可拟定好如下目标：感知、理解蚕的生长全过程，较为清楚、完整地表达自己的观察结果，体验用语言表达和身体动作表现蚕的生长过程的乐趣。教师根据目标和内容，选定环节和方法，设计活动，实现目标。最初教师可以运用蚕卵引入主题；随后可以引导幼儿结合养蚕的经历和记录单交流、讨论蚕的生长过程和自己的喂养经历，并用语言表达和身体动作表现蚕的生长过程；在结束环节，可以请幼儿排出蚕的生长过程图；在拓展环节，可以请幼儿分享蚕制品的作用。又如，中班科学活动"有趣的磁铁"同样由目标统领整个教学过程。该活动的目标为：感知磁铁吸铁的现象；能探索发现磁铁吸铁的特性，用记录表记录操作的结果，并用"磁铁把××吸住了"来表达自己的发现；体验探究磁铁的乐趣。上述三维目标分解到教学活动的关键环节里，构成递进式的环节支撑关系：首先，教师创设情境，使幼儿初步感知磁铁吸铁的特性，即运用跳舞的娃娃引发幼儿的探究兴趣，引导幼儿对比、观察同样的两个娃娃，探究只有身体里藏了铁棒的娃娃在磁铁的作用下才能跳舞；其次，教师提供材料(铁质发卡、硬币、积木、塑料雪花片、硬纸片、曲别针、钥匙、钥匙串)，幼儿操作，探究磁铁吸铁的经验，先让幼儿猜想磁铁能吸起来哪些东西，然后分组操作(用磁铁吸不同的材料)，并在记录表里做记号，交流实验结果，教师引导幼儿归纳出磁铁吸起来的材料都含铁；最后，运用磁铁吸铁的特性，拿磁铁到教室里和户外寻找铁制品。

第三，需要教师提供材料和创设环境。幼儿科学教育要把目标蕴含在环境和材料之中，让幼儿在与环境和材料的互动中获得发展。因此，教师需要提供充足的材料供幼儿充分摆弄、探究，并创设良好的物质环境，便于幼儿观察、发现。同时，教师还需要创设良好的心理环境。良好的心理环境包括：给予幼儿自由选择和探索的时间和空间，让他们在宽松的环境中大胆地去尝试和创造；鼓励、支持幼儿的猜想和发现，让幼儿充分表达自己的想法；珍视幼儿的认知冲突，理解幼儿的错误，耐心引导幼儿主动探究，获得新经验。教师经常以同伴的身份和幼儿一起进行科学探索活动，让幼儿感受到教师对他们的关心和爱护，使师生关系变得积极、融洽。只有在平等、和谐的气氛中，才会使幼儿的学习无拘无束，才会使其主动性、创造性得以发挥。

（二）非正规性科学教育活动（区角活动或个别活动）

非正规性科学教育活动是由教师为幼儿创设一个宽松、和谐的环境，提供各种科学活动的设备和丰富多样的材料，引发幼儿的好奇心，使每个幼儿按照自己的兴趣和意愿，从自己的发展水平出发，自己选择活动内容，自己决定活动的时间，并用自己的方法进行的科学探索活动。

（三）偶发性科学教育活动

偶发性科学教育活动是指在幼儿的周围世界中，突然发生的某一自然科学现象、自然物或有趣、新奇的科技产品和情景，激起幼儿的好奇，导致幼儿自发投入的一种科学探索活动。例如，在带幼儿户外活动时，幼儿突然发现蜘蛛，教师就应该借机进行教育活动，引导幼儿观察蜘蛛的外部特征(注意不要触碰)，提出疑问："蜘蛛是昆虫吗？"进而引导幼儿得出蜘蛛不是昆虫的结论。再如，在活动的过程中，天空突然下起了大雨，教师应该借机跟幼儿一起观察雨的特征，进而引导幼儿探索雨是怎样形成的等。

学习主题 2
幼儿科学教育活动的设计与指导

情境案例

　　某教师组织了一次大班幼儿感知沉浮的科学活动。教师预设的目标是让幼儿通过操作活动知道什么样的东西会沉下去，什么样的东西会浮上来，并让幼儿尝试通过将橡皮泥做成小船使橡皮泥浮在水面上。活动一开始，教师就呈现了几个装了水的大盆和各种操作材料，有纸、石头、铁块、橡皮泥、树叶、积木、小皮球等。在引导幼儿一一辨认后，教师对幼儿说："你们带着这些朋友去玩一玩吧！"幼儿一听兴奋不已，一拥而上争抢起材料来。尽管教师努力维持秩序，但是仍不断有幼儿把水泼洒到同伴身上。还有幼儿跑过来说："老师，这个东西不好玩，我要换一个。"三四分钟后，教师让幼儿回到座位上，请大家说说哪些东西是沉下去的，哪些东西是浮上来的。幼儿的表述较为零乱，大部分幼儿不能回答上来。教师只得亲自拿这些材料一一演示给幼儿看，然后请幼儿表述自己看到的现象。紧接着，教师问："为什么树叶和纸会浮在上面，而橡皮泥和铁块会沉到下面呢？"在提问了几名幼儿无果后，教师做了小结："比较重又比较小的东西容易沉下去，比较轻又比较大的东西容易浮上来。"最后一个环节，教师请幼儿用橡皮泥做一只小船，让它能浮在水面上。结果大部分幼儿都不是自己探索成功的，而是在教师手把手的帮助下完成的。

　　思考：这个感知沉浮的科学教育活动效果如何？为什么？其活动设计存在哪些问题？幼儿科学教育活动设计应注意哪些问题？

（选自：浙江学前网。）

【点评】

　　在该案例中，活动的组织显然是失败的，在看似"热闹"而"充实"的活动背后，幼儿几乎一无所获。这个案例所暴露出来的问题其实也是许多教师平时在组织科学活动时经常出现的。科学合理地设计好幼儿科学教育活动方案是活动成功开展的先决条件。

✎ 学习笔记

　　本主题同学们将全面学习幼儿科学教育活动课题的选定、目标的制定、活动材料的设计以及活动过程的设计等理论知识与方法策略，为将来能有效地开展幼儿科学教育活动奠定基础。

一、正规性科学教育活动的设计与指导 >>>>>>>>>

（一）活动课题的选定

　　幼儿科学教育活动课题的选定，就是从幼儿科学教育的内容范围中，选择适合开展集体教学、适合幼儿探究学习活动的课题，以便于教师开展集体教学活动。幼儿科学教育的内容广泛，有些内容适合个别教学，有些内容适合开展集体教学。因此，在选择正规性科学教育活动的课题时，应考虑以下几点。

1. 活动课题的选定，应贴近幼儿的实际生活经验，来源于生活

　　在选定正规性科学教育活动的活动课题时，一定要注意教育来源于生活，应贴近幼儿的实际生活经验。正规性科学教育活动应选择跟幼儿的实际生活经验相联系的内容，这样能确保幼儿对活动产生兴趣，既能调动幼儿参与的主动性和积极性，又能培养幼儿良好的生活习惯和态度，还能加强幼儿对日常生活知识的学习。例如，"给水宝宝搬家"的科学活动在小、中、大班都可以实施。该课题关注幼儿科学教育活动与生活经验的联系，如在活动中幼儿凭着"给水宝宝搬家"的极大兴趣，既能感知水的特性，增进知识，又能尝试使用不同的工具给水宝宝搬家，体验探究的乐趣，还能区分出能用来给水宝宝搬家的工具和不能用来给水宝宝搬家的工具以及原因，此外，还可以养成爱惜水、节约用水的好习惯。因此，教师一定要避免选择远离幼儿实际生活经验的、抽象的科学教育活动内容。

📖 相关链接

幼儿科学教育的目标与要求

目标

1. 对周围的事物、现象感兴趣，有好奇心和求知欲；

2. 能运用各种感官，动手动脑，探究问题；

3. 能用适当的方式表达、交流探索的过程和结果；

4. 能从生活和游戏中感受事物的数量关系并体验到数学的重要和有趣；

5. 爱护动植物，关心周围环境，亲近大自然，珍惜自然资源，有初步的环保意识。

内容与要求

1. 引导幼儿对身边常见事物和现象的特点、变化规律产生兴趣和探究的欲望。

2. 为幼儿的探究活动创造宽松的环境，让每个幼儿都有机会参与尝试，支持、鼓励他们大胆提出问题，发表不同意见，学会尊重别人的观点和经验。

3. 提供丰富的可操作的材料，为每个幼儿都能运用多种感官、多种方式进行探索提供活动的条件。

4. 通过引导幼儿积极参加小组讨论、探索等方式，培养幼儿合作学习的意识和能力，学习用多种方式表现、交流、分享探索的过程和结果。

5. 引导幼儿对周围环境中的数、量、形、时间和空间等现象产生兴趣，建构初步的数概念，并学习用简单的数学方法解决生活和游戏中某些简单的问题。

6. 从生活或媒体中幼儿熟悉的科技成果入手，引导幼儿感受科学技术对生活的影响，培养他们对科学的兴趣和对科学家的崇敬。

7. 在幼儿生活经验的基础上，帮助幼儿了解自然、环境与人类生活的关系。从身边的小事入手，培养初步的环保意识和行为。

（选自：《幼儿园教育指导纲要（试行）》，2001。）

2. 活动课题的选定，应考虑幼儿基本的科学经验

正规性科学教育活动要求所有幼儿都要参与，因此所选的内容应该是最基本的、最具有代表性的科学知识。教师将幼儿学习的科学知识划分为必备知识和拓展性知识，将从丰富的科学教育内容中筛选出来的必备知识设计成幼儿可以亲历的集体教学活动，将能拓展幼儿知识面、引发幼儿广泛探究的内容放在阅读区和益智角。

3. 活动课题的选定，应选择适合开展集体学习活动的内容

幼儿科学教育包括动物、植物、自然科学现象、自然生态环境等许多内容，在进行正规性科学教育活动的选题时，应该选择适合开展集体学习的活动内容。例如，"会跑的气球"就适合开展集体教学，让幼儿在自由探索、集中探索、共同学习、相互启发中掌握科学现象，通过教师的引导和启发让幼儿掌握科学知识，培养科学态度。

（二）活动目标的设计

正规性科学教育活动目标的设计，应该依据幼儿科学教育的总目标来设计，还应该考虑到各年龄阶段性目标和本班幼儿的实际情况，结合活动课题提出有针对性的具体目标。也就是将总目标、阶段目标和具体活动目标融为一体。在设计活动目标时，应考虑到以下三个方面。

1. 幼儿的接受能力

活动目标的制定应符合幼儿已有的发展水平。活动目标的设计是为特定的幼儿群体设计的。教师在设计活动目标时，首先应该考虑到幼儿的年龄特点、身心发展特点和接受能力，其次将科学教育活动中的目标具体化。对于不同年龄段的幼儿，同一课题的目标应考虑层次性。

典型案例

"给水宝宝搬家"活动不同年龄班的目标

小班的目标

1. 感知水会流动的特征。
2. 探索用不同的方法给水宝宝搬家。
3. 愿意选择喜欢的工具给水宝宝搬家，体验发现的乐趣。

中班的目标

1. 进一步感知水会流动的特性，了解不同材料的吸水性。
2. 能选择在不同情况下适合运水的工具、材料，并用语言表达出来。
3. 在活动中充分感受玩水带来的乐趣，体验成功运水的快乐。

大班的目标

1. 猜测不同材料的吸水性，并能够自主合作探究，验证猜想。
2. 会用数字、图画、图表或其他符号如实记录操作的结果，并分享自己的发现。
3. 喜欢与同伴合作探究，体验发现的快乐。

2. 目标的全面性与操作性

活动目标是幼儿在科学教育活动中可观察的行为变化。一般而言，活动目标包括情感态度、方法技能、知识经验三个维度，缺一不可。其中，情感态度目标包括情感态度及个性品质的培养。例如，幼儿萌发爱护动植物的情感，幼儿产生节约用水、保护水资源的情感，幼儿具有合作的意识，体验探究的乐趣，等等。方法技能目标是指通过活动，幼儿发展哪些能力，形成哪些技能，学习哪些方法，如幼儿的动手操作能力，细致观察的习惯和能力，运用适当的方式表达、交流探索过程和结果的能力等。知识经验目标是指科学经验的获得、科学现象的理解，包括通过活动，幼儿获得哪些经验，理解哪些科学现象。例如，在大班开展"风，藏在哪里"的活动时，幼儿感知风形成的原因，理解风是有大小和方向的，理解风力的大小、方向与物体运动距离的关系。在开展"小动物是怎样过冬的"活动中，幼儿要掌握不同动物的过冬方式，如理解有的动物换毛，有的动物南飞等现象；在介绍"动物"时，幼儿应该知道动物的外部特征、生活习性和动物的种类等。当然，如果介绍"植物"，就应该让幼儿掌握植物外部特征、生长习性和植物的种类等。

3. 目标的针对性

针对性指制定的目标必须充分考虑某一具体科学活动的内容、要素和特点。目标一旦制定，它只适用于该具体活动，而不一定适合其他活动。那些放之四海而皆准的活动目标过于宽泛，要尽量避免。

（三）活动材料的设计

活动材料就是教师开展教育活动所需要的教具，是幼儿开展教育活动所需要的操作材料。活动材料设计是幼儿科学教育活动必不可少的一个环节。教师应在科学教育活动之前准备好安全、充足又能激发幼儿探索兴趣的材料，为幼儿科学探索提供理想的环境。教师在设计活动材料的时候，需要考虑到以下几点。

1. 活动材料要具有安全性

安全教育贯穿幼儿园教育工作的始终。为幼儿提供活动材料时，应选择无毒、无味，对幼儿无安全隐患的制作原料，并在制作前进行彻底的清洁、消毒。

2. 活动材料的准备要以活动目标为依据

以每班当前主题活动中幼儿的培养目标为依据，有针对性地选择、准备与主题相关的操作材料，并且充分挖掘材料在活动中的教育作用，一个目标可以通过若干材料的共同作用来实现，一种材料也能为达到多个目标服务。例如，"寄包裹"的教育活动，围绕"尝试使用防水、防震的材料和方法包裹彩蛋"这一核心能力目标，为幼儿的两次实验操作分别提供防水和防震的材料，如水、抹布以及用水粉画好的彩蛋若干，包装鸡蛋所需防护材料(报纸、气泡膜、布、PVC 纸、木块、塑料块、泡沫等)若干，包装纸盒、透明胶、剪刀、邮递员衣服、包裹单等。材料的准备直接指向活动目标，幼儿借助材料的操作实现萌发探究兴趣、运用探究方法、提升探究能力等多方面的发展。

3. 活动材料的数量要充足

充足的材料是幼儿科学教育活动开展的保证，特别是提供幼儿操作的材料，更应该保证数量充足。材料的数量直接影响到幼儿探索过程的进行，影响到幼儿科学经验的获取。足够数量的材料可以减少幼儿的等待、闲逛等行为，提高幼儿学习科学的积极性和效率。要为幼儿提供数量充足的材料，并不是意味着给予幼儿的材料越多越好，也不是说每种材料的数目必须和幼儿人数相等，而是应根据活动的具体性质确定材料数量与幼儿人数的比例关系。活动材料的设计既要从幼儿科学探索过程的需要出发，还要考虑到客观条件的限制。

4. 活动材料应具有趣味性

有趣的材料能够引起幼儿参与活动的兴趣，提高目标的完成度。过繁或过于简单的材料，都不利于幼儿活动兴趣和发展水平的提高。例如，在"沉与浮"的活动中，教师为幼儿准备的各种各样的瓶子、大小不同的木头、各种各样的纸折成的小船、大小不同的海绵、小石头等材料，能引起幼儿的探究兴趣，调动幼儿参与活动的积极性和主动性。

5. 活动材料应具有典型性

在准备材料时，必须考虑到其具备的典型特征，通过特征很鲜明的并且能直观感受的突出事例，就能使幼儿形成表象。

（四）活动过程的设计

1. 活动导入环节的设计

活动导入环节是幼儿科学教育活动的重要组成部分，活动导入设计得好，就能调动幼儿操作的积极性和主动性，激发幼儿学习的兴趣。因此，在设计活动导入时，教师需要多动脑筋、想办法，可以通过多种方式导入活动。

（1）用作品导入

儿歌、谜语、故事等作品对幼儿具有极大的吸引力，教师可以根据活动内容和需要，选择蕴含科学内容的儿歌、谜语、故事等作品，引发幼儿兴趣，引起幼儿参与活动进行探究的意愿。

朗朗上口的儿歌、谜语因其短小押韵，富有节奏，深得幼儿的喜爱。在科学教育活动中，教师可以用儿歌、谜语的方式导入。例如，中班科学教育活动"有趣的陀螺"可用下列儿歌导入："小陀螺，乖娃娃，像个小小舞蹈家；身儿圆，脚儿尖，转起圈来顶呱呱。"在"有趣的影子"中，可以通过谜语"有个好朋友，天天跟我走，有时它在前，有时它在后，我和它说话，就是不开口，有光它就来，没光就躲开"来引发幼儿的兴趣，提升他们参与活动的积极性。此外，教师还可以用故事的方式来导入，如在大班科学教育活动"有趣的复制"中，可以用下列"西游外传"故事导入。

　　孩子们，你们好！今天老师要为你们讲一个西游外传的故事。话说唐僧师徒在取经路上碰到了一群妖怪，快看！这些妖怪都长得一模一样，十分可怕。可是只有一个孙悟空，对付不了这么多的妖怪。怎么办？咦，怎么会有这么多孙悟空呢？刚才，小朋友说是用毫毛变出来的，看老师是怎么把它们请出来的。

　　(2)直接从操作要求导入

　　这是教师直接点明活动主题，提出活动操作要求的一种导入方法。例如，在"小灯泡是怎样亮的"活动中，给每组幼儿准备好各种操作材料，如电线、灯泡、电池、导体、绝缘体等，让幼儿直接操作材料导入活动。在进行"沉与浮"活动时，给幼儿准备一盆水、一个软木塞、一个乒乓球、一个玻璃弹珠、一个鹅卵石、一块海绵、一个橡皮泥实心球、一个盖着盖子的空矿泉水瓶子。教师直接提出要求——"请小朋友们把这些东西放在水里玩一玩，看看会发现什么"，从而导入活动。

　　(3)用简短的指令、提问导入

　　教师可以利用直接指令或提问，开门见山式地开始活动。例如，在认识鸟类时，教师一开始就问："小朋友见过鸟吗?"有时候也可以直接利用指令，如在观察常绿树与落叶树的时候，带幼儿到院子里，提出要求："仔细找一找，看看哪些树是常绿树?"

　　(4)演示现象导入

　　直接以演示实验或操作教具的方式激发幼儿好奇心，使幼儿产生了解演示中出现的各种现象、变化及原因的愿望。例如，在认识磁铁时，教师可以演示"同极相斥，异极相吸"的现象，引起幼儿的兴趣，从而导入活动。

　　2. 活动基本部分的设计

　　基本部分是引导幼儿主动学习、积极探索实现行动目标的过程，所以教师应灵活、熟练地实现从一个环节转向下一个环节的过程。在活动中，教师要注意观察幼儿的活动情况，了解幼儿的兴趣，进行随机教育。在活动基本部分，教师要注意提问的设计。

　　教师所设计的问题，对于启发幼儿的思维能力、想象能力会起到很

📝 学习笔记

大的作用。教师应注意在教学过程中更多地使用开放性问题，尽量少用封闭式问题。此外，教师在提问时应该注意：

第一，教师所设计的问题要抓住事物的本质特征。

第二，教师所设计的问题要引起幼儿的关注，为每一个环节做好铺垫。

第三，教师所设计的问题要从幼儿回答的多种可能方面来做准备。在设计问题时，对幼儿有几种可能性的回答，每种情况教师准备怎么回答，教师首先要考虑好、估计到。另外，在准备教具过程中也要考虑这些问题。教师做好两手准备，还可以设计一些辅助问题，尽可能做到万无一失，而不至于措手不及甚至放弃一些教育的时机。

第四，教师所设计的问题要有层次性。教师对于很深奥的问题要层层分解，由浅入深，层层递进，即设计的问题有一定的层次性，不同水平的问题由不同水平的幼儿回答。教师要考虑到发展水平慢的及中等水平的幼儿，使每一个幼儿都能在原来的基础上得到发展。

第五，教师所设计的问题要注重情感性，以免扰乱教师自己与幼儿的思路，起到相反的结果，所以教师在活动中提的问题是很重要的，它关系到是否能顺利地完成教育目标。因此问题的语言要具体、明确、生动，要让幼儿能听懂，即使是有一定难度的问题也要表达得深入浅出，让幼儿便于回答。

3. 活动结束部分的设计

结束部分是指在教育活动的终了阶段，教师引导幼儿对活动内容进行总结、强化巩固、迁移延伸，从而结束活动，为幼儿留下学习余兴的教学过程的部分。活动结束部分需要 2～3 分钟，这部分设计应遵循既能够让幼儿轻松快乐地结束活动，又要结合活动的具体内容，让该活动有所延伸。活动可以用多种方式来结束。

(1)采用歌曲、儿歌的形式结束

在"认识各种各样的树叶"的活动结束时，可以用《秋风起来了》的歌曲结束，也可以用《小树叶找妈妈》的儿歌来结束。

(2)采用舞蹈的形式结束

在"动物猜猜看"的活动结束时，可通过舞蹈"找朋友"结束，让幼儿在欢快的表演中结束活动，留有学习的余兴。

(3)采用相互展示自己作品的方式结束

一般情况下，在制作活动结束时，可以让幼儿相互展示自己的作品，讲述自己的作品。例如，"制作不倒翁"活动结束时可以组织幼儿相互欣赏、分享成果。

（4）总结式结束

总结式结束是指教师采用简洁的语言将活动的内容和主题进行概括、归纳，或讲评幼儿的活动情况与表现的活动结束方式。例如，大班幼儿学习了"荷花、藕、莲子"，在结束时则可以采用这种方式：教师和幼儿一起总结出，"藕横着长在水里的泥土中，它是一节一节的，藕往下有根，往上长出荷花和荷叶，花谢了以后长出莲蓬，莲子藏在莲蓬里。它们是植物，长在水里，夏天开花。"

（五）正规性科学教育活动的指导要点

1. 给幼儿科学教育活动的开展提供充足的条件

教师应该为幼儿进行科学探索活动提供充分的支持条件，包括教师知识的准备、情感态度的准备和环境的准备。

（1）知识的准备

教师在幼儿科学教育活动中，需要广泛的自然科学知识，才有可能自如地、深入浅出地指导幼儿的科学探索活动，这就需要教师长期的知识积累。而就一节课而言，在某一课题确定以后，教师查阅有关资料，明确有关概念和知识点同样也是很重要的，这样可以更好地满足幼儿的需要。例如，在给幼儿讲授"昆虫"的时候，教师必须明确昆虫的基本特征，哪些小动物属于昆虫。如果具体到蝴蝶这一昆虫，还要知道它是怎样来的，也就是蝴蝶的成长过程等。在给幼儿讲述"各种各样的声音"时，教师就需要了解声音是怎样产生的，声音是怎样传播的，哪些声音是噪声，哪些声音是乐音，等等。

（2）情感态度的准备

情感态度的准备是指教师对科学的兴趣、对大自然的热爱、对生命的爱护等，如教师对某一课题内容充满兴趣和爱好，势必在活动过程中感染幼儿，从而活跃幼儿的情绪，增添活动的气氛，对幼儿的情感、态度产生积极的影响。这也是我们的活动目标之一，我们在参与幼儿科学教育活动的同时，一定要把情感目标放在第一位，培养幼儿的积极情感。例如，幼儿学习"各种各样的花"，我们的情感目标就是培养幼儿爱护花，积极养花的情感；幼儿学习"家畜"，我们就应该培养幼儿热爱小动物的情感；幼儿学习"小灯泡是怎样亮的"，我们就要培养幼儿安全用电的常识等。此外，还包括教师个人的情绪情感，教师要以饱满的情绪来跟幼儿交流，要让幼儿在教师的积极情感的带动下学习。

📝 学习笔记

(3)环境的准备

环境的准备是指幼儿进行科学探索活动的心理环境和物质环境的准备。前者是指为幼儿创设一个宽松愉悦的心理环境，营造安全的探究氛围，使幼儿感受到轻松，能大胆、自如地进行探索活动；后者是为幼儿提供丰富的物质、设备和活动空间，能使幼儿有足够的材料进行感知、观察、操作，使幼儿有较宽敞的空间展开活动，避免幼儿间的拥挤以产生碰撞、冲突而影响活动。

2. 活动过程的指导要点

在幼儿科学教育活动中，幼儿是主动的探索者、研究者和发现者，是知识经验的主动建构者，但是，强调幼儿的自主探究，并不是说教师的指导不重要。相反，由于幼儿认知水平、自我控制能力等诸多因素的限制，应该特别强调教师适时的、必要的、有效的指导，以保证幼儿在探究中有所收获，包括增进对世界的认识和幼儿探究素质的不断提升，从而使幼儿的探究实践得到不断提高和完善。在活动过程中，教师应该做到以下几点。

(1)应该明确科学探究活动的重点

科学探究活动的重点不只在探究的操作方法和操作技能上，还应着眼于"基本科学素养"的提高。具体说来，教师指导下的科学探究应该把重点放在以下几个方面：通过探究满足幼儿求知欲及培养幼儿对科学的情感；通过探究获得关于身边世界的理解；通过探究培养幼儿思维能力、解决问题的能力、合作与交流能力，培养幼儿的科学精神，初步习得科学方法。

(2)观察、分析幼儿的行为

在活动过程中，教师应该注意观察、分析幼儿的行为，根据幼儿在活动中的表现因势利导，启发教育，对存在个别差异的幼儿，能够个别教育。教师还要根据活动过程中幼儿不同的表现，调整指导，而不是用一种方式指导不同水平的幼儿。

(3)适当参与幼儿的活动

教师要适当参与幼儿的活动，尊重幼儿，成为幼儿的好朋友，当好幼儿科学教育的指导者、帮助者、材料提供者。

(4)保证幼儿的活动机会

在活动中，教师允许幼儿根据自己的生活经验、自己的意愿、自己的步骤和方法进行学习；允许幼儿为探索需要而移动位置；允许幼儿结伴合作探索，或与同伴交流自己的发现、想法；允许幼儿提出不同的问题或者要求教师提供更多的材料等。

(5)合理运用评价的手段

教师应及时发现在活动中表现积极的幼儿，因势利导，调动其参与活动的积极性和主动性；对不能够参与活动的幼儿，要启发引导，正确合理地运用评价手段，使所有幼儿在活动中都能有所收获。

相关链接

幼儿的科学学习与指导

幼儿的科学学习是在探究具体事物和解决实际问题中，尝试发现事物间的异同和联系的过程。幼儿在对自然事物的探究和运用数学解决实际生活问题的过程中，不仅获得丰富的感性经验，充分发展形象思维，而且初步尝试归类、排序、判断、推理，逐步发展逻辑思维能力，为其他领域的深入学习奠定基础。

幼儿科学学习的核心是激发探究兴趣，体验探究过程，发展初步的探究能力。成人要善于发现和保护幼儿的好奇心，充分利用自然和实际生活机会，引导幼儿通过观察、比较、操作、实验等方法，学习发现问题、分析问题和解决问题；帮助幼儿不断积累经验，并运用于新的学习活动，形成受益终身的学习态度和能力。

幼儿的思维特点是以具体形象思维为主，应注重引导幼儿通过直接感知、亲身体验和实际操作进行科学学习，不应为追求知识和技能的掌握，对幼儿进行灌输和强化训练。

(选自：《3—6岁儿童学习与发展指南》，2012。)

二、非正规性科学教育活动的设计与指导 >>>>>>

在非正规性科学教育活动中，教师主要是进行间接指导，但同样要精心设计活动。

（一）活动目标的设计

第一，在非正规性科学教育活动中，幼儿根据自己的需要和兴趣选择活动内容，因此活动目标的设计不是全班统一的互动目标，教师应该根据个别幼儿的实际情况设计具体的活动目标。例如，在某次活动中，教师给幼儿准备了超市、饭店、动物园等环境，教师总的目标是要求幼儿寻找自己喜欢的活动，但每一个活动，针对不同的幼儿都会有一个目标，教师就要对幼儿进行个别指导。即教师可以根据幼儿的具体情况，设计具体的活动目标。

第二，根据前次活动的结果设计目标。非正规性科学教育活动的另一个重要特点，就是教师事先为幼儿准备各种设备和材料，供幼儿进行科学活动，这些材料和设备的准备不是无依据的，而是根据活动目标而定的，本次目标的提出又往往建立在前次活动结果的基础上。例如，教师注意到前次活动中，部分幼儿对磁铁产生了浓厚的兴趣，他们发现了磁铁能够吸铁质的物品，还能够拉着铁质的小物品走、跑，活动结束时，幼儿还不肯放弃探索。因此，在下一次活动时，教师就可以多准备一些磁铁，并将日常生活中所有用到磁铁的玩具、小家电等都准备好，让幼儿继续探索。教师在非正规性科学教育活动中要仔细观察幼儿的活动，不断地对幼儿提出进一步的行为发展要求。

（二）活动材料的设计

活动材料的设计，其实就是教具的准备。在非正规性科学教育活动中，教师应该准备以下的材料。

1. 科学玩具材料

为幼儿准备各种各样的玩具成品，这些玩具都是利用一种科学原理进行游戏的。例如，声控玩具、拼插玩具、遥控玩具、电动玩具、磁性玩具等。

2. 操作类材料

教师根据幼儿科学教育的内容，准备适当的教具。例如，关于物理现象，教师就应该给幼儿准备关于光、力、声音、电、颜色等的教具。有关光的教具包括凹透镜、凸透镜、平面镜、三棱镜等各种各样的镜子，让幼儿操作、感受、体验。有关力的教具包括天平、弹簧秤、风车等。有关声音的教具包括小鼓、小豆子、小电话、小鼓槌等。有关电的教具包括小电池、小灯泡、电线、导体、绝缘体等。有关颜色的教具包括颜料、小盘子、小调色板、三棱镜、变色陀螺等。

3. 制作创作类材料

提供各种材料，供幼儿自己制作各种物品。

(1)玩具制作

例如，不倒翁的制作需要橡皮泥、鸡蛋壳、小纸帽子、彩笔等，风车的制作需要各种各样的纸、小剪刀、小别针、胶水、小棒等，小电话的制作需要一次性杯子、毛线、小棒等。

(2)标本制作

标本制作需要标本原材料、辅助材料和工具。例如，树叶粘贴画需要准备树叶、卡纸、胶水、彩笔等，让幼儿感知、认识。

在非正规性科学教育活动中，活动材料的设计要考虑活动目标的要求和幼儿的接受能力，除了考虑材料的安全性、可靠性，还应该考虑到以下几点。

第一，材料的种类和数量。非正规性科学教育活动必须为幼儿提供种类丰富和数量充足的材料，这样才可以为幼儿提供较多的选择机会，并有效地减少幼儿无所事事、相互间争执等的现象，这也为幼儿根据自己的需要选择材料提供了基础。一般来说，一个科学活动室内可提供不超过八至十个种类的材料，每组材料以三四份为宜。如果材料种类过多，也会造成幼儿因为新刺激过多而不断变换内容的情况。每组材料保证一定的数量，还能使幼儿进行相互交流，获得有关活动方法、活动对象结果等各方面的信息，进而使自身的探索活动不断深入，并能较持久地维持对该活动的兴趣。

第二，材料的探索性。为幼儿准备的材料应该具有探索性，即材料应和科学上某一个重要的概念有关，使用这些材料应该能揭示许多有关的现象。例如，小电池、小灯泡、电线、曲别针、纽扣等放在一起的这组材料，它们和"导体与绝缘体"这个概念有关，使用这组材料能够使幼儿理解科学现象。即小灯泡通过电池和导线连起来就会亮，但是，如果在导线的另一侧系上一个纽扣，小灯泡就不亮；如果在导线的另一侧系上一个曲别针，小灯泡就会亮。通过这个探索活动，幼儿对导体和绝缘体有了进一步的认识，了解了这些概念。

第三，材料的新颖程度。新颖、有趣的材料容易引起幼儿的注意，调动他们参与活动的主动性和趣味性，能够吸引幼儿去探索。例如，探索磁铁时，教师可以给幼儿准备各种各样的带有磁铁的小鱼玩具和钓鱼竿，让幼儿通过玩钓鱼的游戏，知道磁铁吸铁的性质。还可以给幼儿准备各种投标和标盘，让他们探索投标为什么能粘在标盘上。原来，投标和标盘都是用磁铁做的。这些新颖、有趣的材料，吸引了幼儿的注意力。

（三）非正规性科学教育活动的指导要点

非正规性科学教育活动是幼儿科学教育的重要途径，教师的指导可从以下几个方面展开。

1. 创设良好的心理氛围

良好的心理环境是指幼儿学习科学的良好气氛，是幼儿选择科学教育活动的前提。教师应提供大量的实践机会和各种教育活动，支持幼儿按自己的兴趣去参与探索活动，鼓励幼儿大胆探索，大胆表达自己的想法和做法，肯定、表扬幼儿点点滴滴的进步；教师还应经常以同伴的身份和幼儿一起进行科学探索活动，让幼儿感受到教师对他们的关心和爱护，使师生关系变得积极融洽。在平等、和谐的气氛中，幼儿的学习就会无拘无束，主动性、创造性得以发挥。

2. 应让幼儿自由选择活动内容

在非正规性科学教育活动中，摆放在幼儿面前的是丰富多彩的活动内容，这就使幼儿的自由选择成为可能。在活动过程中，教师应让幼儿真正地按自己的兴趣和意愿、自己的水平和需要来选择活动内容。当然，在这样的选择中，一定会有一些情况发生，如某些活动内容没有幼儿选择，而有的活动内容，特别是新投放的材料选的幼儿又过多，这时，教师可采取暂时轮换的方法，无人选择的材料可及时撤换或由教师进行一些指导。但不管怎样进行调整，活动内容都应尽量满足幼儿的需要，符合幼儿的意愿。

3. 观察了解幼儿的活动，及时提供指导和帮助

在非正规性科学教育活动中，教师应随时关注幼儿的操作情况，耐心观察和了解，并对个别幼儿提出问题或要求。教师对幼儿提出问题或要求，是激发幼儿探索欲望和引导幼儿深入探索的重要因素。例如，在玩水的过程中，教师可以提问：为什么能够看见水底的小石头？为什么能够看见自己的小手？为什么有的东西在水上漂着呢？……这样教师引导幼儿产生了探究的欲望，了解了水的性质。

4. 要求幼儿遵守活动规则

在非正规性科学教育活动中，制定相应的活动规则是很有必要的。教师应让每个幼儿都了解活动规则，并在每次活动中提醒幼儿去遵守。例如，在玩沙子的过程中，教师要告知幼儿遵守活动规则，不准拿沙子撒向其他幼儿；在玩水的过程中，教师要告知幼儿不要把水倒在地上等。

三、偶发性科学教育活动的指导要点 >>>>>>>>>>>

受认知水平、生活经验的局限，幼儿的自发的探索活动，如果没有教师的关心和指导，会自生自灭。因此，教师要做好偶发性科学教育活动的指导。

第一，教师要善于观察幼儿的表现，及时发现幼儿的偶发性科学教育活动。教师必须做有心人，要用敏锐的眼光去关心周围事物，善于观察，及时发现幼儿的自发性科学活动，进而及时进行启发、引导、

学习笔记

教育。

　　第二，教师要以积极的态度对待幼儿的偶发性科学教育活动。教师的态度决定了幼儿参与偶发性科学教育活动的积极性和主动性。教师要以积极的态度，仔细观察和参与幼儿的探索活动，让幼儿体验、感受偶发性科学教育活动给他们带来的乐趣，也能够让幼儿了解更多的知识。反之，如果教师漠不关心，置之不理，甚至采取反对态度，这将会打击幼儿参与探索活动的主动性和积极性，对幼儿以后的探索学习带来不良影响。

典型案例

扫码查看正规性科学教育活动案例《小班科学活动：小汽车玩滑梯》

扫码查看正规性科学教育活动案例《中班科学活动：浮起来的画》

扫码查看正规性科学教育活动案例《大班科学活动：纸筒大力士》

扫码查看非正规性科学教育活动案例《小班科学活动：搭鸡窝》

扫码查看非正规性科学教育活动案例《中班科学活动：夜晚的森林》

扫码查看非正规性科学教育活动案例《大班科学活动：我是小小布展师》

扫码查看偶发性科学教育活动案例《小班科学活动：蚂蚁的家在哪里》

扫码查看偶发性科学教育活动案例《中班科学活动：萝卜爆炸了》

扫码查看偶发性科学教育活动案例《大班科学活动：砌台阶》

思考与练习

1. 幼儿科学教育活动的特点有哪些？

2. 什么是正规性科学教育活动？正规性科学教育活动的特点有哪些？

3. 什么是非正规性科学教育活动？什么是偶发性科学教育活动？

4. 如何设计正规性科学教育活动？正规性科学教育活动的指导要点有哪些？

5. 举例说明活动导入环节应如何设计。

6. 如何设计非正规性科学教育活动？非正规性科学教育活动的指导要点有哪些？

7. 偶发性科学教育活动的指导要点有哪些？

拓展训练

1. 设计某一年龄班某一主题的正规性科学教育活动，进行试讲，并到幼儿园实习教学。

2. 收集期刊或网上的各年龄班科学教育活动教案，并在学习小组内进行分享。

3. 分析一份活动设计方案，根据所学理论进行评析并提出改进意见。

考证导航

一、选择题

1. 不属于幼儿科学教育活动的特点是（   ）。

A. 教育内容的预设性

B. 教育过程的探究性

C. 教育组织形式的多样性

D. 教育活动结果的经验广泛性

2. 下列关于正规性科学教育活动的说法中，正确的是（   ）。

A. 正规性科学教育活动是在教师有目的、有计划地指导下开展起来的

B. 正规性科学教育活动的学习形式以小组学习为主

C. 在正规性科学教育活动中，教师一般要为幼儿提供人手一套的材料

D. 在正规性科学教育活动中，幼儿无须探究，只需观察

3. 在幼儿园的科学教育中，科学教育活动的主要类型除正规性与非正规性科学教育活动外，还有（　　）。

A. 家庭的科学教育活动　　　　　B. 室外的科学教育活动

C. 偶发性的科学教育活动　　　　D. 教师指导的科学活动

4. 正规性科学教育活动、非正规性科学教育活动的共同之处在于（　　）。

A. 都有固定的场所

B. 都是幼儿自己的科学探索活动

C. 都是幼儿主动地选择材料

D. 都需要教师的间接指导

5. 关于非正规性科学教育活动的特点说法错误的是（　　）。

A. 教师根据上次活动的结果设计目标和计划

B. 学习过程中教师主要进行间接指导

C. 仍然有教师制订的具体目标和计划

D. 学习的形式以个人的探索为主

6. 幼儿科学教育环境设计时的"自然要求"是指（　　）。

A. 把幼儿园建在自然资源丰富的山区或农村

B. 充分地利用自然物，体现自然环境特点

C. 科学教育所需材料由幼儿自己准备

D. 由家长负责创设环境

7. 在幼儿园活动室内一角的多层木架上，放置经常系统观察的植物，如盆栽植物，让幼儿保管、照料，并在此过程中观察、记录各种事物和现象的变化，这是幼儿园设置的（　　）。

A. 游戏区　　　　B. 环创角　　　　C. 学习区　　　　D. 自然角

8. 幼儿园正规性科学教育活动材料的设计首先要考虑的是（　　）。

A. 材料和目标的关系　　　　　B. 材料的结构

C. 材料的数量　　　　　　　　D. 材料的趣味性

9. 幼儿科学教育最根本、最有效的途径是（　　）。

A. 阅读　　　　B. 实验　　　　C. 观察　　　　D. 活动

10. 幼儿科学教育活动目标"猜测不同材料的吸水性，并能够自主合作探究，验证猜想"对应的年龄班是（　　）。

A. 小班　　　　B. 中班　　　　C. 大班　　　　D. 学前班

二、简答题

1. 简答正规性科学教育活动的设计要点。

2. 简答正规性科学教育活动过程的指导要点。

三、材料分析题

一天晚上，莉莉和妈妈散步时，有下列对话。

妈妈："月亮在动还是不动？"

莉莉："我们动它就动。"

妈妈："是什么使它动起来的呢？"

莉莉："是我们。"

妈妈："我们怎么使它动起来的呢？"

莉莉："我们走路的时候它自己就走了。"

问题：(1)莉莉的行为表明她处于思维发展的什么阶段？举例说明这个阶段思维的主要特征及表现。

(2)幼儿这种思维特征对幼儿园教师的科学教育活动有什么启示？

(2015年上半年幼儿园教师资格考试"保教知识与能力"真题，有改动)

四、设计题

1. 请围绕"有用的工具"为大班幼儿设计主题活动，应包含三个子活动。

要求：

(1)写出主题活动的总目标。

(2)写出一个子活动的具体活动方案，包括活动的名称、目标、准备和主要环节。

(3) 写出另外两个子活动的名称、目标。

(2017年下半年幼儿园教师资格考试"保教知识与能力"真题)

自拟大班科学领域活动方案。

2. 请围绕"春天"，为大班幼儿设计主题活动，子活动中包含一个科学领域活动。

(2018年上半年幼儿园教师资格考试"保教知识与能力"真题，有改动)

3. 请根据下列素材设计一个大班科学活动，要求写出活动名称、活动目标、活动准备、活动过程。

大班的胡老师为幼儿提供了各种吹泡泡的工具，有吹管、铁丝绕成的圈、塑料吹泡泡棒等(如图)，让幼儿在户外活动时自己吹泡泡玩。幼儿在吹泡泡的时候，有的能吹出很大的泡泡，有的只能吹出小泡泡；有的能一次吹出好多个泡泡，有的一次只能吹出一个泡泡……结果有的幼儿得意，有的幼儿沮丧。针对上述现象，胡老师打算组织一个科学教育活动，以引发幼儿深入探究的兴趣，并使幼儿了解不同吹泡泡工具与吹出的泡泡之间的关系。

（2016年上半年幼儿园教师资格考试"保教知识与能力"真题）

4. 请根据下面的素材，设计大班主题活动方案，要求写出主题活动名称，主题活动总目标，2个子活动。每个子活动包括：活动名称、活动目标、活动准备和活动主要环节。

周一早晨户外活动，幼儿被园子里五颜六色的花吸引了，有的在指认花的颜色，红的、黄的、白的、紫的；有的在数花瓣，三瓣、五瓣、六瓣的；有的在争论花的名称，他们发现有的花朵长得一样但颜色不一样，有的花朵有香味，有的花朵没有香味……户外活动结束了，幼儿还一直很兴奋地谈论着……

（2016年下半年幼儿园教师资格考试"保教知识与能力"真题）

自拟幼儿园大班科学领域活动方案。

5. 某幼儿园的院子里有几种高大的树，也有一些比较低矮的灌木。请你结合院子里的这些资源，设计一个题为"幼儿园的树木"的中班主题活动方案（含3个子活动），要求写出总目标，每个子活动的名称、目的和主要环节。

（2015年上半年幼儿园教师资格考试"保教知识与能力"真题）

自拟中班科学领域活动方案。

专题五
幼儿数学类教育活动设计与组织指导

学习目标

1. 领会并掌握幼儿数学教育活动的含义、意义与类型。

2. 明确幼儿数学教育的目标、内容，了解幼儿数学教育的基本方法。

3. 掌握幼儿数学教育活动设计与组织的具体方法。

学习导航

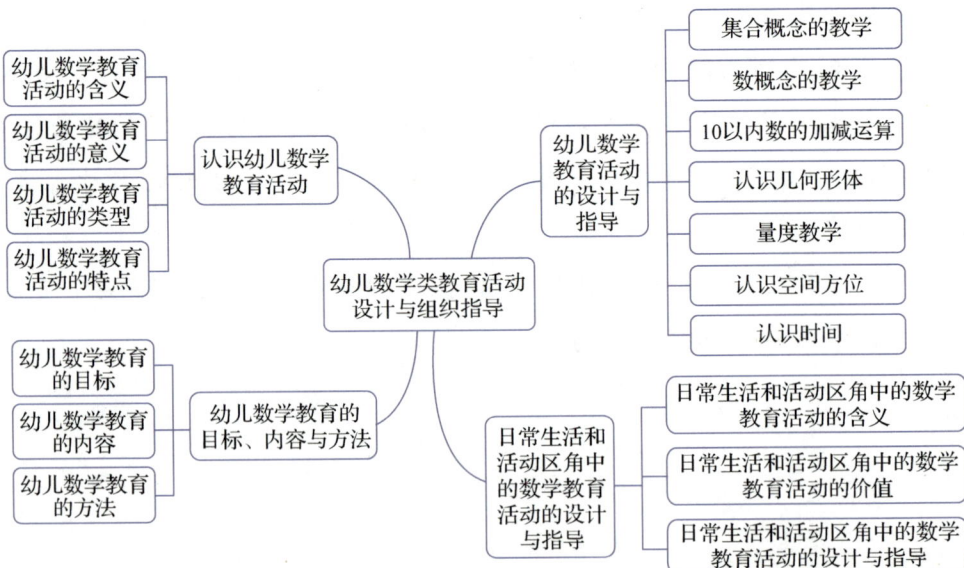

数学是自然科学的基础，幼儿数学教育活动是幼儿科学教育的重要组成部分。《纲要》把数学教育列入科学领域，使数学学习和对自然界的探究有机结合、融为一体。本专题主要介绍幼儿数学教育的基本理论(如幼儿数学教育的目标、内容、方法等)以及幼儿数学教育活动设计与组织指导的具体方法与技能。

学习主题 1
认识幼儿数学教育活动

🎓 情境案例

很多家长都有这样的困惑：孩子在幼儿园跟着老师挺喜欢上数学课，也学到了不少数学知识，但为什么在家里就对数学缺乏兴趣了？有的家长说："每次我让他写数字、做学过的数学题或提问他数学方面的问题，他都很不乐意，或者勉强做一会儿就不耐烦了。"甚至有的家长担心自己的孩子从小就厌学，影响以后的发展，以致家长忧心忡忡。这究竟是怎么回事呢？

【点评】

幼儿感兴趣的大多是那些色彩鲜明、形象生动、变化多端的事物，一般不会自发地对抽象的数学产生兴趣。

幼儿园有目的、有计划而又生动活泼的数学教育活动能有效地激发幼儿对数学的兴趣，帮助幼儿更好地学习数学知识。本主题重点介绍有关幼儿数学教育活动的基本知识。

一、幼儿数学教育活动的含义 >>>>>>>>>>>>>>>>>>>>>

幼儿数学教育活动是幼儿园科学(领域)教育的重要组成部分，也是幼儿园全面发展教育的一个重要组成部分。幼儿数学教育活动是在教师的组织下有目的、有计划地引导幼儿参与数学活动的过程。全面理解幼儿数学教育活动的内涵，应注意以下几个方面。

第一，幼儿数学教育活动是指在教师的指导下，通过幼儿自身的活动，对客观世界中的数量关系及空间形式进行感知、观察、操作、发现并主动探究的过程。

第二，幼儿数学教育活动是幼儿通过有组织(多种形式)的活动，积累大量有关数学的感性经验的过程，也是幼儿主动建构表象水平上的初步数学概念，学习简单的数学方法和技能，发展思维(尤其是逻辑思维)的过程。

第三，幼儿数学教育活动是激发幼儿的好奇心、求知欲，培养幼儿对数学的兴趣及引导幼儿主动思考和解决问题，初步感知生活中数学的兴趣的过程。

二、幼儿数学教育活动的意义 >>>>>>>>>>>>>>>>>>

（一）有助于培养幼儿学习数学知识的浓厚兴趣和良好态度

幼儿数学教育活动具有情景性、操作性、生活化和游戏化的特点，能较好地将教育目标和内容转化为幼儿自己的需求，激发幼儿学习数学知识的积极性和主动性，培养幼儿浓厚的学习兴趣和良好态度。

例如，教师创设了"看望小猴子"情境游戏，帮助中班幼儿学习巩固对"8"的认识。幼儿愉快而饶有兴趣地扮演小兔子、小花猫、小松鼠等，积极地参与到活动中，来到小猴子"家"送礼物并表演节目。在游戏过程中，教师指导每个幼儿给小猴子送 8 个桃子、8 朵花作为礼物；表演动作拍 8 下手、跳 8 下等，使幼儿在轻松愉快的游戏气氛中，进一步理解"8"，加深了幼儿对数字与数量对应关系的认识。

（二）有助于幼儿获得数学知识和逻辑经验，促进其认知能力的发展

幼儿数学教学活动作为数学教育活动的一种重要形式，更加突出地体现了数学教育活动的目的性和计划性，有助于幼儿数学认知能力的发展。

首先，在数学教学活动中，教师向幼儿提供的学习经验是经过有目的、有意识的选择的，故这些经验的学习，可以促进幼儿更好地感知物体的数量关系。幼儿在日常活动中，虽能获得很多的数学经验，如对物体数量、形状特征的认识，但幼儿获得的这些经验往往是零散的、片断的，有时甚至是表面的，不能使幼儿感受到数概念的本质。而在数学教学活动中，教师通过创设情境，提供具有典型意义的材料，将物体的数量、形状特征、事物之间的数量关系鲜明地凸显出来，幼儿在教师的启发引导下积极参与学习活动，在自身的探索操作活动中，充分地感知、发现，从而获得有关的数学经验和初步的逻辑数理知识。

例如，幼儿学习按帽子的某一特征进行分类，他们仔细观察收集来的各种帽子(共 7 顶)，比较、区分这些帽子的不同特点。在此基础上，他们发现如果按颜色分，红色有 3 顶，黄色有 2 顶，白色有 2 顶；如果按帽子的样式分，鸭舌帽有 2 顶，无帽檐的有 2 顶，带绒球的有 2 顶，装饰帽有 1 顶；此外，他们发现这些帽子还可以按其制作材料、按其功能来分类。这样的学习经验使幼儿学会了从不同角度观察事物，并能按其不同特点进行分类计数。

其次，幼儿数学教学活动较多地采用集体活动的形式进行。集体活动形式有利于教师对幼儿数学学习的直接指导，帮助幼儿归纳、整理其获得的一些零散的、片断的数学经验，使其能建构一些初级的数学概念，促进其抽象思维能力的发展。

最后，幼儿数学教学活动能调动幼儿思维积极性，使幼儿敏捷灵活地思考问题，解决问题。师幼互动，幼儿与幼儿之间进行交流、对话是幼儿数学教学活动的一个重要特点，也是数学教学活动对幼儿发展产生影响的重要方面。在幼儿数学教学活动中，教师通过提出问题与幼儿进行讨论、交流，解决问题。而且从幼儿生活经验中，教师选择对其发展有意义并具有挑战性的问题，引发他们思考，引导他们学习运用操作、猜测、讨论等各种方式寻求答案。幼儿在解决问题的过程中，不但可以建构起数学概念，而且能学习并掌握解决问题的策略和技能。

（三）有助于培养幼儿良好的规则意识、学习习惯和学习品质

幼儿思维具体形象，幼儿数学教育活动离不开操作。幼儿数学操作活动往往具有明确的规则、要求和评判标准，操作结果的"是非"标准比较明确、客观。这一特点为培养幼儿学习的任务意识、规则意识，激发幼儿的学习动机提供了得天独厚的条件。

幼儿在进行数学操作活动时，起初并没有明确的任务意识。小班幼儿在操作的过程中，有时会忘记自己正在进行的操作任务。在教师的要求下，幼儿能逐渐形成初步的任务意识。任务意识对于幼儿学习习惯的养成，特别是适应小学阶段的学习是很有意义的。

幼儿对规则的遵守也可以在数学教学活动中逐步得到培养。规则在数学活动中具有特别重要的意义。只有遵守一定的规则，才能显现出数学特有的逻辑性。比如，"按特征分类"的活动，就要求幼儿给一组物体按照特定的标准(颜色或形状)进行分类，不能随意乱分，否则幼儿就不可能理解其中所蕴含的逻辑。尽管有的小班幼儿开始并不能完全遵守规则，常常"自行其是"，但是随着他们认识能力的发展，会逐渐理解规则

的意义，并按照规则操作。幼儿对操作规则的理解和遵守，具有双重的意义。它既是幼儿完成数学操作的保证，也是幼儿社会性发展的具体表现。任务意识、规则意识的发展，能为幼儿适应小学的学习活动打下重要的基础。

（四）有助于全体幼儿获得共同发展

幼儿数学教育活动形式多样，数学教学活动、数学游戏活动、活动区角中的数学活动与日常生活中的数学活动有机结合。教师通过直接指导和间接指导，向全体幼儿施加影响，保证了每个幼儿都有机会参与集体、小组或个别活动，促进了他们心智的发展。生动、活泼、多样化的数学教育活动，不仅向幼儿进行了初步的数学启蒙教育，而且促进了幼儿身心和谐的发展。

三、幼儿数学教育活动的类型 >>>>>>>>>>>>>>>>>>>>

（一）数学教学活动

幼儿数学教学活动即正规性数学教育活动，是指教师有目的、有计划地组织全体幼儿，通过幼儿自身的参与和操作，掌握初步的数学概念，并发展幼儿思维的一种专项活动。其主要目的是使幼儿理解有关的数学概念、掌握相关技能。其特点是事先经过缜密的筹划，而不是偶发和随机的；内容是专门指向数学的，而不是综合的；形式一般为集体活动方式和小组操作活动方式相结合。数学教学活动不仅能使全体幼儿接受一定的数学教育，而且是幼儿数学教育顺序性和系统性的保证。它是向幼儿进行数学教育的主要活动形式。

在正规性数学教育活动中，教师是活动的直接指导者。然而，尽管教师的直接指导较多，但幼儿仍然是活动的主体(参见本专题学习主题3教学案例)。

（二）数学游戏活动

《纲要》指出："寓教育于生活、游戏之中。"游戏是幼儿最喜爱的活动之一，是最适合幼儿身心发展特点的活动之一，它也是向幼儿进行数学教育的有力手段和重要途径之一。通过游戏活动，幼儿学习粗浅的数学知识。结合游戏活动进行数学教育可使幼儿摆脱枯燥、抽象的数量概念，让幼儿在愉快、轻松的气氛中参与、体验、感受和学习初步的数学知识。这不仅促进了幼儿的主动学习，主动发展，而且提高了幼儿学数学的兴趣和探究精神。在角色游戏、建构游戏、体育游戏、玩沙玩水游

📝 学习笔记

戏中都可以有效地进行数学教育。例如，幼儿在"菜市场游戏"中模仿售货员与顾客的买卖过程，这一活动能帮助他们复习数的加减运算；"找朋友""碰球"等游戏可以帮助幼儿巩固对相邻数与数的组成的认识。

（三）活动区角中的数学活动

活动区角中的数学活动就是在幼儿活动的场所内开辟一个小区域，设置各种可以进行数学教育的材料，如棋类、纽扣、蚕豆、卡片、玩具等，幼儿可以根据自己的兴趣、需要来选择进入活动区的时间，独立地选择活动的材料并开展活动，对此幼儿有较强的自主性。活动区可以为幼儿经常、自由地开展数学活动提供物质上的保证，也是教师对小组或个别幼儿进行数学教育的良好场所。教师要提供充分的活动材料，让幼儿有充分的活动时间和空间，与同伴充分交流、讨论，从而获得大量的感性经验(参见本专题学习主题 4 教学案例)。

（四）日常生活中的数学活动

　　　　　　　　　　 学习笔记

日常生活中的数学活动是幼儿数学教育的一个重要环节。在日常生活中，蕴含着许多对幼儿学习数学有影响的情境和事例，教师要不失时机地加以利用，有意识地将数学教育渗透到幼儿的日常生活中。例如，每天早晨教师和幼儿一起数一数今天班上来了多少个小朋友；进餐时请幼儿摆放餐具，学习一对一地摆放物体，获得一一对应的感性经验；整理玩具、衣物时练习物品的分类，掌握对物品进行分类的方法和技能；带幼儿游玩、散步时，数一数路旁的树，观察门、窗等的形状；秋天，可指导幼儿用落叶进行分类、排序等活动(参见本专题学习主题 4 教学案例)。

四、幼儿数学教育活动的特点 >>>>>>>>>>>>>>>>>>

（一）幼儿数学教育活动具有情景性

幼儿数学教育活动中，教师有目的、有计划地创设情境，引导幼儿进入情感体验，从而使幼儿产生学习数学的良好学习兴趣。在情境教学中，教师注重创设形象逼真、生动直观的场景，把幼儿的知、情、意、行融为一体，以直观、趣味、生动的情境激发幼儿学习数学的兴趣。

（二）幼儿数学教育活动具有操作性

操作活动是幼儿数学教育活动的主要特征，也是幼儿学习数学比较有效的形式。在教师的指导下，每一个幼儿动手摆弄各种学具，了解数学的抽象概念，获得相关的数学经验，感知其中的数学关系，从而丰富自己的感性经验，促进数学思维由具体形象思维向抽象思维的发展。

（三）幼儿数学教育活动具有游戏性

采用多种多样的游戏进行数学教育活动，不但可以使幼儿在愉快中学习和巩固相关的知识，而且有利于激发幼儿学习数学的兴趣。通过游戏提高幼儿对事物的比较、分析、推理、判断的能力，能够较好地调动幼儿主动参与和自主学习的积极性，使幼儿不断体验到自由感和成功感，感到学习数学是快乐的事情，在不知不觉中对数学感兴趣并形成主动学习的良好习惯。

学习主题 2
幼儿数学教育的目标、内容与方法

情境案例

在公交车上我们经常可以看见一些年轻的妈妈在耐心地教宝宝学习数学。妈妈和孩子你一句我一句，妈妈抓住分分秒秒的时间指导幼儿学习。然而仔细听来，她们要么是不断教孩子数数："1，2，3，4，5，…"要么就是重复地问孩子："1 加 3 等于几啊？2 加 2 等于几啊？"孩子如果回答对了，妈妈就高兴地予以夸奖，以示自己的孩子很聪明。孩子若是回答错了，妈妈则皱起眉头，责怪孩子。

【点评】

在许多人的心目中，幼儿数学教育的内容及意义无非就是数数和计算。因此，教孩子数数以及简单的加减运算似乎也在情理之中了。殊不知幼儿数学教育的内容和意义并非如此狭窄，而是非常广泛的。

幼儿数学教育的目标与内容究竟有哪些？应该怎样科学合理地指导幼儿学习数学呢？让我们带着这些疑问，开始本主题的学习吧！

一、幼儿数学教育的目标 >>>>>>>>>>>>>>>>>>>>>>>>>>

（一）幼儿数学教育的总目标

根据《纲要》科学领域的目标精神，幼儿数学教育总目标应包含以下具体内容。

第一，对周围环境中事物的数量、形状、时间和空间等感兴趣，有好奇心和求知欲，喜欢参加数学活动和游戏。

第二，能从生活和游戏中感受事物的数量关系，获得有关数、形、量、时间和空间等感性经验，体验到数学的重要和有趣。

第三，学习用简单的数学方法，解决生活和游戏中某些简单的问题，能用适当的方式表达、交流操作和探索问题的过程和结果。

第四，会正确使用数学活动材料，能按规则进行活动，有良好的学习习惯。

（二）幼儿数学教育各年龄阶段目标

根据《指南》科学领域的数学认知幼儿学习与发展目标，幼儿数学教育各年龄阶段目标包含"初步感知生活中数学的有用和有趣""感知和理解数、量及数量关系""感知形状与空间关系"三个方面。

《指南》数学认知领域的目标侧重于数和形，这是幼儿早期数学认知发展的最核心的内容。对数学认知领域的三条目标应做以下理解。

1. 目标1　初步感知生活中数学的有用和有趣

该目标尽管与数学内容有关，如涉及形状和排列规律，但它最终落实在对数学的态度和体验的重要性以及数学学习的过程性能力上。在以往的数学教育中，人们关注较多的是数学内容本身，但近年来人们在关注数学内容的同时，开始关注数学学习中过程性能力的培养。例如，美国的学前和中小学的数学标准分为内容标准和过程性标准两个部分：内容标准提出了幼儿应该掌握的数学知识和技能；过程性标准则提出了掌握这些知识技能的方法和运用知识的能力，包括解决问题、推理和论证、交流、联系、数学的表征。数学学习的过程性标准的提出反映了数学学科在促进幼儿的思维能力方面所起到的特殊作用。数学学习并非局限于数的知识、概念和技能的习得，而是能促进幼儿综合性认知能力的发展。正是这样的学习才能保证幼儿真正理解和运用所学的数学知识。

（1）发现数学与日常生活之间的联系

与幼儿的生活经验建立联系，这是有效的数学学习和发展必不可少的前提条件。发现数学与日常生活之间的联系，能让幼儿看到数学在实际生活中的用处。数概念之间的联系是幼儿早期数学学习中的难点，也是重点。研究表明，幼儿早期数知识的习得是和许多具体的情境相连的，但他们最初在不同的情境中并不会融会贯通地理解数，只有经过相当长的时间才能逐步整合。如幼儿学会数数以后并不能马上就运用数数的方法去比较两个集合的多少或理解数数与加减运算之间的关系。这种

✎ 学习笔记

联系还包括幼儿的感性经验和正式数学知识之间的联系、不同的数学内容之间的联系、数学和其他知识之间的联系。

(2)在生活中解决数学问题

目标1期望幼儿能发现生活中的许多问题都可以用数学的方法来解决。"解决问题"是数学学习的过程性能力之一，也是一种综合性能力。它需要幼儿在实际的问题情境和已有的数学知识经验之间建立联系。

(3)强调感性经验和兴趣在数学学习中的重要性

感知和操作经验在幼儿早期数概念的学习和发展中极为重要，幼儿对数学概念的理解首先在实物操作的水平上表现出来，其次逐步发展到表象水平，最后发展到抽象的符号水平。积极的情感体验在学习中能起到推动的作用，在数学学习中尤其如此。幼儿早期往往更容易关注那些可感知的事物特征，会选择那些与自己的生活经验有直接联系的活动，而数学反映的是一种抽象的、看不见的关系，往往很难引起低龄幼儿的兴趣，所以在数学学习中如何引发他们的兴趣就成了教师和家长首先要考虑的问题。

2. 目标2 感知和理解数、量及数量关系

该目标涉及一些最基本的数学知识技能和能力：量的比较、基数概念、序数、集合比较、加减运算，也涉及数学学习的过程性能力，包括数的表达交流、数的表征。相对而言，数的学习是幼儿数学认知能力发展中的一个难点，因为数与数之间的关系看不见、摸不着，它既涉及对数的抽象逻辑关系的理解，也涉及学习和运用人类发明的抽象的阿拉伯数字符号系统。

(1)量的比较

幼儿在日常生活中有大量的机会通过感知来了解和比较物体的各种特征，如通过积木来学习长度、重量和面积的知识，通过玩沙玩水来学习容量的知识，等等。目标2中第一个小目标所涉及的大多是连续量，如对物体大小、高矮、长短、粗细、轻重等属性的比较，只涉及一个非连续量，即多少。这个目标对小班幼儿的要求是能感知和区分物体的大小、多少和高矮等量方面的特征，并能用相应的语言描述这些特征，即要求幼儿在两两比较的情况下用语言来描述物体的量的特征。对中班幼儿的要求是感知和区分粗细、厚薄、轻重等，同样是要求幼儿能理解这些概念和会用相应的词语描述物体的特征。对大班幼儿的要求是能初步理解量的相对性。5～6岁的幼儿已经开始理解物体的大小、长短、高矮的相对性，如在三个物体相比较的情况下，幼儿能说出物体B小于物体 A 但人于物体 C。

（2）基数概念

掌握了基数概念说明幼儿在数物体时已经理解最后说出的数是这一组物体的总数。数数是幼儿早期数概念发展的重要基础，幼儿通过具体情境和与实物有关的数数来学习基数概念。《指南》仅对小班幼儿提出掌握基数概念的要求，具体涉及手口一致点数、说出总数等。按数取物是掌握基数概念的标志。例如，要求幼儿从放有 20 颗纽扣的盒子中拿出 5 颗纽扣，幼儿若能准确地拿出 5 颗纽扣则表明其已经真正理解了 5 的基数含义。说出总数是按数取物的前提，但能说出总数并不一定说明幼儿真正理解了基数含义，因为幼儿有可能是在一种模仿的水平上完成数数过程的，并不明白最后所说出的数代表整个集合的数量。根据已有的研究，要求小班末期的幼儿掌握 5 的基数概念应该是最低要求。

（3）序数

幼儿序数概念的发展晚于基数概念。《指南》对中班幼儿提出了"会用数词描述事物的顺序和位置"的要求。在这个年龄阶段，一般要求幼儿掌握 10 以内的序数。

（4）集合比较

运用数数来比较两个集合的大小是一个很复杂的认知活动。它涉及多方面的技能及这些技能之间的协调。从 2 岁半开始，幼儿已逐步开始辨认 4 与 5 的多少。到 3 岁半以后，几乎所有的幼儿都能比较 4 与 5 的大小。幼儿先学会比较两个等量的集合，然后才会比较两个不等量的集合。《指南》对小班和中班幼儿都提出了集合比较的要求。对小班幼儿的要求是"能通过一一对应的方法比较两组物体的多少"。幼儿一一对应的能力在 4 岁已开始发展，但发展得并不理想。研究发现，幼儿这一能力的表现是有条件的，即只有在把物体排放成一一对应的状态时，幼儿才会使用这种方法来比较，反之他们不会自发地采用这种方法。如果幼儿还不会运用数数来比较的话，他们往往会采用估猜的方法。事实上，5 以内的数量一般采用目测的方法就能比较多少，不需要用到一一对应的方法，所以一一对应的方法应该应用于比较 5 个以上的物体，即超出目测的范围才有实际意义。《指南》对中班幼儿提出"能通过数数比较两组物体的多少"的要求，应该是可行的。

（5）加减运算

幼儿的实物加减运算能力在 2 岁左右开始表现出来。在掌握基数概念以前，幼儿就已经知道添加或拿走物体的行为能使一个集合的数量增加或减少。这种有关物体的增加与减少的感性经验是学习加减运算的重要基础。运用实物的加减运算，不但能帮助幼儿真正理解加减运算的意义，而且为以后的心算与书面运算提供了重要的基础。

《指南》对中班和大班幼儿均提出了有关加减运算的目标，但侧重于幼儿对加减运算的实际意义的理解。如中班的目标是"能通过实际操作理解数与数之间的关系，如5比4多1，2和3合在一起是5"。这是希望幼儿在自己的操作活动中真正理解5以内数与数之间的关系。大班的目标具体分为两个。一个是"借助实际情境和操作(如合并或拿取)理解'加'和'减'的实际意义"。对大班幼儿来说，通过加减运算的学习最重要的是理解它们的实际意义，而不是提高运算技能。理解加减的实际意义意味着幼儿能在实物操作的水平上理解10以内符号的意义及其数量关系，而不是仅仅会机械地计算几加几等于几。另一个是"能通过实物操作或其他方法进行10以内的加减运算"。这个目标对幼儿加减运算的技能提出了一定的要求，但幼儿可以使用一定的策略来完成加减运算，包括借助实物、借助手指、口头数数或心算。

(6)表达和交流

目标2中蕴含了数学的"表达和交流"的过程性能力目标。所谓表达和交流即采用口头或书面形式，如采用图画、符号等方式来说明或解释问题解决和数学推理的过程。幼儿通过口头和书面的交流来更好地理解和巩固对数的理解。通过这种交流，他们能学会运用更准确的数学语言、数的符号系统来表达他们的理解。交流能使数学的思维具体化，并促使幼儿对这一思维过程进行反思。幼儿的口头数数交流最初出现在他们的日常生活中，如对食品和玩具的需求上。在真实的生活情境和操作活动过程中，在与周围人的接触过程中，幼儿学到了许多有关数量的词和意义。他们也学会了在具体的情境中运用这些概念，但往往在用语言来表达这种理解时出现困难。

《指南》对小班幼儿提出"能用数词描述事物或动作"的要求，对中班幼儿提出"会用数词描述事物的排列顺序和位置"的要求。这两个目标既期望幼儿能在日常生活中运用数，同时希望他们能学会运用数学的术语来表达自己的需求，加深对数学概念的理解。

(7)表征

目标2中还蕴含了"表征"的过程性能力目标。幼儿运用多种表现手段，如手势动作、实物、口头语言和书面语言来表征对数的理解。各种表征手段之间的联系和转换有助于幼儿对数概念的理解，也有助于幼儿从具体的数表征向抽象的数表征过渡。《指南》对大班幼儿提出了"能用简单的记录表、统计图等表示简单的数量关系"的要求。幼儿对数量之间关系的认识大多是在实物或口头数字的层面上进行的，到大班末期，幼儿对数量关系的理解逐步从具体到抽象，能够在书面符号表征的层面上反映出来，如运用简单的表格、数字符号等。这个目标既是对幼儿表征能力发展的要求，也是对幼儿最初的数据分析能力发展的要求。它期望幼儿能提出自己的问题，并收集相关数据，对数据进行整理并能运用多种手段来表征数据。例如，今天户外活动，我们班有多少人选择拍球，多少人选择跳绳，多少人选择走平衡木。

3. 目标3　感知形状与空间关系

空间感的发展不仅有助于幼儿理解自己所处的空间世界，还有利于幼儿学习数学的其他内容。如当幼儿比较形状在空间中的方向和位置时，他们也在学习与"测量"有关的概念和术语；根据形状或其他几何特征进行分类的经验也是统计和数据分析的基本技能；摆弄几何形状有助于幼儿熟悉方位以及其他空间术语，提高语言和阅读水平；在美术活动中，空间关系和几何形状更是不可缺少的元素。空间感和空间概念的建构与幼儿的许多活动有着密切的关系，如美术、科学、音乐、阅读和游戏等。

（1）形状

幼儿很早就开始接触各种几何形状，他们通过多种活动和材料，如积木、黏土、折纸、几何拼板、画画、计算机游戏等来学习和表征几何形状。《指南》对小班幼儿提出"能注意物体较明显的形状特征，并能用自己的语言描述"，这主要是对形状的整体认知和命名的要求。一般来说，小班幼儿刚入园时已能认识3～4种形状，到小班末期可能认识6～7种形状。圆形与三角形是幼儿最早掌握的几何形状，其他形状包括长方形、正方形、椭圆形、半圆形等。

《指南》对中班幼儿的要求有两个。一个是"能感知物体的形体结构特征，画出或拼搭出该物体的造型"。这主要是指幼儿对各种形状的特征有更为细致的了解，如对边和角的认识，并能用图画或积木等材料对形状进行表征。另一个是"能感知和发现常见几何图形的基本特征，并能进行分类"。对形状进行分类要求幼儿从对单个形状的认知扩大到对同一类形状的了解，如不同形式的三角形包括对称三角形、直角三角形等。形状的分类有助于幼儿在操作的过程中进一步感知和比较形状的特征，加深对形状的认识，并从中抽象出一类几何形状的共同特征。

《指南》对大班幼儿的要求是"能用常见的几何形体有创意地拼搭和

学习笔记

画出物体的造型"。在中班对形状进行单独表征和对相似形状进行比较和概括的基础上，要求大班幼儿能通过对形状的有创意的组合形成一个新的"产品"，并能用图画表征出来。这个目标综合了几何形状、形状的组合、空间表征以及创造性思维品质等多种元素，并涉及二维平面和三维形体之间的转换。

（2）空间

教师可通过特定的玩具材料、手工制作、计算机游戏、示范、讲故事和其他方法来丰富幼儿的空间相对位置和关系的知识。

《指南》对小班幼儿的方位概念的认知提出的要求是"能感知物体基本的空间位置与方位，理解上下、前后、里外等方位词"。研究表明，小班末期的幼儿大多数已经理解了上下、里外和前后的方位词，其中对"上下"和"里外"的理解好于对"前后"的理解。对中班幼儿的要求是"能使用上下、前后、里外、中间、旁边等方位词描述物体的位置和运动方向"，增加了"中间"和"旁边"的方位概念，且要求幼儿能用这些方位词来描述物体运动的方向。这意味着幼儿不仅要在静止的状态下认识方位，还要能在物体动态的情况下来关注物体的方位和空间关系。对大班幼儿的要求有两个：一个是"能按语言指示或根据简单示意图正确取放物品"；另一个是"能辨别自己的左右"。前者涉及物体的空间方位表征以及实际物体的空间方位与符号表征的物体方位之间的对应，这里所指的简单示意图可以是物体的方位图或简单的地图；后者要求幼儿能够以自己为中心区别左右。

最后需要说明的是，现有的幼儿数学教育内容中的分类、排序和模式没有作为《指南》的核心内容。近年来，分类、排序和模式一直是我国幼儿数学教育的组成部分，目前也是欧美国家学前数学教育的主要内容之一。《指南》尽管在数学认知领域没有提出明确的分类、排序和模式的教育目标，但科学领域还是涉及了有关分类、排序和模式的初步技能，如要求幼儿"能对事物或现象进行观察比较，发现其相同与不同"，"发现和体会按一定顺序排列的队形整齐有序"。我们认为，在教育实践中，把分类、排序和模式认知活动作为数学教育的内容仍然是可取的。[①]

二、幼儿数学教育的内容 >>>>>>>>>>>>>>>>>>>>>>>>>>>

幼儿数学教育的内容很多，主要包括数量关系、空间关系和时间关

---

① 周欣：《〈指南〉"数学认知"目标解读》，载《幼儿教育》，2013(16)。

系三大方面(见表5-1)。

表 5-1　幼儿数学教育的内容

幼儿数学教育的内容	数量关系	数关系	感知集合
			10 以内数的概念
			10 以内数的加减运算
		量关系	量的认识
			自然测量
	空间关系	空间方位和运动方向	上下、前后、左右等；向上、向下、向前、向后、向左、向右
		空间形式	平面图形
			立体图形
	时间关系	时间名称及顺序	早晨、白天、晚上、黑夜、昨天、今天、明天、星期、年、月的名称及顺序
		认识时钟	时针和分针的名称、用途和规律运转，认识整点和半点

幼儿数学教育的具体内容如下。

（一）数量关系

1. 数关系

(1)感知集合

第一，感知集合及其元素，进行物体的分类；

第二，认识"1"和"许多"及其关系；

第三，以对应的方法比较两个物体数量的相等和不等；

第四，初步感知集合间的交集、差集关系和包含关系。

(2)10 以内数的概念

第一，10 以内的基数(包括认数，掌握数的实际意义、相邻数和 10 以内自然数列的等差关系等)；

第二，10 以内的序数；

第三，10 以内数的组成；

第四，认读和书写 10 以内的阿拉伯数字。

(3)10 以内数的加减运算

第一，加减法的含义和运算；

第二，加减法应用题。

2. 量关系

第一，比较大小、长短、粗细、高矮、厚薄、宽窄、轻重、容积等量的特征；

第二，量的正逆排序；

第三，量的守恒；

第四，量的相对性和传递性；

第五，自然测量。

（二）空间关系

1. 空间方位和运动方向

第一，初步认识上下、前后、左右、里外、远近等空间方位；

第二，认识向上、向下、向前、向后、向左、向右等空间运动方向。

2. 空间形式

第一，认识圆形、正方形、长方形、三角形、半圆形、椭圆形、梯形、菱形等平面图形；

第二，认识球体、圆柱体、正方体、长方体等立体图形；

第三，认识图形之间的简单关系。

（三）时间关系

1. 时间名称及顺序

区分早晨、白天、晚上、黑夜、昨天、今天、明天、星期、年、月的名称及顺序。

2. 认识时钟

认识时针和分针的名称、用途和运转规律，认识整点和半点。

拓展阅读

幼儿园各年龄班数学教育的内容

1. 小班。

(1)学习按物体的一个特征进行分类。

(2)学习按物体量(大小、长短)的差异进行4以内物体的排序，学习按物体的某一特征进行排序。

(3)认识"1"和"许多"及其关系。

(4)学习用一一对应的方法比较两组物体的数量，感知多、少和一样多。

(5)学习手口一致地从左到右点数5以内的实物，能说出总数，能按实物范例和指定的数目取出相应数量的物体，学习一些常用的量词。

(6)认识圆形、正方形、三角形。

(7)初步理解早上、晚上、白天、黑夜的含义，学习正确运用这些时间词语。

(8)学习区分和说出以自身为中心的上下方位；学习判断两个物体之间明显的上下关系，说出谁在谁上面，谁在谁下面。

(9)在教师引导下，能注意周围环境中物体的形状和数量。

2. 中班。

(1)认识 10 以内的数字，理解数字的含义，会用数字表示物体的数量。

(2)学习目测数群，学习不受物体空间排列形式和物体大小等外部因素的干扰，正确判断 10 以内的数量；感知和体验 10 以内自然数列中相邻两数的数差关系；学习 10 以内序数。

(3)认识长方形、梯形、椭圆形。

(4)学习用各种几何体(积木或积塑)进行拼搭和建造活动。

(5)学习概括物体(或图形)的两个特征；学习按物体的某一特征和数量进行分类。

(6)学习按量(粗细、高矮等)的差异进行 7 以内的正逆排序；学习按一定的规律排列顺序。

(7)观察、比较、判断 10 以内的数量关系，逐步建立等量观念；运用已有的知识经验，解决新问题，学习新的知识，促进初步的推理和迁移能力的发展。

(8)初步理解昨天、今天、明天的含义，知道它们之间的关系，学习正确运用这些时间词语。

(9)学习区分和说出以自身为中心的前后方位；学习区分和说出物体之间的上下、前后位置关系；学习按指定方向运动。

(10)能注意和发现周围环境中物体量的差异，物体的形状，以及它们在空间的位置等。

3. 大班。

(1)学习 10 以内单、双数和相邻数，学习顺着数和倒着数。

(2)学习 10 以内数的分解和组成，体验总数与部分数之间的包含关系，部分数与部分数之间的互补关系和互换关系。

(3)学习 10 以内数的加减，认识加号、减号，初步理解加法、减法的含义。学习用加减法解答生活中一些简单的问题。

(4)能理解符号"＋""－""＝"所表示的意思。

(5)学习按物体两个以上特征或特性进行分类；学习按某一特征的肯定与否定进行分类；学习层级分类和多角度分类。

(6)学习按物体量的差异和数量的不同进行 10 以内正逆排序，初步体验序列之间的传递性、双重性和可逆关系。

(7)认识几种常见的立方体图形(正方体、长方体、球体、圆柱体)；能根据形体特征进行分类。

(8)学习等分实物或图形；学习自然测量。

(9)学习以自身为中心和以客体为中心区分左右；会向左、向右方向运动。在日常生活中，能注意自己(或物体)在空间的位置和运动方向。

(10)认识时钟，学会看整点、半点，学习看日历，知道一星期中每天的名称和顺序。学习一些表示时间的词汇，在日常生活中，感受和注意时间的长短和更替，知道要爱惜时间。

(11)认识角、元、5 元、10 元以内的人民币，能说出它们的单位名称，知道它们的面值是不相同的。

(选自张慧和、张俊：《幼儿园数学教育》，北京，人民教育出版社，2004。)

三、幼儿数学教育的方法 >>>>>>>>>>>>>>>>>>>>>>>

幼儿数学教育的方法具有很强的灵活性和创造性。它受具体内容、教育对象的年龄和水平的制约。同样一种方法，对不同的教学内容和不同的年龄班，在运用上也应有所区别。幼儿数学教育的方法主要有讲解演示法、操作法、游戏法、比较法、探索发现法等。

(一)讲解演示法

讲解演示法就是教师通过向幼儿展示直观教具并配合口头讲解，把抽象的数、量、形等知识技能或规则，具体地呈现出来的一种教学方法。

运用讲解演示法必须突出重点，讲解时语言要简练、生动、准确、通俗易懂。演示的直观教具应是幼儿所熟悉的物体，以免新奇的教具分散幼儿的注意力。

(二)操作法

操作法是幼儿通过亲手运用直观教具和活动物品材料，在摆弄物体的过程中进行探索，从而获得数学经验、知识和技能的一种学习方法。例如，运用各种材料进行计数；亲手拨动玩具钟盘上的长、短针，以获得关于正点、半点的概念等。操作法的重要性在于它是幼儿在头脑中构建初步数学概念的起步，是幼儿获得抽象数学概念的必经之路。它是幼儿学习数学的一种十分重要的方法，教师应将操作法运用到幼儿数学教育的一切活动中去。

操作法没有什么固定的形式和类别，它与其他各种方法结合在一起，贯穿在比较、游戏等方法之中。运用操作法时，一方面要明确操作目的，为幼儿操作活动创设必要的物质条件，给幼儿充分的操作时间；另一方面要仔细观察幼儿的操作情况，及时发现问题，引导幼儿积极思考、探索，并组织幼儿一起讨论他们的操作结果，帮助幼儿整理、归纳在操作中获得的感性经验。

（三）游戏法

游戏法是幼儿在数学教育中学习初步数学知识的一种十分重要的方法。它有规定的规则和动作，教师可以将要求幼儿掌握的初步数学知识和技能渗透到规则和动作中去。幼儿在掌握操作游戏规则和动作的过程中，必然引起不同程度的观察比较、分析综合、抽象概括以至判断推理，形成概念的积极思维过程，从而使游戏成为幼儿获得数学知识和发展思维的有效方法。

幼儿数学教育中的教学游戏主要有情节性的数学教学游戏、操作性的数学教学游戏、运用各种感官的数学教学游戏、口头数学教学游戏、竞赛性数学教学游戏、数学智力游戏等。教师设计游戏时，要突出数、形、量等和发展幼儿思维能力有关的内容；游戏规则不要过于复杂，情节应是幼儿能理解的；游戏种类以及游戏所占的比重应视年龄班和幼儿的实际水平而定。

（四）比较法

比较法是通过对两个(组)或两个(组)以上物体的比较，让幼儿找出它们在数、量、形状等方面的相同和不同的一种教学方法。比较是人们认识世界的手段，是思维的一个过程，是在物体之间的某些属性上建立关系的过程。例如，比较两根小棍的长短，幼儿对它们进行比较，他们的思维需要进行较复杂的分析和综合活动，由此可以促进幼儿思维的发展。运用比较法进行教学时，教师先要组织幼儿进行观察，让幼儿观察到物体的数量或形状特征，在充分观察的基础上，再进行数或形方面的比较；比较法不限于让幼儿用视觉进行观察比较，还要尽量让幼儿亲自动手进行比较。在比较的过程中，教师要以启发性的问题指导幼儿进行比较，引导幼儿积极思考；比较形式的选择应根据教学内容、不同年龄班幼儿的具体水平来确定。

（五）探索发现法

探索发现法是教师在教学过程中，依靠幼儿已有的数学知识和经验启发他们去探索并获得新的知识。它是幼儿在教师的指导下学习数学的一个重要方法，也是在数学活动中启迪幼儿积极思维不可缺少的方法。

探索发现法最大的特点就是激发幼儿的兴趣，最大限度地调动幼儿学习的主动性、积极性，引导幼儿通过积极的思维，独立地去探索并获取新的知识。这一方法主要通过教师具有启发性的提问进行，通过提问来引起幼儿思维的积极探索活动。提问的方式可以是开放性的，也可以是封闭式的。

探索发现法适用于各个年龄班，应贯穿教学的全过程。使用这种方法的关键在于教师要善于提问，所提问题能起到引导幼儿思路、引导幼儿明确探索方向的作用。教师提出问题后，要鼓励每个幼儿独立地思考。在此前提下，也要创造条件开展幼儿之间的共同探索活动，因为有时幼儿之间对数的讨论或争论更能起到启迪作用。另外，运用探索发现法既要面向全体，也要照顾个别。幼儿对问题的探索能力是不同的，教师应鼓励并帮助有困难的幼儿，赞扬那些虽然未得到正确答案但仍能积极进行探索的幼儿。

学习主题 3
幼儿数学教育活动的设计与指导

情境案例

一个数学家的女儿由幼儿园放学回到了家中，父亲问她今天学到了什么。女儿高兴地回答道："我们今天学了'集合'。"数学家想道："对于这样一个高度抽象的概念来说，女儿的年龄实在太小了。"因此，他关切地问道："你懂吗？"女儿肯定地回答："懂！一点也不难。"这样抽象的概念难道会这样容易吗？听了女儿的回答，作为数学家的父亲还是放心不下。因此，他又追问道："你们的老师是怎样教的？"女儿说："老师先让班上所有的男孩子站起来，然后告诉大家这就是男孩子的集合；其次，她又让所有的女孩子站起来，并说这就是女孩子的集合。最后，老师问大家：'是否都懂了？'她得到了肯定的答复。"这样的教学法似乎也没有什么问题，因此，父亲就以如下问题作为最后的检验："那么，我们能否以世界上所有的匙子或土豆组成一个集合呢?"迟疑了一会儿，女儿最终回答道："不行! 除非它们都能站起来。"

【点评】

此案例中的女孩虽然在教师的指导下了解了集合的外在形式，但是却没有掌握数学的本质。

应如何科学合理地设计与组织幼儿的数学教育活动，使幼儿真正理解与掌握抽象的数学知识呢? 通过本主题的学习，我们将掌握有关幼儿数学教育活动设计的知识与技能。

一、集合概念的教学 >>>>>>>>>>>>>>>>>>>>>>>>>>>>>

集合是现代数学的一个最基本的概念。它是由具有某种相同属性的对象所组成的整体。在日常生活中，幼儿接触的集合问题比比皆是。例如，小一班的小朋友、毛毛的电动玩具、阳阳的娃娃等都可以看成一个集合。

集合中的"相同属性"可以是物体的某一特征，如颜色、大小、形状、粗细、用途；也可以是物体的名称，如铅笔、餐具、草莓等，它既是一个集合的标志，又是组成一个集合的依据。

下面分别从分类、区别"1"和"许多"以及排序教学等方面具体说明幼儿感知集合教育的意义、各年龄班的教学目标以及教学建议。

（一）幼儿的分类教学

1. 幼儿分类教学的意义

当幼儿把相同的或具有某一共同特征的东西归并在一起进行分类时，也就形成了关于某种物体的集合的概念，这一过程促进了幼儿对集合中元素的感知。幼儿在进行分类时，要经过辨认(区分)和归并(归类)这两个步骤。分类要按照一定要求，对物体逐一进行辨认，这一辨认的过程就是对物体分析的过程。在分析辨认的基础上，再将同属一类的物体或同属一种特征的物体归并在一起，这一过程锻炼了幼儿的综合能力。例如，要回答活动室里有几个玩具娃娃的问题，幼儿就要将娃娃从玩具中分出来，在这基础上，再数一数一共有几个娃娃。因此，幼儿要对一组物体先进行分类，再计算它的数量，这就为幼儿计数和认数提前做了准备，有利于幼儿建立基本的数概念。

2. 教学目标

(1)小班

第一，学习从一堆物体中根据范例和口头指示，把名称相同的物体拿出来(特征明显)。

第二，学习按照物体的某一外部特征(如颜色、形状)和量(如大小、长短、高矮)的差异进行分类，每次分成一类或两类，每类物体不宜超过四个。

第三，要求幼儿理解并掌握有关词语，如"一样""不一样""放在一起""都是"等。

(2)中班

第一，让幼儿按照物体的某一外部特征(如颜色、形状)和量(如大小、长短、高矮)的差异进行分类，每次分成两类或三类，每类物体不宜超过五个。

第二，让幼儿按照物体的数量分类。

第三，要求幼儿理解并掌握有关词语，如"合起来""分开""分成"等。

(3)大班

第一，学习按物体的两个特征分类(如大小和颜色、形状和颜色、大小和形状、大小和高矮等)。

第二，让幼儿自己确定分类标准，自由分类，并用语言表达"为什么要把它们分在一起"。

第三，引导幼儿初步理解类(集)与子类(子集)的关系，如盒子里面有大盒子和小盒子，大盒子和小盒子合起来都叫盒子。

3. 教学建议

首先，应让幼儿感知和辨认分类对象的名称、特征和差异，如小班幼儿应能对要区分的一堆物体分别说出它们的名称、颜色或形状等。

其次，引导幼儿按范例或口头指示进行分类，对不同年龄班幼儿提出不同的分类干扰条件，逐步提高分类难度。在和幼儿共同观察物体的基础上，教师先拿出一个物品作为范例，说出物体的名称或特征，让幼儿学习从一堆物品中把和教师拿的一样的物品都拿出来(或放在一个小盒子里)；继而教师再出示两个不同的物品作为范例，请幼儿将一堆物品分别归类。对小班幼儿的分类条件要单一，如按形状分类时，应选用同颜色、同大小、不同形状的物品；对中班幼儿要求按长短分类时，可提供不同颜色、不同长短的小棍，让幼儿能排除小棍颜色的干扰，按长短正确分类;对人班幼儿要求按宽窄分类时,可提供不同颜色、不同长度、不同宽窄的纸板,要求幼儿排除颜色、长度的干扰,按宽窄正确分类。

最后,讨论分类的结果,巩固类概念和理解类的包含关系,注重与其他教学内容的结合。幼儿完成分类后讨论分类的结果是分类教学重要的一步,是巩固和加深对类概念理解的重要方法。例如,当小班幼儿把同样的物品取出以后,教师分别请几个幼儿将他们拿出的物品给大家看,共同讨论他做得对不对,为什么对;中、大班的幼儿分类后应一起讨论他们是怎样做的以及为什么这样做,在幼儿陈述理由的过程中,教师引导他们理解类和子类的关系,从而渗透集合的思想。

拓展阅读

幼儿常用分类的方式

按对象分类:名称、外部特征、量的差异、用途、物体间的联系、材料的性质、材料的数量等。

按包含关系分类:①具体概念的分类,即对同类同名称物体分类,如从不同的水果卡片中将香蕉、苹果、葡萄、梨等分别归类;②一级类概念分类,如从一堆画有各种水果、车辆、餐具等的卡片中把画有车的卡片挑出来,或分别归类;③二级类概念分类,如按交通工具、玩具、植物等概念分类。

对以上分类的种类,应按各年龄班幼儿的知识范围及类概念发展水平,进行选择。

(选自林嘉绥、李丹玲:《学前儿童数学教育》,北京,北京师范大学出版社,2014。)

典型案例

大班数学教育活动:多角度分类

设计意图

分类是把具有相同特征的物体进行分组。幼儿可以学习按物体的某一个(或两个)外部特征(颜色、形状、大小)进行分类,按物体的特征进行多角度分类及按物体内在的包含关系进行层次分类。分类可以帮我们解决很多生活上的问题,该活动可以提高幼儿解决生活问题的能力。

活动目标

1. 能从多个角度按物体特征进行分类。

2. 积极探索,增强对数学的好奇心和求知欲。

3. 提高观察、分析、合作的能力。

重点难点

1. 引导幼儿观察，找出物体的某种特征，并进行多角度分类。

2. 让幼儿明白自己在选择了一项分类特征时，要始终按同一标准进行。

活动准备

1. 教具准备：分类娃娃。

2. 学具准备：分类娃娃人手 1 份；分类卡槽人手 1 份；纸帽、塑料玩具、纽扣、厨房玩具若干，分别摆放在活动室的相应区域内。

活动过程

1. 游戏导入。

师幼问好，师："今天老师要跟大家玩一个快快做的游戏，请大家听指令，看谁做得快！"教师发出指令，如早上是爸爸送来的小朋友蹲下，不是爸爸送来的小朋友举起双手；穿凉鞋的小朋友蹲下，没穿凉鞋的小朋友举起双手。幼儿听指令快速做出相应动作。

小结：刚才老师和小朋友玩了"快快做"的游戏，所有的小朋友都按照老师的要求做了不同的动作分成了两组，第一次按照早上是否爸爸送来分了组，第二次按照是否穿凉鞋分了组。

2. 集体活动。

(1)创设情境：10 个娃娃来做客。

师："今天，还有一些娃娃也要跟我们做游戏，数数看有几个？(10 个)他们各有特点，现在老师要求他们排成两队，把有相同特点的分在一起，谁能来帮助他们呢？"教师邀请举手的小朋友上来操作，并说说理由。

小结：原来像××小朋友这样把有相同特征的娃娃分在一起的方法就是分类。

(2)请幼儿操作学具，说说自己的分类方法，是按照它们的什么特征分的，如衣服样式、性别、动作等，鼓励幼儿从多角度进行分类，发展幼儿的发散性思维。

师："请认真观察，这 10 个娃娃还有没有其他相同的特点呢？你们有没有跟他不一样的分法呢？现在老师为大家都准备了 10 个娃娃，请你们也来分一分。""谁上来说说自己的分法呢？"

小结：哇！原来我们可以找到娃娃这么多相同的特征，大家的观察力很不错哦！像你们这样，通过观察从多个角度找出物品的特征进行分类就是多角度分类。其实多角度分类在生活中应用得很多。

3. 分组活动。

师："咦！老师发现区域里小朋友玩过的玩具、纽扣和纸帽都乱了，你们可以用多角度分类把它们整理好吗？现在老师请大家分成 4 组，找你的好朋友一起合作，帮它们进行多角度分类，请你们商量要选择分的物品。"

第一组：分纸帽，将纸帽按颜色、大小、形状进行分类。

第二组：分塑料玩具，将玩具按颜色、形状进行分类。

第三组：分纽扣，将纽扣按大小、形状、颜色、孔的数量进行分类。

第四组：分厨房玩具，将厨房玩具按颜色、用途进行分类。

教师邀请每组中的一个幼儿说说他的分类方法。

4. 交流小结，收拾学具。

师："在我们的生活中经常会用到分类，今天我们学习的多角度分类还能帮我们解决很多生活中的问题，例如，我们整理图书、房间、衣服等时都能运用到，分类使我们的生活更加有条理，环境更整洁！我们今天的活动要结束了，请小朋友帮助老师把学具收拾好。"

【评析】

在本次活动中，教师围绕教学内容和目标，采用多样化的教学活动启发、引导幼儿从多角度进行分类，发展幼儿的发散性思维。通过快快做和娃娃做客的游戏激发幼儿学习分类的兴趣。分纸帽、分纽扣等分组操作和经验分享进一步巩固了幼儿多角度分类的意识和技能，从而使教学目标得以实现。

（选自：当代学前教育网。作者张定娟，广东省江门市。该案例获第十三届"当代杯"全国幼儿教师职业技能大赛一等奖。收入本书时有改动。）

（二）区分"1"和"许多"

"1"是自然数的基本单位，也是表示集合中元素数量的基本单位。"许多"是一个涵盖多数的词语，它代表含有两个以上元素的集合。不论"许多"代表的数量是多少，它总是由一个一个的物体(元素)构成的。

1. 区分"1"和"许多"的意义

幼儿很小的时候就已经对物体的数量有所反应，他们往往用"还要""要多多的"来表示对量的要求，但他们并未意识到构成"许多"的元素。因此，教幼儿区别"1"和"许多"，主要是引导他们感知集合及其元素，促进幼儿感知元素的分化过程。这也为幼儿正确学习逐一计数和认识10以内数奠定了基础。

2. 教学目标[①]

第一，教会幼儿运用多种感官感知"1"和"许多"。能区别出1个物

扫码观看视频
《小班数学活动：
按物件颜色分类》

[①]　夏力：《学前儿童科学教育活动指导(第2版)》，96页，上海，复旦大学出版社，2009.

体和许多个物体。

第二，使幼儿理解"1"（元素）和"许多"（集合）之间的关系。即任何"许多"都是由"1"组成的。

第三，让幼儿学会在日常生活中运用"1"和"许多"以及常用的数量词，培养其初步的归类能力。

3. 教学建议

第一，在区别"1"和"许多"的教学中，首先要教幼儿学会区别"1个物体"和"许多个物体"，其次帮助幼儿了解"1"和"许多"之间的关系。教学过程借助直观教具进行效果更好。

第二，利用身边的自然资源让幼儿理解"1"和"许多"的关系。例如，秋天到了，橘园的果树上挂满了果子，教师带着幼儿去摘橘子，你一个、我一个，回到教室吃橘子，剥开一个橘子，露出橘肉，数一数有多少瓣，1，2，3，4，5，6，…数数、1和许多、整体和部分这些数的知识自然就融入幼儿的生活中去了。

第三，教幼儿运用多种感官感知"1"和"许多"。通过"看一看""听一听""摸一摸"和"跳一跳"等形式，让幼儿运用视觉、听觉、触觉和运动觉等进一步感知"1"和"许多"。例如，教师拍手、击鼓（铃），让幼儿听出老师拍击的是一下还是许多下，也可以互换角色，从而运用幼儿的听觉和运动觉让幼儿感知"1"和"许多"。

第四，在日常生活中学习，巩固练习，在周围环境中寻找"1个物体"和"许多个物体"。

在准备好的环境中寻找。例如，在桌子上放1支铅笔和许多水彩笔；在玩具架上放1个娃娃和许多小动物的玩具；在纸上画1座房子，房子前有许多小朋友在玩耍。当物体数量对比鲜明时，幼儿比较容易寻找。

在周围环境中寻找。例如，可从活动室里找到1架钢琴和许多玩具，1位老师和许多位小朋友，1个饮水机和许多水杯等。这种形式的寻找相对来说困难一些，幼儿寻找的空间范围较广，没有明确的目标，往往需要教师做些启发和引导。

教幼儿运用记忆寻找。让幼儿凭记忆说出幼儿园、家里及周围其他场所中什么东西有1个，什么东西有许多个。例如，幼儿园有1棵大树，树上有许多树叶；家里1张桌子和许多把椅子；公交车上有1位司机和许多位乘客等。这种形式需要记忆与表象的参与，一般在大班开展。

典型案例

小班数学活动：认识"1"和"许多"

设计意图

在生活中，幼儿常常接触到"1"和"许多"，但对这个概念理解得很模糊，不能准确理解"1"和"许多"之间的关系，为了帮助幼儿理解和掌握"1"和"许多"的关系，特此设计了这次教学活动。

活动目标

1. 区分"1"和"许多"个物体。

2. 理解"1"和"许多"的关系。

活动重点

会区分"1"和"许多"个物体。

活动难点

知道"许多"是由"1"组成的。

活动准备

1. 花园背景图、大海背景图各1张，鲨鱼图片1张、小鱼图片若干；蝴蝶图片1张、花朵图片若干。

2. 实物：碗1个，勺子许多；花瓶1个，花许多；橡皮擦1块，铅笔许多。

3. 与幼儿人数相同的"萝卜"；兔妈妈头饰1个、小兔子头饰许多。

4. 动画视频。

活动过程

(一)以儿歌引入。

1条小鱼水里游，摇摇尾巴点点头；许多小鱼水里游，快快乐乐做朋友。

(二)区分"1"和"许多"个物体。

1. 初步感知"1"和"许多"。

师："今天天气真好！宝贝们，我们一起坐小火车去旅行。好，呜……小火车开了，停！看，我们来到了美丽的花园。花园里有许多漂亮的花，还有蝴蝶，数数有几只蝴蝶?"(幼儿回答："1只蝴蝶。")

小结：我们在花园里看见了1只蝴蝶，还有许多花朵。

师："小火车继续出发，呜……翻山越岭，呜……停！看，我们来到了大海边，看海里有什么?"(幼儿回答："1条鲨鱼，许多小鱼。")

小结：花园里有1只蝴蝶，大海里有1条鲨鱼；花园里有许多花朵，大海里有许多小鱼。

2. 巩固"1"和"许多"。(观看动画视频)

3. 区分"1"和"许多"。

师："看完动画片，宝贝们知道了有些物品数量是'1'个，有些物品数量有'许多'个，接下来老师要考考你们。"

提问：老师手里有几个碗？(1个碗)有几个勺子？(许多)。桌上有几个花瓶？(1个花瓶)有几朵花？(许多花)。有几块橡皮擦？(1块)有几支铅笔？(许多支铅笔)。

4. 找出"1"和"许多"。

①找出教室里数量是1和许多的物品。

②找出自己身上或衣服上数量是1和许多的东西。

(三)理解"1"和"许多"的关系。

游戏："小兔子拔萝卜"教师扮兔妈妈，小朋友扮兔宝宝。兔妈妈带兔宝宝们去菜园拔萝卜。

①教师给幼儿发头饰，强调"许多"可以分成"1个、1个又1个"。

师："瞧！我这里有'许多'小兔子头饰，分你1个，分你1个。"(许多分成了1个、1个又1个)

②拔萝卜游戏，强调每个兔宝宝拔1个萝卜。

师："宝宝们，准备好了吗？记住，每个兔宝宝拔1个萝卜。小白兔，跳跳跳，跳到菜园拔萝卜。哇！菜园里有许多萝卜，每个宝宝快快拔1个。兔妈妈也拔1个萝卜。"

③教师请幼儿把萝卜放进篮子里，放时请说："我拔了1个萝卜，我拔了1个萝卜……"

师："1个、1个、1个的萝卜合起来变成了许多个萝卜。"

④分享萝卜。

师："吃萝卜喽。分你1个，你1个……许多萝卜又分成了1个、1个的萝卜。"

活动反思

幼儿接触数是从"1"和"许多"开始的。认识"1"和"许多"是幼儿认识数的开始，适合3岁左右的幼儿。根据他们年龄小、好玩、好游戏、有意注意时间短的特点，教师选择了情境游戏"小兔子拔萝卜"帮助幼儿理解"1"和"许多"之间的关系，活动涉及的内容都是幼儿熟悉的，活动过程比较形象直观，满足幼儿思维具体形象的特性，让幼儿在游戏中建立粗浅的数概念。在活动中，教师始终围绕目标开展活动，帮助幼儿理解"1"和"许多"之间的关系。

【评析】

教师根据幼儿易受感染和形象直观的认知特点，用游戏的方式引出"1"和"许多"的概念，幼儿在潜移默化中获得数学知识。本次活动的游戏方式多样，也便于教师灵活操作。课堂内容结合日常生活中的分类方式，调动了幼儿的积极性，使幼儿主动参与活动，并在游戏的快乐中学会数学知识。

（选自：当代学前教育网。作者廖星建，重庆邮电大学幼儿园。该教案获第十三届"当代杯"全国幼儿教师职业技能大赛二等奖。收入本书时有改动。）

（三）幼儿的排序教学

排序是将两个以上物体根据某种特征上的差异，按一定的规则排列成序。排序是建立在对事物比较的基础上，它需要有一定的判断推理能力。

1. 幼儿学习排序的意义

(1)排序有助于幼儿形成数的序列的概念

幼儿在排序活动中获得了根据物体的某种差异，按一定规则排列顺序的经验，在排序活动中获得了每一个物体按一定规则在空间所占位置关系的经验，这些都将有助于他们理解数的顺序，理解序数意义，形成数的序列的概念。

(2)排序有助于幼儿对数学知识的认识

在排序中，如果按物体的大小顺序排列，幼儿必须知道物体的大小差异，可以加深幼儿对物体大小的认识；如果按物体数量多少排序，可以加深幼儿对基数的认识；如果按物体形状规则排序，可以加深幼儿对几何形体的认识。

(3)排序有助于幼儿思维能力的发展

幼儿在排序时，往往是先对几个物体认真观察，发现物体在某一特征上的差异及一定规律之后再进行排序。它有助于培养幼儿的观察能力。幼儿在按物体次序规则排列时，把物体从小到大、从少到多或从大到小、从多到少反复排列，这种顺向、逆向序列的练习有助于幼儿逆向思维能力的发展。幼儿把物体按红、黄等特定规则排序时，实际上是一种排列推理的练习，这将有助于幼儿判断推理能力的发展。

2. 教学目标

(1)小班

第一，能对大小差别较明显的3～4个物体，按从小到大或从大到小的顺序排列。

第二，能对长短差别较明显的3～4个物体，按从长到短或从短到长的顺序排列。

(2)中班

第一，能对 6 个以内的物体按大小、长短、粗细、高矮等顺序进行排列。

第二，能对 6 个以内的物体按数量逐一增加或逐一减少的顺序排列。

第三，能按数字所表示的多少顺序从 1 排到 6 或从 6 排到 1。

(3)大班

第一，能对 10 个同类物体，按其量的差异的次序排列，如从大到小，从高到矮，从粗到细等。

第二，能对 10 个以内物体按数量逐一增加或逐一减少的顺序排列。

第三，能将 10 以内的数字按从小到大或从大到小的顺序排列。

第四，初步学会按简单的特定规则进行排序。[①]

3. 教学建议

(1)按次序规则排序的教法

①3 个物体的排序。

第一，启发幼儿从 3 个物体中根据一定要求找出那个物体。例如，在红、黄、蓝 3 个不同的皮球中，根据大小要求找出最大的和最小的皮球；在 3 根不同长短的小棒中，找出最长的和最短的小棒。

第二，插入并讲解中间的一个物体。例如，上例中的 3 个皮球，找出最大和最小的皮球之后，就拿着剩下的那个皮球进行讲解："这个黄皮球比红皮球小，比蓝皮球大，所以把它放在中间。"

第三，总结这样排的优点，即皮球从大到小有次序地排列，看上去整整齐齐的。

②10 个以内物体的排序。

10 个以内物体的排序方法有以下三种。

第一种，根据要求，从一堆物体中逐一找出某一端的物体，逐一进行排序。例如，10 根小棒按长短排序，先在 10 根小棒中找出最长的，抽出来放在第一，再从剩下的 9 根小棒中找出最长的放在第二，这样逐一找，逐一排，最后就排出从长到短的顺序来。

第二种，根据要求，从一堆物体中逐一找出两端的物体，由两端向中间排好。例如，在 10 根小棒中按长短排序，先在 10 根小棒中找出最

① 夏力：《学前儿童科学教育活动指导(第 2 版)》，95 页，上海，复旦大学出版社，2009。

学习笔记

长的和最短的，放于两端，再从剩下的小棒中继续找最长的和最短的，分别放于前面小棒的内侧两端，从两端向中间直至放完为止。

第三种，根据要求，逐一相互比较后，将物品放在适当的位置。例如，10个瓶盖按从大到小的顺序排。先随机取一个放好，再取一个与这个比，比它大的放在左边，比它小的放在右边，再取一个分别与它们比，在适当的位置放入，就这样一个一个地比比、放放，进行排序。

(2)按特定规则排序的教法

①按范例和口头指示排序。

幼儿开始学习按特定规则排序时，教师应示范，做出范例，引导幼儿观察教师排的过程和结果，找出规律，然后让幼儿照教师的样子进行排序。在幼儿学会按范例排序的基础上，可逐步要求幼儿按教师的口头指示完成排序任务。

②教幼儿独立排序。

当幼儿获得按特定规则排序的初步感受后，教幼儿按特定规则独立进行排序。在排序的过程中，首先，启发幼儿找出所排物体的各种差异；其次，要求幼儿按某一差异特征进行分类；再次，根据这一特征按一定规则排列；最后，教师对幼儿的排序情况进行总结评价。

例如，给每个幼儿红、黄、蓝三种颜色的三角形、正方形、圆形积木若干块，要求幼儿按一定的规律排序。教师首先启发幼儿："这些积木哪些地方不一样？"让幼儿知道有红、黄、蓝颜色上的不同，也有三角形、正方形、圆形等形状上的不同。其次，让幼儿选择自己喜欢的某种特征进行分类，按一定的规则排序。有的幼儿根据颜色排列，有的幼儿根据形状排列……最后，教师请幼儿介绍各种不同的排列规则，使幼儿获得多种排列方法。

学习笔记

相关链接

幼儿排序教学

幼儿对排序处于探索的状态，他们在游戏的时候，常常会很有兴趣地按颜色或按形状有规律地用间隔排列的方法穿木珠、摆雪花片、拼搭积木等。教学中教师应为幼儿提供多元的排序材料，引导幼儿从多角度思考问题，探索和发现各种不同规律的排序方法，促进幼儿观察、比较、思考及创造能力的发展以及思维水平的提高和审美情趣的增强，使幼儿在学数学、用数学的过程中充分感受数学的重要和有趣，从而产生关注生活和身边事物的积极的情感态度。

典型案例

<h1 style="text-align:center">中班数学活动：找规律</h1>

设计意图

在一次区域活动中，教师发现幼儿在玩小方块插塑，看似有规律又不完全按规律排列，在教师的指导下幼儿能按简单的规律进行排列，比如红黄红黄，但是幼儿对规律的概念和规律的多样性还不是很了解，于是，教师设计了这样一个活动。本次活动，教师把幼儿数学活动与游戏闯关进行整合，把抽象、枯燥的数学内容变为有趣的游戏活动，让幼儿通过发现，感受规律的存在，激发自己创设简单规律的欲望，让幼儿感受规律在生活中的运用，其思维方面能得到质的飞跃。

活动目标

1. 认识简单的排列规律，能发现物体的排列规律。

2. 通过观察、分析，能根据物体的排列规律排序。

3. 体验找规律带来的乐趣，培养发现和欣赏规律美的意识。

活动重点

能发现物体是可以按数量、大小、长短、颜色、形状等规律来排列的。

活动难点

能根据物体的规律来排序。

活动准备

1. PPT课件、小羊手偶。

2. 蓝椅子8把、红椅子8把、气球1个、彩旗1面。

活动过程

一、情境导入，感知规律。

小羊："大家好，我是小羊肖恩，明天是我的生日，我想在家里举办一个生日宴会，然后邀请其他小动物来参加。可是，我一个人忙不过来，想请小朋友去我家帮帮我，你们愿意吗？"

二、引导探索，认识规律。

师："小羊家到了，你们觉得小羊家漂亮吗？"

师："它家有什么？它们是怎么放的？"

小结：原来小羊家之所以这么漂亮是因为家里的布置很有规律，我们把这样按照一定顺序一组一组重复的排列就叫作规律。

三、发现规律，智勇闯关。

师："小羊说在帮忙前它想先考考大家，它还特地准备了智勇大冲关呢，你们准备好接受小羊的挑战了吗？"

师："接下来我们分一分组，怎么分？请小朋友看看我们是按什么规律坐的？"

师："再看看我们坐的椅子是按什么规律排的？"

师："那我们就分红队和蓝队吧！"

师："图片上有什么？它们是怎么放的？那请你猜一猜，下面应该放什么？"

师："请你比一比，这两组的规律在数量上有什么不同？这三组又有什么不同呢？"

小结：第一关是2个2个一组的规律，第二关是3个3个一组的规律，第三关是长短的规律，第四关是有颜色、有大小、有数量的规律，第五关是有颜色、有形状、有数量的规律。

四、应用规律，尝试排列。

1. 设计手链，强调规则。

师："刚才小羊跟我说，它觉得我们班的小朋友都很能干，现在想请你们帮助它完成手链的设计，让它可以在生日宴会上送给其他小动物做纪念，你们有信心帮助小羊完成手链的设计吗？"

师："等下把撕下来的双面胶放在空的框框里，现在小椅子不动，当音乐结束时请你带着设计好的手链回到座位上。"

2. 幼儿操作，教师巡回指导。

师："小朋友们可真棒，让我们一起来欣赏一下你们的手链吧！"

师："今天，我们学习了什么是规律，其实啊，规律在我们生活中无处不在。"

五、联系生活，寻找规律。

师："接下来让我们一起欣赏生活中的规律美吧！"

师："请你找一找图片上的规律，说说它是按什么规律排列的。"

小结：有规律的东西常给人一种美的感觉，我们除了按照事物的颜色、形状、大小、数量、长短来找规律外，生活中还有很多图案、动作、声音的规律，只要我们善于观察、努力创造就会发现更多美的事物，接下来让我们一起去户外发现并创造更多美的规律吧！

活动反思

本次活动以游戏的形式，教师通过创设情境、教学用具、操作材料的多方位对话，引导幼儿学习、观察、比较，使其体验更深入、规范、条理化，让幼儿进一步感受数学的规律美。

活动开始，教师用情境导入，借助小羊过生日，在背景图中让幼儿发现有序的排列，吸引幼儿的注意。这个环节是让幼儿通过观察小羊的家，在看看、想想、说说过程中，自由探索、发现，使幼儿在轻松的氛围中认识规律。

接下来通过闯关的形式，幼儿能够回答这一组的规律是什么，下一个是什么，激发幼儿探究规律的欲望；通过提问等方式引导幼儿思考并对规律进行观察比较，发现相同与不同，尝试简单的概括，从单维的排列到多维的排列，让幼儿在游戏中发现规律的多样化，让排列有了难度。

最后，让幼儿为小羊设计手链，通过迁移经验来体验规律的特性，通过操作和应用，真正理解、内化规律这个知识点。

【评析】

让幼儿带着问题观察生活，将所学到的数学知识渗透到生活情境之中并进行运用，有利于培养幼儿对数学活动的兴趣，促进其创造能力的发展。多种教学领域的结合，体现整合性教育理念。

（选自：当代学前教育网。作者李爽，浙江省宁波市奉化区松岙镇中心幼儿园。该案例获第十二届"当代杯"全国幼儿教师职业技能大赛一等奖。收入本书时有改动。）

（四）幼儿的对应教学

一一对应是将一个集合的每一个元素与另一个集合的每一个元素分别互相对应。

1. 幼儿学习对应的意义

（1）学习对应有助于幼儿观察能力、逻辑思维能力的发展

幼儿在进行一一对应的时候，必须观察、辨别，找相似点，或者找逻辑关系，这有助于幼儿分辨物体能力的提升和逻辑思维能力的发展。

（2）学习对应有助于幼儿对数的认识

在学习对应的过程中，幼儿可以抽象出数字来，如学习通过一一对应做等量集合，数量上的对应就可以抽象出基数来，有助于幼儿对基数的认识；如果是位置上的对应就可以抽象出序数来，有助于幼儿对序数的认识，为其计数能力的发展奠定基础。

（3）学习对应为幼儿学习比较奠定基础

幼儿通过学习一一对应，就可以在一一对应的基础上去比较两组物体的多少，这样就可以为以后学习比较奠定基础。

2. 教学目标

（1）小班

根据物体的特点、关系寻找相关物体，将相关的物体相匹配，即匹配或配对。

（2）中班

能用一一对应的方式做等量集合。

（3）人班

第一，在一一对应的基础上，通过观察、比较来判定两组物体相等或不相等。

第二，初步理解并应用"一样多""不一样多""多些""少些"等词语。

3. 教学建议

第一，利用图片或实物引导幼儿说出物体对应的对象，如可以呈现动物和对应的食物，让幼儿找出相对应的对象。

第二，利用日常生活让幼儿学习一一对应，如让幼儿找自己的两只鞋子，午餐时让幼儿分发碗筷，为每一个幼儿分一双筷子、一个碗以及分发水果等。

第三，利用游戏让幼儿学习一一对应，如帮小动物找家，发给幼儿小动物的卡片，让幼儿帮助小动物找到自己的家等。

典型案例

小班数学活动：一一对应

活动目标

1. 把相关物体进行一一匹配，感知一一对应的数量关系。

2. 激发参与活动的兴趣。

活动准备

1. 猴妈妈胸饰 1 个。

2. 小狗、小猫、小鸡、小兔胸饰各 4 个。

3. 小动物的食物（骨头、小鱼、小虫、萝卜）各 4 个。

活动过程

1. 导入部分。

今天是猴妈妈的生日，猴妈妈请了好多好多小动物到家里来做客。

2. 展开部分。

（1）角色表演。来到猴妈妈家，小动物们自己找位置坐下。

师："猴妈妈欢迎小动物们来家里做客，猴妈妈给大家准备了好多好多好吃的东西，现在请小动物们找到属于你自己的小椅子坐下吧。"（小狗坐贴着小狗标签的椅子，小猫坐贴着小猫标签的椅子，小鸡坐贴着小鸡标签的椅子，小兔坐贴着小兔标签的椅子）。

（2）提问小动物喜欢的食物。

师："猴妈妈有点迷糊，把你们喜欢吃什么给忘了。我请小狗告诉我，你喜欢吃什么；请小猫告诉我，你喜欢吃什么；请小鸡告诉我，你喜欢吃什么；请小兔告诉我，你喜欢吃什么。"

（3）分发食物。

师："现在猴妈妈知道你们喜欢吃的是什么了，把食物一一分给小动物们。"（知道一只动物吃一种食物，感知一一对应）

（4）做游戏，钻山洞。

师："小动物们，你们都吃饱了吗？那我们一起去草地上做游戏吧。不过，去草地的路上我们还要钻过山洞。猴妈妈要求小动物们找和自己颜色一样的山洞钻过去。"

师："来到草地上，小动物们找一个好朋友一起游戏，要找和自己颜色一样的小动物一起做游戏，每个小动物找一个好朋友。"

3. 结束部分。

天黑了，小动物们该回家了，猴妈妈送小动物回家。（带出活动室）

【评析】

本活动教师把一一对应的教学内容贯穿于故事情境中，让幼儿在体验情境中学习和掌握一一对应；教师采用角色扮演、动手分发食物、钻山洞游戏的方式让幼儿在轻松愉快的氛围中了解和学习一一对应，不仅让幼儿收获了知识，更重要的是让其体会到了数学活动的乐趣。

二、数概念的教学 >>>>>>>>>>>>>>>>>>>>>>>>>>>>>>>>>

引导幼儿感知事物的数量及其关系，建构初步的数概念，是幼儿数学教育的主要内容之一。幼儿数概念的形成和发展包括计数能力的发展、对数序的认识、数的守恒及对数的组成的掌握等几个方面，但他们还没有总数概念，幼儿数概念的建构既是一个长期、复杂的过程，又是一个连续的发展过程。整个过程可分成若干阶段，各阶段之间既有区别又有联系。

（一）认识 10 以内基数的教学

数学无处不在，无时不在。婴儿刚出生时是不具有数概念的；2 岁左右的宝宝一般通过笼统的感知来比较物体数量的多少。随着认知能力的发展，幼儿逐渐抽象出初步的数概念，并能对数与数之间的关系进行逻辑思考。幼儿对数的意义的理解也是从具体到抽象的发展过程。

1. 基本概念

基数：任何一个自然数用来表示集合中元素的数量（个数、多少）时，称基数。如 4 张桌子。

数的形成：指在自然数列中，除 1 以外的任何一个数，都是由它前面的一个数添上 1 形成的，或者由若干个单位 1 组成的。如 3 添上 1 是 4，4 里面有 4 个 1。

相邻数：就是在它前面比它本身少 1 和多 1 的两个数。除 1 以外，任何一个自然数都有两个相邻数。如 4 的相邻数是 3 和 5。

数的守恒：指物体的数目不因物体外部特征和排列形式等的改变而改变。

4 的相邻数是 3 和 5

- 哪个多？
- 多几个？
- 4 比 3 多 1。
- 4 比 3 大。
- 4 排在 3 的后面。

(3 和 4)

4 比 3 多 1。
4 大 3 小。
4 排在 3 的后面。
4 比 5 少 1。
4 小 5 大。
4 排在 5 的前面。

(4 和 5)

2. 教学目标

幼儿计数能力的发展顺序是：口头数数，按物计数，说出总数，按数取物。

（1）小班

小班幼儿口头数数是带有"顺口溜"似的背诵，这时幼儿还不能理解数的实际意义。

第一，使幼儿学会手口一致地点数数量在 4 以内的物体并说出总数，初步理解 4 以内基数的实际含义。

第二，使幼儿能按数（4 以内）取物。

（2）中班

第一，使幼儿能正确地点数数量在 10 以内的物体并说出总数。正确认识 10 以内数的实际含义。

第二，使幼儿知道 10 以内相邻两个数的多"1"、少"1"的关系。

第三，使幼儿能不受物体的大小、形状或排列等的影响，正确判断 10 以内物体的数量。

（3）大班

第一，使幼儿会以 10 以内倒数、顺接数和倒接数，熟练地掌握 10 以内数的顺序。

第二，使幼儿学会按数群计数。

第三，使幼儿认识 10 以内三个相邻数的关系及自然数列的等差关系，如按顺序排列 1～10 的数，除 1 以外不管哪个数都比前面一个数多"1"，比后面一个数少"1"。

3. 教学建议

（1）教幼儿认识 10 以内基数及其实际含义的基本方法

教幼儿学习点数后说出总数、两个相邻集合的比较（数的形成）和数的转换等方法是认识 10 以内基数的常用方法。复习的方法一般有按范例的数量取物、按数取物、运用各种感官感知数量等。

①教幼儿学习点数后说出总数。

小班教师可使用讲解演示法教幼儿学习点数物体。计数是手段，说出总数并理解数的实际含义才是目的。

②用比较两个相邻集合的方法认识10以内数。

教师摆放两排同等数量的物体，在幼儿通过比较确认它们数量相等后，在其中一排物体上增加一个同样的物体，使幼儿在直观的条件下看到一个新的数是由原来的数添加上1而形成的，然后让幼儿数一共有几个物体。这一方法突出了在已认识的数的基础上学习新的数，以及相邻两个数的关系，有利于理解数的实际含义。

③相邻两个数的比较和转换。

在小班学会点数和说出总数的基础上，中班幼儿认识10以内数除了用比较两个相邻数的方法之外，还应在比较两个集合的基础上进行两个数之间的转换，认识新的数并掌握相邻两个数之间存在着多"1"和少"1"的关系。

④按范例数量取物和按数取物。

幼儿对每个数的实际含义的理解需要通过充分的练习予以巩固。按范例数量取物和按数取物是巩固对数的实际含义理解的有效复习方法。按范例数量取物是教师给予一定数量物体作范例，让幼儿拿出同等数量的物体。按数取物是以数作范例(口头说出的数或出示数字)，要求幼儿取出相应数量的物体。一般的学习顺序是学会按范例数量取物，再进行按数取物。小班用口头说出数，中班认识数字后和大班可用数字进行。

⑤运用各种感官感知数量。

运用各种感官主要指运用听觉、触摸觉或运动觉等感知数量，以加深幼儿对数的实际含义的理解。视幼儿水平，让幼儿将各种感官综合起来感知数量，如要求按声响次数跳跃几次。

(2)教幼儿学习数守恒的方法

学习数守恒，主要要求幼儿懂得不论是什么物体，不管它们的颜色、大小、形状以及摆放形式有什么不同，它们的数都是一样的。

(3)教幼儿学习接数和倒数的方法

接数是从10以内任何一个数开始顺(或倒)接数至10(或1)，倒数是从10到1。在中班用计数和两个集合的比较转换的方法认识10以内数的过程中，幼儿已经掌握了10以内数的顺序。大班接数和倒数的学习则起着巩固掌握10以内数序的作用，并有利于学习相邻数和加减运算。教幼儿学习接数和倒数，应先教幼儿学习10以内的顺接数，再学

扫码查看
《中班数学活动：
数的邻居》

倒数，最后进行倒接数。

(4)教幼儿认识三个相邻数及自然数列的等差关系的方法

相邻数是自然数中任何一个数都比前一个数多1，比后一个数少1。小班幼儿和中班幼儿已经懂得两个数的相邻关系，大班幼儿懂得三个数的相邻关系。可以利用比较法、类推法在游戏和操作中进行练习。

典型案例

小班数学活动：5 只小兔子

活动目标

1. 愿意参加数学活动，体验活动的乐趣。

2. 初步学习手口一致地点数 5 以内的物体，并说出总数。

3. 通过动手操作，知道点数的方法并能按数取物。

活动准备

经验准备：幼儿在生活中进行过点数游戏。

物质准备：小兔子、兔妈妈、蘑菇、房子图片各 5 张，小筐、萝卜、白菜、小汽车卡片若干，森林背景图 1 张，黑板。

活动过程

1. 情境引入，引起幼儿参与活动的兴趣。

——教师带领幼儿一起模仿森林里面的小动物（大象、猴子、小兔子……）

2. 出示 5 只小兔子，请幼儿进行点数。

3. 教师示范讲解正确的点数方法。（从左至右指一只数一只，最后说出总数）

师："小朋友，来数一数有几只小兔子？"

幼："5 只。"

师："那我们来数一数？从这边开始数，指一只数一只。"

师："你们知道小兔子为什么没走吗？"

幼："他们还想玩。""找吃的去了。""不知道。"……

4. 依次出示 5 个蘑菇、5 只兔妈妈、5 座房子。请幼儿集体或个别进行点数练习。

5. 请幼儿为小兔子准备萝卜和白菜。

——请幼儿听教师口令按数取物，进行点数并说出总数。

师："有的小朋友猜对了，小兔子去采蘑菇了。"

师："小兔子不会数，谁愿意帮助他们数一数？"

师："他说是 5 个蘑菇。谁愿意数一数，看看你们数的一样吗？"

师："一共有几个蘑菇呀？"

幼："一共有 5 个蘑菇。"

——继续引导幼儿集体来点数，从左边开始数，指一个数一个并说出总数。

师："天气冷了，小兔子没有吃的了，小兔子喜欢吃什么呀？"

幼："萝卜和白菜。""蘑菇。"

师："小朋友真聪明，我们给小兔送萝卜和白菜吧。请你们从小筐里拿出 5 棵白菜，拿一棵数一棵摆成一排。"

幼儿积极地举手说："我来，我愿意帮助小兔子。"

师："崇年你来数一数。"

幼儿大声地进行点数："1 个、2 个……一共有 5 棵白菜。"

——个别指导幼儿时发现幼儿都能手口一致地进行点数，并说出了总数。

6. 进入情境，激发幼儿为小白兔送萝卜和白菜的愿望。

——出示 5 辆小汽车，请幼儿点数并说出总数。

——聘请"小司机"，5 人为一组，开车为小白兔送萝卜和白菜。

（请幼儿点数司机人数并说出总数）

7. 请幼儿扮演"小司机"开车为小白兔送萝卜和白菜。

活动反思

这节数学活动，从整个活动过程来看完成了本节活动的目标。在制定目标上符合小班幼儿的年龄特点及班上幼儿的现有发展水平。设计的情境使幼儿很感兴趣，激发了幼儿的兴趣点。因此，幼儿在活动中也很积极地参与活动，进行点数，并都能够伸出右手的食指进行手口一致地点数和说出总数。整个环节和思路比较清晰，一个环节紧扣一个环节。幼儿在自己动手操作按数取物时，都能够拿一个数一个，并能说出总数。活动中也存在不足，教师应注意加强引导个别幼儿，重点强调手口一致地点数和说出总数的同时，也要注意强调点数和摆放的顺序，幼儿取物和点数时有的幼儿的顺序不对，教师指导时发现并及时地进行了引导，让幼儿明确点数与摆放的顺序性。在这个点上强调得不够。

【评析】

整节课始终注意从生活中取材，各种活动都赋予有趣的生活情境，很容易使幼儿产生亲切感，激发其解决问题的欲望，使其很自然地将数学与生活联系起来。教学中开展形式多样的数学游戏，在游戏中乐学，幼儿在获得数学知识的同时促进了他们的情感与价值观的发展。

（选自：当代学前教育网。作者潘晶，中国人民解放军总后勤部五一幼儿园。该教案获 2014 年全国幼儿教师专业风采大赛优秀教案评比二等奖。收入本书时有改动。）

（二）10 以内序数的教学

序数是表示集合中元素次序的数。认识序数要以认识基数为基础，它是中班数学教育的内容。

1. 教学目标（中班）

第一，使幼儿理解序数的含义，能用序数词正确表示 10 以内物体排列的次序。

第二，使幼儿学会从不同的方向确定物体的排列顺序，正确运用序数词。

扫码查看
《大班数学活动：
认识 10 以内的数》

2. 教学建议

第一，采用集中分段的教学方法，运用直观教具进行演示，讲解序数的含义。

第二，教幼儿用计数的方法确定序数，可以从多方面提问。例如，说动物问位置，说位置问动物，抽象判断。

第三，让幼儿在游戏活动中判断物体的顺序。例如，按要求将动物排好次序，组织幼儿玩"换位置"的游戏等。

第四，向幼儿说明确定序数的方向，在日常生活中巩固练习。

典型案例

中班数学活动：认识序数 6～10

设计意图

数字来源于生活，运用于生活，而序数在我们的生活中起着必不可少的作用。中班幼儿对于"序数"已经有了一定的生活经验积累，但幼儿在日常生活中对序数的认识是零散的、无意识的。本次活动旨在让幼儿在轻松愉快的活动中对序数有更系统、更深层的认识。

活动目标

1. 认识 6～10 的序数，了解序数在生活中的运用，感知上下、左右、前后等不同方位，理解序数的方向性，并能正确运用序数词表示物体排列次序。

2. 增强观察、理解的能力，锻炼口头表达能力。

3. 体验学习序数的乐趣。

活动重点

理解序数的方向性。

活动难点

能从不同方向排列物体的次序。

活动准备

1. 教师：教学 PPT，音乐《郊游》《火车快飞》。

2. 幼儿：房子展板和数字贴纸人手 1 份、每人 1 张写有 1～10 任一数字的"车票"。

活动过程

一、开始部分。

1. 听音乐《郊游》入场。

2. 谈话引入主题，激发幼儿兴趣。

师："小朋友们，现在是什么季节呢?"(幼儿："春天。")"对了，春天来了，花开了，草绿了，今天天气这么好，我们一起去郊游吧! 谁要一起去?"(幼儿："我们要去。")"那我们赶紧出发吧!"

二、基础部分。

(一)创设情境故事，引出序数。

1. 创设情境故事，引出问题，抛出问题，解决问题。

师："(播放 PPT)小朋友看，我们到了。这是一片美丽的森林，听说在这片森林里有一群非常好客的小动物! 它们知道小朋友今天来森林玩，赶紧出来迎接了! 哇! 谁来了?"

(引导幼儿说出动物的名称)

2. 观察动物排列次序，复习 5 以内的序数。

(1)师："(播放 PPT)看这是谁?"(幼儿："老虎。")"还有谁呀? ……"(依次认识 5 只动物)"我们一起数一数一共有多少只小动物?"(幼儿："5 只。")"请小朋友告诉我，哪只动物排在第一位?"(幼儿："老虎。")"谁排在第二位呀?"(幼儿："小猪。")"你是怎么数的呢?"(引导幼儿说出：从左往右)"那我们用这样的箭头表示。"(出示从左往右的箭头标志)"让我们一起按从左往右的顺序来数数吧。老虎排在第一位，我们可以用数字几来表示呀?"

(2)依次提问谁排第几位，用数字几表示?

(3)知识小结：我们把小动物排列的次序用数字表示出来了，一个数当用来表示物体排列次序时，叫作序数。

3. 观察动物排序，认识 6～10 的序数。

师："(播放 PPT)哇! 又来了几只小动物! 它们是谁? 小鸡排在第几位? 可以用数字几来表示? 小猫又排在第几位? 可以用数字几来表示?"

(依次提问 5 只小动物的排序，感知序数 6～10)

(二)感知序数的方向性。

1. 师："刚才小朋友都是从左向右数的，现在小箭头的方向变了，你来数数看，会发现什么秘密呢?"

（依次请幼儿按从右向左的方向说说小动物分别排在第几位，PPT出示两种不同方向的排列次序，对比感知序数的方向性。）

2. 知识小结：序数真有趣，当方向发生改变，它也跟着变了。

3. 师："为了欢迎我们的到来小动物还跳起了舞，它们变成了一竖排，小朋友们看小牛排在第几位呀？你是怎么数的呢？"（引导幼儿说出从前往后。PPT出示相应箭头标志。）

依次提问几只小动物排在第几位。

师："还能怎样数？"（引导幼儿说出：从后到前。PPT出示相应箭头标志。）

师："数数看小猫现在排第几位了？"（幼儿："第四位"）

小结：原来方向发生变化，序数真的会跟着变呢。教师分别指出几只小动物，请幼儿说说它们现在排在第几位。

（三）操作活动，理解序数。

1. 引导幼儿运用"第几层"的形式帮小动物找家。

师："跳完舞小动物们都累了想回家休息一下，老师听说动物们住在丛林中最高的楼房里，（出示楼房的展板）我们一起去参观吧！好高的楼房呀，你们知道有几层吗？我们一起数数吧！"（1，2，3，…10层）"每层有几间呢？"（1间）"聪明的小朋友，你知道小动物们的家分别在几层吗？请小朋友将小动物家的楼层序数贴在它们楼层旁边的圆圈里。"

2. 幼儿进行操作练习，教师巡回检查。

3. 展示幼儿的操作成果并小结。

三、结束部分。

师："小动物都回家了，我们也回去吧！现在请小朋友们拿出你椅子底下的'车票'，上面的数字代表你要在哪个站台上车，小朋友往后面看看，这里有10个站台，等会请你按照'车票'上的数字到站台排队等候火车。"（提问几个小朋友，请他们找找自己应该在哪个站台候车）幼儿根据各自的"车票"找站台。教师播放音乐《火车快飞》，幼儿依次搭火车回教室。

活动反思

本活动条理分明，层层深入，能很好完成活动目标。教师先创设了"郊游"的情境故事，引起幼儿的兴趣。接着利用小动物排队，复习5以内的序数，巩固幼儿对"序数"这个定义的理解。然后，从"序数"的方向性入手，从多个角度让幼儿了解按不同的方向同样一种物品的序数是会发生变化的。再通过让幼儿操作材料，加深对"序数"的认识。最后运用游戏让幼儿进行巩固，幼儿在欢乐的气氛中将"序数"的概念生活化和游戏化。

【评析】

教师为幼儿准备了可供创作的学习材料，通过不同游戏形式巩固幼儿对数的顺序的理解，将所学到的数学知识渗透到生活情境之中并进行运用，培养了幼儿思维的灵活性，更重要的是它为幼儿学习多角度思考问题、多途径地探索解决问题的方法提供了丰富的资源，为幼儿亲自经历探索问题和解决问题的过程提供了良好的机会。

（选自：当代学前教育网。作者林武淳，该教案获第十四届"当代杯"全国幼儿教师职业技能大赛一等奖。收入本书时有改动。）

扫码观看视频《中班数学活动：数学闯关——学习5以内序数》

（三）10以内认读和书写的教学

1. 教学目标

（1）中班

使幼儿能认读1~10阿拉伯数字，并能用数字正确表示10以内物体的数量。

（2）大班

使幼儿能正确书写10以内阿拉伯数字，掌握正确的笔顺，字迹工整、规范，写字姿势和握笔方法正确。

2. 教学建议

教幼儿认读数字的方法如下。

其一，结合数数，利用多种教具，出示数字符号进行讲解。

其二，通过形象的比喻让幼儿记住字形。

其三，对外形容易混淆和读音不准的数字多做比较和练习。要求幼儿用普通话读准字音。

其四，运用各种游戏练习计读数字和理解数字所表示物体的数量，如"连线游戏""看图找数字""按数画物"等。

其五，教幼儿书写数字时要注意写字常规和书写姿势，教师讲解数字的实际意义。

其六，教师讲解写字的实际意义。

（四）认识10以内数的组成

1. 教学目标（大班）

第一，让幼儿理解数的组成的含义，知道2和2以上各数都可以分成两个数，两个数合起来就是原来的数。

第二，使幼儿懂得一个数和它分出的两个数之间的关系，即一个数比它分成的两个数都大，分成的两个数都比原来的数小。

第三，使幼儿懂得分成的两个数之间的互补和互换关系，掌握 10 以内各数的全部组成形式。

2. 教学建议

数的组成包括两个不可分割的过程：分解和组合。幼儿学习数的组成，这两个过程要同时学习，既学分又学合，先学分再学合。

其一，运用讲解演示法。讲解时，必须突出数的分与合，同时进行。先出示一个总数并放在中间，然后分成两部分数。先用实物，然后再用点子卡片，最后用数字卡片。

其二，通过操作，启发幼儿探索数的组成规律。幼儿探索—指导探索—归纳探索结果—共同探讨规律。大班幼儿一般经过对两三个数的组成操作、探索、总结的学习过程，大部分已能初步掌握数的组成的规律。运用组成的规律学习新的组成知识。

其三，运用多种方法复习巩固 10 以内各数的组成知识，如操作练习、游戏练习、填空练习和儿歌练习等。

典型案例

大班数学活动：6 的组成

活动目标

1. 探索 6 的组成，知道 6 分成 2 份有几种不同的分法。

2. 能按顺序进行操作，初步感知数的互补关系。

重点难点

1. 掌握 6 分成 2 份有几种不同的分法。

2. 学会 6 的组成。

活动准备

1. PPT 课件。

2. 小鱼图片若干，鱼塘背景图 2 张。

活动过程

一、谈话情境导入，引起幼儿的兴趣。

教师："今天我们教室来了一群客人，看看我们的客人是谁啊？"（出示小鱼的图片）

"数一数一共来了几位客人。"（6 位）

二、幼儿观看 PPT，探索学习数字 6 的组成。

1. 请小朋友仔细看一看，这些小鱼有什么不一样的地方？（颜色、大小不同，有的小鱼在吹泡泡，有的小鱼不吹泡泡）

2. 现在要请小朋友来帮帮小鱼分家，(出示鱼塘 A/B 图)把小鱼分到两个家里面去，并且要用语言表达出你是根据什么来分的。

(1)教师示范操作，幼儿与教师记录分法。

(2)除了可以根据小鱼的大小来分，还能根据什么来给小鱼分家？(按照颜色分，请小朋友操作，教师记录分法)

(3)除了根据大小、颜色分，还可以怎么分？(吹泡泡，可以分成 3 和 3)

(4)现在 6 已经有了 3 种分法，请小朋友动动脑筋想一想，还有没有不一样的分法？(4 条绿色的小鱼住 A 池塘，2 条红色的小鱼住 B 池塘，6 可以分成 4 和 2)

(5)我们一起来数一数，现在 6 已经有了几种分法了？(4 种)

小结：告诉你们哦，6 有 5 种分法，现在我要来考考你们了，看谁最会动脑筋，能想出 6 的第 5 种分法。

(6)请小朋友操作，找出 6 的第 5 种分法，5 条小鱼住 A 池塘，1 条小鱼住 B 池塘。(6 可以分成 5 和 1)

总结：现在 6 的 5 种分法我们已经都找到了，请你观察一下 6 的 5 种分法，仔细看前面的数字，你发现了什么？它们是按照什么顺序来排的(顺数)。我们按照顺数的顺序来分，这样就不会漏掉了，就能很快地把 6 的 5 种分法找出来了。

三、游戏巩固 6 的组成，增加课堂的趣味性。

1. 教师："6 的 5 种分法我们已经全部找出来了，现在我们一起来念一念分合式。"(用我们的拍手游戏)

2. 拍手游戏。

教师："小朋友，我问你，6 可以分成几和几？"

幼儿："刘老师，告诉你，6 可以分成 1 和 5；还可以分成 2 和 4；还可以分成 3 和 3；还可以分成 4 和 2；还可以分成 5 和 1。"

四、课程结束，延伸课程内容，巩固知识。

教师："数字宝宝要跟我们小朋友来做游戏了，请小朋友闭上眼睛，(教师拿掉几个数字，纸上只剩一个数字)请小朋友睁开眼睛看一看，哪个数字少掉了，要把 6 的分合式说出来哦。请小朋友回到家，拿出 6 种相同的物品和爸爸妈妈进行 6 的分类理解。"

活动反思

本节课目标很明确，就是学习理解"6"的组成，懂得交换两个部分数的位置合起来总数不变的规律。因为科学知识具有逻辑性特别强的特点。在科学活动中，我们应该提供一些幼儿可接受的、感兴趣的数概念的活动题材，让幼儿理解科学知识、发展幼儿的思维能力。

【评析】

在实物操作的基础上，该活动增加了学习的趣味性，把巩固知识的练习巧妙地融入游戏中，使幼儿在游戏中练习、思辨，动脑、动手、动口，不仅有利于幼儿进一步感受数的分解，加深对 6 的分解组合的理解，还大大激发了幼儿的学习兴趣。

（选自：当代学前教育网。作者刘艳荣，山东省德州市嘉诚蓝天幼儿园。该教案获第十二届"当代杯"全国幼儿教师职业技能大赛二等奖。收入本书时有改动。）

三、10 以内数的加减运算 >>>>>>>>>>>>>>>>>>>>>>>>>

幼儿加减运算能力的发展，可以从具体到抽象、逐一加减到按数群加减两个方面考查。算数运算包括加、减、乘、除四则运算。幼儿只学习简单的 10 以内加减运算。它是幼儿园大班的数学教育内容。

（一）教学目标

第一，使幼儿初步理解加减的含义，理解加减法中三个数之间的关系，掌握加减法中加号、减号和等号所表示的内容及运用。

第二，使幼儿学会解答口头应用题，能正确、迅速地进行口算。

第三，使幼儿初步掌握加减运算的方法。

第四，使幼儿能理解应用题的结构，学会自编自答口头应用题。

第五，训练幼儿加减运算技能，学会迅速、准确地进行 10 以内加减运算，在运算过程中培养幼儿的注意力、记忆力及思维的敏捷性。

（二）教学建议

1. 教学方法趣味化

根据大班幼儿学习数学的特点和幼儿主动发展的观念，在加减运算的教学中注重方法的趣味性和游戏化。例如，玩一个"口算比赛"的游戏，规则是由一个幼儿出题，其他幼儿马上抢答，回答又准又快的幼儿就做下一轮的出题者。又如，可以借助有趣的歌谣，提高幼儿的学习兴趣。

教师在设计游戏时既要面向全体，又要考虑到个别教育，满足不同层次幼儿的接受能力，尽可能地让每个幼儿都在愉快的氛围中去寻找、探索数学知识。

2. 让幼儿运用各种感官进行加减运算

(1)运用视觉进行运算

教师出示一张图片让幼儿看图上画的内容进行加减运算；还可以让幼儿先仔细看图，并把图中的内容记下来，接着把图拿走，要求幼儿运用记忆的表象进行运算。

(2)运用听觉进行运算

教师敲鼓或击铃，教幼儿根据声音的次数进行运算。

幼儿运用听觉进行加减运算比视觉困难。因为运用听觉进行运算，需要高度的注意力和较强的记忆力，如果声音次数多了，幼儿就容易忘记。

(3)运用触觉进行运算

教师发给每个幼儿两个带松紧口的布袋，布袋里装有若干个玻璃球，让幼儿用手去摸，运用触觉去感知布袋里各有几个玻璃球。

(4)运用运动觉进行加减运算

体育游戏"打保龄球"游戏玩法，用空易拉罐当被击的保龄球，将保龄球摆放成三角形(数量为 10 个)。游戏开始，滚球人取一个小皮球，将皮球从起点处向保龄球滚过去，无论击倒还是未击倒，都要进行减法运算。若击倒了，就用保龄球总数与未击倒的保龄球数进行减法运算。算题的方法有如下三种。其一，口编应用题，如原来有 7 个保龄球，击倒了 3 个，还剩下几个？其二，从算式卡中找出相应的算式"7－3＝?"，并说出该算式的得数。其三，幼儿自己写出相应的算式与得数。

3. 教幼儿自编口头应用题

明确应用题的结构包括一定的情节(内容只能讲一件事)和数量关系(已知条件：已知数不能少于两个；未知条件：所要求的得数)。编题时，必须是同类的事物，而且最后要有一个问题。所编的应用题必须区别于故事和谜语，要求语言简洁、清楚、明确。

幼儿自编口头应用题的形式有：根据教师或个别幼儿的活动编题；看图编题；根据数字或试题编题；拼图自编应用题；运用丰富的想象自由地、创造性地编题(根据自己的生活经验和感性知识，编出符合加减题意的口头应用题)。

扫码查看
《大班数学活动：
自编加法应用题》

✏ 学习笔记

📚 **练一练**

看图列式计算。

□+□=□

□+□=□

□-□=□

□-□=□

□+□=□

□+□=□

□-□=□

□-□=□

□+□=□

□+□=□

□-□=□

□-□=□

□+□=□

□+□=□

□-□=□

□-□=□

4. 结合幼儿生活内容开展加减运算

利用角色游戏"娃娃水果店",以巩固幼儿 10 以内数的加减运算,游戏可以请 2 个幼儿当收银员,1 个幼儿当导购小姐或先生,参加游戏的幼儿分别当顾客,每名顾客 10 元钱,让幼儿自由地进行买卖活动。在商品上写价格时,注意算式的不同,有的直接写数字"6",有的写"2+3=?",有的写"8-4=?",这样一来既锻炼了幼儿的算数能力,又培养幼儿之间礼貌、合作的行为。

5. 让幼儿动手操作材料学习加减运算

教师可以给幼儿提供一些学具,如积木、小木棍、数字雪花片等让幼儿在操作材料的过程中学习加减运算。

典型案例

大班数学活动：5以内的加减法

活动目标

1. 理解加法减法的含义。

2. 掌握5以内的加减法。

3. 学会解答简单的口述加减法应用题，培养初步分析问题的能力。

活动准备

苹果卡片4张；狮子、老虎、大象、斑马卡片各5张。

活动过程

1. 谈话导入，引起幼儿的兴趣。

①看看今天老师给你们带什么来了？（出示3张苹果卡片）

②再出示1张苹果卡片问：3个添上1个，一共是几个？3个减1个，又是几个？

③引导幼儿说出加减法的含义以及3以内的加减法算式。

2. 复习5的组成。

①让幼儿回忆5可以分成几和几。

②幼儿说答案，教师同时往黑板上写。

3. 出示直观教具。

狮子王要给所有的狮子开会，先来了3只狮子（出示3张狮子卡片），过了一会儿又来了2只狮子（出示2张狮子卡片）。

提问：

①3只狮子再添上2只狮子是几只狮子？

②为什么3＋2＝5？写出算式3＋2＝5。

③可是开会的时候有2只狮子先回家了，还剩几只？为什么5－2＝3？写算式5－2＝3。

④依次出示老虎、大象、斑马表示加减法算式（方法同上）。

4. 引导幼儿口述5的加减法应用题。

①教师举例，讲清口述加减法应用题的要求。

②让幼儿任意选一道5的加减法进行口述应用题。

③教师进行表扬和鼓励，对有错误的幼儿给予启发和帮助。

5. 玩"谁最快"游戏。

①每组做一道必答题（5的加减法）。

②教师出示加减法算式卡片，每组进行抢答，哪组最快哪组胜利。

6. 书写算式。

①让幼儿书写加减法算式。

②教师检查，对书写有错误的幼儿给予帮助。

7. 教师进行小结，结束活动。

【评析】

教学中采用直观教具展示及游戏的教学形式，为幼儿创设丰富多彩的学习情境，提供充分参与数学活动的机会，让幼儿主动去玩、去尝试、去思考、去交流尝试的结果，关注幼儿发展的主体，使他们在参与活动的过程中感受到学习数学的乐趣。

四、认识几何形体 >>>>>>>>>>>>>>>>>>>>>>>>>>>>

几何形体是对客观事物形状的抽象和概括。幼儿学习一些几何形体的简单知识，能帮助他们辨认和区分客观世界中形形色色的物体，发展他们的空间知觉能力与初步的空间想象力，从而为小学学习几何形体做准备。幼儿认识平面图形的顺序是圆形、正方形、三角形、长方形、梯形、椭圆形，认识立体图形的顺序是正方体、长方体、球体、圆柱体等。

（一）教学目标

1. 小班

教幼儿认识圆形、正方形和三角形，能根据图形名称取出图形并说出名称。

2. 中班

第一，教幼儿认识长方形、梯形和椭圆形，并能说出名称和认识图形的基本特征(如长方形有 4 个角、4 条边、4 个角一样大、2 条边长、2 条边短、对着的 2 条边一样长)，能从周围环境中取出和图形相似的物体。

第二，使幼儿能不受颜色、大小及摆放位置的影响，正确辨认和命名图形。

第三，教幼儿初步理解图形间的简单关系，如 1 个正方形可以分成 2 个长方形，也可以分成 4 个小正方形等，并能运用图形按要求或自由拼搭。

3. 大班

第一，教幼儿认识正方体、长方体、球体和圆柱体，能准确说出名称和基本特征(如球体，不管从什么方向看都是圆的，把它放在平面上，可以向任何方向滚动)，能从周围环境中找出相似的物体。

第二，教幼儿区分平面图形和立体图形，知道平面图形只有长短、宽窄，立体图形有长短、宽窄和高低(厚薄)。

（二）教学建议

1. 认识平面图形的教学

其一，教幼儿认识平面图形的基本特征。

其二，让幼儿了解图形守恒的方法。

其三，通过对图形的分割和拼合，让幼儿认识图形之间的关系。

其四，让幼儿复习巩固对平面图形的认识。

练一练

1. 观察图形。

触摸：让幼儿用手指触摸积木的各边各角(回答有几个边、几个角)。

命名：告诉幼儿图形的正确名称并让其大声说出。

拓印：让幼儿用积木的某一面当印章，在纸上拓印出平面图形并让幼儿大声说出其名称。

2. 比较图形。

立体图形面与面的操作比较：将圆柱体立放与横放并让幼儿用语言进行描述。

3. 概括图形。

与幼儿一起发现图形的共同特征。

4. 构造图形。

与幼儿一起利用材料拼合来构造出一个指定的图形。

5. 分析图形。

让幼儿对图形的边角特征进行观察和比较，发现图形的边与边特征的不同(如直边与弯边)或角与角特征的不同(如大角和小角)。

6. 做等分图形和图形还原的活动。

将图形二等分、四等分、八等分。教师可提供一些中心对称图形(圆、正方形、长方形、椭圆)，与幼儿一起操作。

7. 做对应拼图活动，如下图所示。

8. 做图形拼花活动，如下图所示。

2. 认识立体图形的教学

其一，让幼儿在观察、触摸几何体的基础上认识立体图形的特征。

其二，让幼儿比较平面图形与立体图形以及立体图形之间的不同。

其三，让幼儿动手操作，探索立体图形的特征。

其四，运用泥工、手工和建筑游戏等活动，巩固幼儿对立体图形的认识。

练一练

1. 用触摸感知边、角、面，帮助幼儿认识立体图形与平面图形的区别。

2. 引导幼儿观察生活中的物体(如积木、香皂、手机、电视机、冰箱)，建立实际物体与立体图形的关系。

3. 开展立体图形的求同活动，让幼儿总结出某些立体图形的特征，学会正确命名(可把相同的形体放在一起)。

4. 引导幼儿认识立体图形的标记卡，并能进行分类。

5. 与幼儿一起做纸盒来进一步认识立体图形。

3. 创设问题情境

运用各种方式、方法创设问题情境，使幼儿主动、积极地进行学习，如通过游戏"送图形回家"指导小班幼儿认识圆形、正方形、三角形。

4. 让幼儿操作

在操作过程中，让幼儿充分尝试、探索，寻求解决问题的办法，并体会和发现其中的数学关系。如幼儿学习将用小棍拼搭的正方形变成三角形时，教师会发现这样两种情况：有一些幼儿是从拼成的正方形中拿去1根，将两边的小棍相接就成了一个三角形；另一些幼儿则是将正方形拆散，重新拼搭成三角形。这两种情况反映了幼儿思维发展的不同水平，也反映了幼儿对两种图形特征的认识和把握，因此，教师要让他们充分地进行尝试和探索，让他们自己找到一种更快、更好的解决方法。

5. 帮助幼儿归纳、整理

帮助幼儿归纳、整理旨在使幼儿了解的数学知识系统化。

相关链接

几何形体教学与其他教学活动相结合

1. 美工：几何图形描摹画、拼贴画、七巧板等。
2. 故事：盖房子。
3. 体育：跳格子、拍皮球、转呼啦圈等。
4. 音乐：认识三角铁、拨浪鼓。

典型案例

大班数学活动：好玩的立方体

设计意图

活动在幼儿认识基本平面图形正方形和长方形的基础上教幼儿继续认识常见的正方体和长方体。《指南》指出教师要激发幼儿探究兴趣，引导幼儿体验探究的过程，通过探究尝试发现事物之间的异同和联系，获取知识，丰富感性经验，充分发展形象思维。本活动旨在通过引导幼儿参与对自己喜爱的玩具的形状认识活动和感兴趣的游戏活动，让幼儿在活动中自主操作，在比较、观察图形的基础上发现平面图形和立体图形的不同，分析问题并找到平面图形和立体图形的联系，进而构建自己的知识框架，充分发展形象思维，逐步发展幼儿的逻辑思维能力。

活动目标

1. 比较正方形和长方形、长方体和长方形之间的异同，初步了解立体图形和平面图形之间的关系。

2. 认识正方体和长方体，了解其基本特征。

活动重点

认识正方体和长方体的基本特征。

活动难点

长方形与长方体的比较。

活动准备

1. 教具：正方体礼盒 1 个，盒内装有黄色小正方体 1 个，红色和绿色小长方体各 1 个，绿色正方形纸片 1 张(同小正方体的 1 个面等大)，蓝色、黑色、黄色长方形纸片各 1 张，标有数字的小粘贴片 2 套，长方体糖块、正方体药盒、长方体的蛋糕礼盒各 1 个。玩具小火车头 2 个。

2. 学具：小正方体的礼盒同幼儿数。盒内装有黄色小正方体 1 个，红色和绿色小长方体各 1 个，绿色正方形纸片 1 张(同小正方体的 1 个面等大)，蓝色、黑色、黄色长方形纸片各一张，标有数字的小粘贴片 2 套。

活动过程

一、游戏导入课题，激发幼儿兴趣。

师："小火车头(出示玩具小火车头 2 个)给我们送来了礼盒。"(教师出示大正方体礼盒)"请小朋友们找到自己的礼盒。"(幼儿从小凳子底下取出小正方体的礼盒)"想知道里面有什么吗?"(幼儿打开礼盒)"这么多好玩的玩具，我们来认识它们。"

小结：我们按顺序来认识它们，找出它们的异同。

二、通过让幼儿自主操作，发现正方形和正方体的异同，认识正方体。

师："请取出绿色的正方形纸片，和黄色的小正方体。比较一下，你会发现什么?"

幼儿自主进行操作比较，教师巡回指导。

请幼儿回答自己的操作方法和发现的问题。教师和幼儿一起进行演示。

小结：正方形纸片有一个正方形的面，黄色小正方体有多个正方形的面，纸片立不住，黄色小正方体能立得稳。

师："数一数黄色的小正方体有几个面? 它们一样大吗? 你用什么样的方法正确点数这些面。"请幼儿取出标有数字的小粘贴片 1 套。请幼儿自己观察，动手操作。通过粘贴数字的方法正确点数面的数量，通过用正方形纸片测量比对确定各个面的大小。

小结：我们发现黄色小正方体有 6 个面。6 个面都是正方形，6 个面一样大，这样的形体叫正方体。

三、通过操作长方形纸片和绿色长方体的对比，了解长方体的基本特征。

师："请取出蓝色长方形的纸片和 6 个面都是长方形的绿色小长方体，比较一下它们有什么不同？"

小结：长方形纸片有一个长方形的面，绿色小长方体有多个长方形的面，纸片立不住，绿色小长方体能立得稳。

师："数一数绿色的小长方体有几个面？它们一样大吗？你用什么样的方法正确点数这些面。"请幼儿取出标有数字的小粘贴片 1 套。请幼儿自己观察，动手操作。通过粘贴数字的方法正确点数面的数量，通过用长方形纸片测量比对确定各个面的大小。

教师巡回指导。请幼儿回答自己的操作方法和发现的问题。教师和幼儿一起演示。

小结：我们发现绿色小长方体有 6 个面。6 个面都是长方形，6 个面不一样大，相对的两个面一样大，这样的形体叫长方体。

师："请取出红色小长方体，看看它和绿色小长方体有什么不同。"

请幼儿回答问题，并演示比较的过程。

小结：有 2 个面是正方形，4 个面是长方形的立方体也叫长方体。

四、比较正方体和长方体的异同。

幼儿自主操作，教师巡回指导。请幼儿回答问题并演示比较过程。

小结：正方体和长方体都有 6 个面。正方体 6 个面一样大；长方体的 6 个面不一样大，相对的面是一样大的。

五、玩"神奇的礼物"游戏，加深对正方体和长方体特征的认识，进一步了解正方体和长方体之间的互变关系。

师："刚才我们把你们礼盒中的礼物的形状都认识了，知道了它们有的是正方形、有的是正方体，还有的是长方形和长方体。但是，老师的大礼盒中还有好多礼品，请小朋友摸出来说出它们的名字、形状和用途。"请幼儿从礼盒中摸出药盒、蛋糕礼盒等物体，描述它们的名称、形状和用途。当摸出蛋糕礼盒时，教师教幼儿认识礼盒形状后切蛋糕，通过切蛋糕，幼儿了解正方体可以变成长方体，长方体也可以变成正方体。

六、请幼儿描述生活中见到的正方体和长方体物品，教师播放 PPT。

七、玩"搭建火车车厢"游戏。

师："我们知道了小火车头送的礼物的形状，现在小火车头有运输任务，小朋友用立方体给小火车头搭建车厢好吗？"幼儿开始搭建车厢游戏，教师指导点评。

活动反思

在大班幼儿已经熟练掌握长方形和正方形的知识的基础上，通过比较、观察等认知方法来学习正方体和长方体是比较合适的。结合大班幼儿的动手能力和兴趣特点，教师用游戏活动导入课题，充分调动幼儿学习的积极性，在动手操作环节幼儿积极参加，从自主动手探究、发现问题到解决问题，调动幼儿主动学习的积极性，提高幼儿动手动脑的能力，使其体验到合作的乐趣，增加学习的兴趣。

【评析】

教幼儿辨认立体图形是大班数学教育中的难点。立体图形的认识过程往往过于单调，容易使幼儿失去学习兴趣。这个活动，以游戏情节贯穿始终，使幼儿的情感得到了满足。不同的活动材料，既巩固了幼儿对立体图形的认识，又便于幼儿发现并改正错误。教学内容的选择适合大班幼儿的理解水平。

（选自：当代学前教育网。作者管庆玲，中国人民解放军第八十九医院幼儿园。该案例获第十二届"当代杯"全国幼儿教师职业技能大赛一等奖。收入本书时有改动。）

五、量度教学 >>>>>>>>>>>>>>>>>>>>>>>>>>>>>>>>

任何具体事物都有量的方面的特征，即量度，也就是可以通过测量等手段加以认识的属性。

扫码观看视频
《大班数学活动：
多变的三角形》

（一）有关量的基本知识

1. 量

量是指客观世界中物体或现象所具有的可以定性区别或测定的属性。它可以分为不连续量和连续量两种。不连续量也叫分离量，它是表示物体的集合元素多少的量，如一张幼儿集体春游的图片上有几个幼儿，有几个风筝，有几只小鸟等；连续量也叫相关量，是表示物体属性的量，如长度、面积、体积等。学前期幼儿初步认识的量是生活中一些连续量，如多少、大小、长短、粗细、高矮、厚薄、宽窄、轻重、远近等。

2. 测量

所谓测量，是指把待测定的量同一个作为标准的同类量进行比较的过程。用来作为计量标准的量，叫作计量单位。例如，"米"是一种长度计量单位，"克"是一种质量计量单位，等等。用一个计量单位来计量某一个量，结果得到这个量含有计量单位的若干倍，这个数值就叫作这个量的量数。同一个量，用不同的计量单位来计量，所得的量数不同。一般常用的计量方法有直接计量法（如用米尺量桌长）和间接计量法（先量出桌子的长和宽，再求其面积）。

3. 自然测量

学前期只初步学习直接测量，但是一般不使用常用的计量单位，而是学习自然测量。所谓自然测量，是指利用自然物(如虎口、臂长、小棒、绳子、瓶子等)作为用具来测量物体的长短、高矮、粗细等。幼儿在自然测量的过程中包括两种逻辑活动：一种是幼儿要把量的整体划分成若干个小单元，知道整体是由若干个部分组成的；另一种是一个逻辑相加，进行易位和替换的过程，即把每次测量的一部分和另一部分连接起来，从而建立测量单位体系。通过自然测量可以使数和量密切结合，加深幼儿对量概念的理解，初步培养幼儿解决简单实际度量问题的兴趣和能力。

（二）幼儿认识量的年龄特点

1. 小班

小班幼儿一般已能正确区分物体的大小，也能用一些简单的词语来表示相应的量，如"我抱着一只大娃娃"，并且感知物体大小的准确性有所提高，表现为：能辨别差别不太明显的一组物体中最大的或最小的物体；能正确辨别远处物体的大小和不同位置物体的大小，如能在不同位置(远或近处)按照成人要求拿大的(或小的)物品。

小班幼儿已具有初步的知觉恒常性，但是，他们还不能认识其他量的差异，也不会用词语确切地来表示。他们对于高矮、粗细、长短、宽窄、厚薄等量的差别，往往都笼统地说成"大""小"。这种现象反映了幼儿对物体各种长度认识上的局限性，也说明幼儿对量的认识还不具有相对性。他们把物体的"大小"看成物体的绝对特征(事物的名称)而非比较的产物。他们只是在以后才逐渐地学会比较4以内的物体的量。

小班幼儿对于轻重的感觉也有了初步的发展。他们能够感知和判别具有明显差异的两个物体质量的不同，并能基本上用正确的词语来表示。如幼儿用手掂量两个形状、颜色、体积相同而质量明显不同的瓶子，并有半数以上的幼儿能用"轻""重"词语来表示。

2. 中班

中班幼儿感知量的精确性有了很大的提高，表现在如下几个方面：一是能对不同大小的物体依次做出区分和排列；二是能从一组物体中找出相同大小的物体，判别出"一样大"的物体；三是能比较精确地认识物体的高矮、粗细、长短、厚薄等，并学会用相应的词语来表示；四是虽然能判断相等量，但尚缺乏对物体量守恒的认识，如他们不易判断改变了放置形式的两个等长的物体的长度；五是能按照递增和递减的顺序进行简单的排序，但数量一般在 6 以内，因为这时幼儿还是依赖于感知和尝试错误而不是逻辑关系来认识量的关系；六是对轻重差异的感知，判别精确性有较大提高，从若干不同质量的物体中区别出同样质量物体的正确率及对轻重差异不大的物体的准确判别能力大大提高，基本具备了感知轻重相对性的能力。

3. 大班

5～6 岁的幼儿能正确地认识并运用相应的词语描述物体的量的特征，精确性大有提高，对量的相对性有了较好的了解，如在正确认识物体大小和长度的基础上，能做到理解大小和长度的相对性质。例如，让幼儿对三支不同长短的铅笔做比较，问幼儿："这支红铅笔是长呢，还是短呢?"有的幼儿会回答："它是长的，又是短的(红铅笔比黄铅笔长，比绿铅笔短……)。"这种回答反映了幼儿对红铅笔长度相对性的理解，知道不能绝对地说红铅笔是长还是短，它有时可以是长的，有时也可以是短的，关键在于比较的对象不同。

在理解量的相对性的同时，他们也逐渐能在逻辑的基础上理解量的可逆性和传递性关系。表现在能完成数量在 10 以内的正排序和逆排序，并且能较明确地阐述传递性判断的理由。(幼儿认识排序中传递关系的能力不能以能否做出正确的判断为依据，而应以能否正确说出理由为准。)

这一年龄阶段幼儿另一个重要的发展是能理解物体在长度、面积、容积等方面的守恒现象。当物体在外形、位置等方面发生变化时，幼儿仍可正确判断其量的不变性，如一块球体的橡皮泥，当它被搓成圆柱体或压扁时，幼儿能知道橡皮泥和原来的还是一样多。形成量的守恒能力是大班幼儿数学教学的一项重要内容，这种能力的培养可促进幼儿思维的发展。

最后值得一提的是，这一年龄阶段的幼儿已具备了认识物体质量和体积之间的关系的能力。国外有研究资料表明，随着质量感觉的发展，5～6 岁的幼儿已能够认识到小的物体可以比大的物体重，如小橡皮泥团比大气球重。而大小一样的物体，由于制作材料的不同，质量也可以不同，如乒乓球、皮球能浮在水面上(轻)，而小铁球、玻璃球则沉到水底(重)。这种对质量与体积之间相反关系的认识，表示大班末期幼儿思维守恒性与可逆性已发展到一定的程度。

学习笔记

（三）教学要求

1. 小班

第一，让幼儿学会用比较的方法区别并说出大小、长短、高矮差别明显的两个物体。

第二，让幼儿能从 5 个以内大小、长短、高矮差别明显的物体中找出并说出最大的(最长的、最高的)和最小的(最短的、最矮的)。

第三，让幼儿能按物体的外部特征(如形状、颜色)或量(如大小、长短、高矮)的差异进行 3 个物体的正排序。

2. 中班

第一，让幼儿能区别并说出物体的宽窄、粗细、厚薄、轻重。

第二，让幼儿能从 5～6 个大小、长短、高矮、粗细、厚薄、轻重不同的物体中(其中两个相同)找出等量的物体。

第三，让幼儿能按物体量的差异，进行 5 以内正逆排序。

3. 大班

第一，让幼儿认识宽窄并初步理解量的相对性。譬如，比较三块不同宽窄的纸板，中间一块比前面的宽，比后面的窄，是宽是窄看它和谁比。

第二，让幼儿学习量的守恒。知道物体的外形、摆放位置等发生了变化，它的量不变。

第三，让幼儿能按规律排序和自由排序以及按物体量的差异进行 10 个以内物体的正逆排序。初步理解依次排列物体之间的传递性和双重性关系并正确说出理由。[①]

（四）教学建议

1. 让幼儿运用各种感官感知、 比较物体的量

幼儿对物体量的认识主要是通过感官的认知，如通过视觉、触摸觉、运动觉等体验到物体的大小、长度等方面的特性。因此，在教学中，教师要让幼儿在看看、摸摸、摆弄等活动中进行比较，认识物体的量。

（1）目测比较

认识物体的大小、长短、厚薄、粗细、高矮等特征时，教师可以让幼儿用视觉观察比较。例如，教师出示一大一小两个皮球，让幼儿看看，问他们哪个大，哪个小，还是一样大小。再如，教幼儿认识轻重

---

① 林嘉绥、李丹玲：《学前儿童数学教育》，201 页，北京，北京师范大学出版社，2014。

时，开始也可出示两块形状一样、材料一样、大小不同的积木，问幼儿哪个轻，哪个重，还是一样轻重，然后再验证一下，让幼儿知道形状、材料一样的物体，大的重，小的轻。

（2）触摸觉比较

教师可以让幼儿用双手抱球，仔细地抚摸，感知球外形大小的区别，感觉到球所占据的空间不同；可以让幼儿用拇指、食指等触摸自己的单衣和滑雪衣等，感知其厚与薄的区别；也可以让幼儿不用眼睛看，只用手摸，在布袋里摸出粗的小棒或细的小棒，摸出长的或短的小棒等，并会用正确的语词表述。

（3）运动觉感知比较

运动觉感知比较主要用于认识物体的轻重，它是由肌肉的运动觉来感受的。教师可以让幼儿用手掂一掂，或提一提两个不同的物体来获得质量的直接经验。如一小块铁和一大堆棉花谁重谁轻呢？眼睛看不准了，教师就可以让幼儿用手掂一掂或提一提，来判断物体的轻重，使幼儿知道不一样的物体，大的不一定重，小的不一定轻。

2. 运用重叠、并放法，让幼儿比较物体的量

在幼儿认识两个圆形纸片的大小时，教师可以把这两个圆形纸片重叠在一起让幼儿进行比较，区别大与小；比较物体的长短，可选用两支不同长度的铅笔重叠在一起，即把短的一支重叠在长的一支上面，此时铅笔要横放，让幼儿区别哪支长，哪支短。还可以用并放法比较，如通过并排横放着两支长短不同的铅笔，并肩站着的身高不同的两个小朋友，桌上并排放两本不同厚度的书，让幼儿区别长短、高矮、厚薄等。

3. 运用发现法，让幼儿认识物体的量

教师可以为幼儿创设一定的情境，让幼儿在特定情境的活动中发现物体量的不同，达到认识量的目的。例如，在让幼儿认识大小时，教师为幼儿准备大小不同的瓶子，将瓶盖与瓶子分开打乱放置，让幼儿玩"盖瓶盖"的游戏，看谁盖得快，使幼儿感受瓶盖、瓶口有大有小，逐步摸索规律。盖瓶盖时，可以把瓶子从大排到小，把盖子也从大排到小，然后一对一地盖上，速度就快了。又如，认识粗细时，教师为幼儿准备很多有孔的木珠和粗细不同的绳子，让幼儿玩穿木珠，看看谁穿得又快又多。结果有的幼儿穿得很快，有的幼儿穿得很慢，有的甚至一粒也没穿上。教师再引导他们找原因，让其发现绳子有粗有细，从而使其认识粗与细。再如，教师为幼儿准备天平和若干个小物品，让他们将小物品两个两个放在天平上进行比较，发现谁重、谁轻，哪个最重、哪个最轻。

4. 运用寻找法，让幼儿描述物体的量

在幼儿初步认识量的基础上，教师可以有意识地引导幼儿在周围环境中寻找哪些物体是大的(长的、粗的等)，哪些物体是小的(短的、细的等)，并用正确的词语去描述。教师也可以引导幼儿运用记忆表象回忆、描述马路上或家里自己所熟悉的各种物体的大小、长短、粗细、厚薄等。

例如，在教室里找一找，幼儿会找出某某小朋友矮；皮球大，乒乓球小等。在自己身上找一找，他们会找出腿粗，臂细；衬衣薄，毛衣厚等。教师也可以在教室里事先放好一些长短不等、厚薄不同的物品，让幼儿在布置好的环境中找出两样东西并描述哪个长，哪个短等。

5. 运用游戏法，巩固幼儿对量的认识

教师可以设计各种形式的游戏，让幼儿来区别物体的量，加深其对物体的大小、长短、粗细、高矮等的认识。

例如，反动作游戏，教师做一个动作，并按动作说出一个词，要求幼儿做与教师相反的动作并说出相反的词。教师用手做大的动作并说"大大"，幼儿用手做小的动作并说"小小"。教师用手做拉长的动作并说"长长"，幼儿用手做缩短的动作并说"短短"。这样可以训练幼儿对大小、长短等掌握的熟练程度，加深幼儿对相应词语实际意义的理解，也训练了幼儿思维的敏捷性。这种游戏活动可以在教师与幼儿之间进行，也可以在幼儿与幼儿之间进行。再如，竞赛性的游戏，"看谁找得快""看谁找得多"等，让幼儿在一些物品中按照教师要求找出大的或小的、粗的或细的等，看谁找得又快、又准。

学习笔记

6. 在其他领域活动中渗透量的概念的教育

教师除了在数学活动中进行量的概念的教学外，还可以在其他领域活动中进行量的概念教育渗透。例如，体育活动引导幼儿排队，就可以帮助幼儿理解高矮、远近、快慢等词，"按高矮排队""谁扔的球远，谁扔的球近""谁跑得快，谁跑得慢"，这样就会潜移默化地促使幼儿获得量的概念的发展；科学活动中引导幼儿感知粗细、长短、轻重等都是量概念的渗透；音乐活动可以通过音乐的高低、快慢、强弱使幼儿感受量的变化，也可通过歌词内容使幼儿了解量概念，如"对歌"，谁的鼻子长，大象鼻子长，谁的尾巴短，兔子尾巴短。

典型案例

大班数学活动：有趣的测量

设计意图

大班幼儿的观察力、思维能力逐渐增强，他们乐于思考，愿意动手探究并解决疑问。对于生活中遇到的物体的长短、高矮等问题，他们会利用目测去进行判断，也会用手、脚、辅助物进行比较，有了初步的测量的经验与愿望。大班幼儿的测量是自然测量，即利用自然物作为测量工具进行直接测量。学习测量可以加深幼儿对物体的量的认识；有助于幼儿对不同量的测量工具的初步认识；加深幼儿对数的理解；培养幼儿动手操作能力以及对测量活动的兴趣。所以我们根据幼儿已有经验和当下需要开展了数学活动"有趣的测量"。

活动目标

1. 学习用自然测量的方法感知物体的长短，尝试用首尾相接(做标记、平铺、交替)的方法进行测量。

2. 初步感知同样的距离，使用的测量工具不同，测得的结果也不同。

3. 能用较准确的语言讲述自己测量的情况。

重点难点

1. 会用首尾相接(做标记、平铺、交替)的方法测量物体长度。

2. 测量同一物体时，测量工具不同，结果不同。

活动准备

1. 各种测量的工具，如吸管、冰棍棒、棉签、直尺、软尺等。

2. 记录表、笔。

活动过程

一、观看竹林建构游戏视频，引发幼儿讨论。

1. 视频中的孩子们在干什么？

2. 他们都用了哪些材料进行搭建？

3. 他们是怎样合作游戏的？

二、教师提出问题，引导幼儿讲述。

1. 视频中他们遇到了什么问题？

2. 如果是你，你会怎么解决呢？

三、了解测量工具及作用。

1. 了解测量方法。

2. 用各种材料进行测量，讨论：结果一样吗？为什么？

3. 自由分组选择同一种测量工具测量同一种物体并记录结果。观察结果是否一样。为什么?

小结:生活中,为了方便大家,人们发明了一些统一的计量用具,有了统一的标准,人们在生活中能达成有共识,如秤、时钟、尺子等。

四、活动延伸。

幼儿回家和爸爸妈妈做计量工具的调查表,如还有哪些测量工具?它们有什么不同?

活动反思

从活动中可以看出幼儿对测量的方法掌握得很好,测量物体时能够首尾相接进行测量并做标记和记录;初步感知测量同样的距离使用的工具不同,测得的结果也不同;能够将自己的测量结果准确地和同伴交流。

教师支持策略:

1. 与材料相结合促进幼儿经验提升。根据幼儿游戏需要,教师发动家长和孩子共同搜集更多真实的测量工具(软尺、直尺、钢尺等),教师再将这些材料有目的、有计划地投放到各个区域中(如积木建构区、大沙池、美工区等)。

2. 与游戏相结合促进幼儿经验提升。教师在幼儿游戏中使用到测量工具时要仔细观察和及时记录幼儿的言行,并以拍照或视频的方式和幼儿进行游戏总结,促使幼儿游戏水平有较大发展。

(选自:当代学前教育网。作者叶敬艳,江苏省宿迁市第一实验小学幼儿园。此案例获第十二届"当代杯"全国幼儿教师职业技能大赛二等奖。收入本书时有改动。)

扫码查看
《大班数学活动:
量一量操场有多长》

六、认识空间方位 >>>>>>>>>>>>>>>>>>>>>>>>>>>>>>

(一)有关空间方位的基本知识

空间是客观世界运动着的物质存在的基本形式。空间与幼儿的日常生活有着密切的联系,幼儿初步辨认一些空间方位,有利于其空间知觉的发展和处理日常生活问题能力的提升。

1. 空间方位及其辨别

任何客观物体都存在于一定的空间之中,并且同周围的其他物体存在着空间的相互位置关系,也就是物体的空间方位关系。一般用上下、前后、左右等来表示。空间方位是空间形式问题,是数学的研究对象之一。

人在空间的定向问题是一个牵涉很多方面的问题。它既包括大小和形状的概念，也包括空间知觉和对各种空间关系的理解。空间方位的辨别，是指人对客观物体在空间中所处位置关系的判断，在心理上属于狭义的空间定向。幼儿在空间概念和空间定向方式的形成过程中，各种感官(触觉的、视觉的、听觉的、嗅觉的等)都参加了活动，其中触觉和视觉起着特别重要的作用。

2. 确定"基准"

物体位置的辨别需要有一个基准，即以什么为基准来确定客体的空间位置。基准不同，空间位置就截然不同。在帮助幼儿辨别空间方位时，确定"基准"是十分重要的。

3. 空间位置关系的相对性、 可变性和连续性

空间坐标系的基本方向分别表示上下、前后、左右三对方向，它们都是相对的概念。上是对下而言，左是对右而言，因而空间位置关系也是相对的——主体与客体的位置关系是相对的。例如，主体是我，客体是汽车，若以我为基准，汽车在我的后面；若以汽车为基准，我站在汽车的前面。另外，物体的空间位置关系也是可变的、连续的。

(二)幼儿认识空间方位的年龄特点

1. 小班

小班幼儿一般已经能够用视觉判断相对于辨别出发点的物体的位置。这一年龄阶段的幼儿基本上能较好地区分上下的空间位置，在对前后方位的辨别中，则表现出一定的局限性，主要反映在所理解的空间方位的区域十分有限，对离自身近的，正对自身的客体较易辨别。由此，反映出幼儿对空间定向的判断是与直接靠近的空间范围相联系的。

2. 中班

中班幼儿在空间方位区分的范围上有了较大的进步，表现在区分区域的面积有所扩大，沿着某一方向(横向或纵向)的距离有所增加，已经能够对离自身稍远的或斜对于自身前后位置的客体方位有较正确的判定。此外，中班幼儿开始以自身为中心判定左右的空间方位。

3. 大班

大班幼儿基本上都能把空间分成两个区域，或者左和右，或者前和后，还能把其中的每一个区域分成两个方面。如果分成前、后两个区域，则前面的这个区域可分成前左和前右，后面的这个区域可分成后左和后右；而如果分成左、右两个区域，则又可以把它们分成左前、左后和右前、右后。这个阶段的幼儿已经能够确切地标出空间位置的中间点，表明他们已经能够理解所感知的整个空间按基本方向的可分性。因

此，这一年龄阶段的大多数幼儿，对上下、前后、左右空间方位的区分是能够掌握的，对空间位置定向的相对性、连续性、可变性的理解在适当的教学影响下也是能够达到的。

（三）教学要求

1. 小班

第一，让幼儿区分并说出以自身为中心的上下方位：自己身体部位的上下位置和在自己的上面和下面的物体的位置。

第二，让幼儿认识并说出近处物体的上下位置。

2. 中班

第一，让幼儿区分并说出以自身为中心的前后方位：自己身体部位的前后位置和在自己的前面和后面的物体的位置。

第二，让幼儿区分并说出物体与物体之间的上下、前后位置关系。

第三，让幼儿学会按指定的方向运动，如向上、向下、向前、向后。

3. 大班

第一，让幼儿区分并说出自己的左手和右手、自己与物体的左右关系。

第二，让幼儿辨别物体与物体之间的左右关系。

第三，让幼儿会向左或向右方向运动。

（四）教学建议

1. 让幼儿用感知描述的方法，区分自己身体的上下、前后、左右

幼儿对空间方位的认识是从对自己身体有关部位的方位认识开始的。对自己身体有关部位的意识，最有效的方法为直接的自我感知。在感知的基础上，配合词的描述，使幼儿对空间方位的认识有了初步的概括理解。

例如，让幼儿认识上下时，教师可以请幼儿感知自己身体上面有什么，下面有什么，让幼儿用双手抱着头摇一摇，用手拍拍腿，说出身体上面有头，下面有腿。还可以问幼儿鼻子上面有什么，鼻子下面有什么，让幼儿眨眨眼，张张嘴，了解鼻子上面是眼睛，鼻子下面是嘴巴。然后问幼儿眼睛在鼻子的什么地方，嘴巴在鼻子的什么地方，头在身体的什么地方，腿在身体的什么地方，让幼儿重复回答"上面""下面"的词，以理解方位词的含义，掌握方位词。

2. 让幼儿用观察、操作和游戏等方法，认识自己和物体以及物体与物体之间的位置关系

在幼儿认识了自身有关部位的方位之后，要进一步引导幼儿辨别自己与物体的位置关系，最后使幼儿能正确判断物体之间的位置关系。认识自己与物体以及物体与物体之间的位置关系均可以让幼儿用观察、操作和游戏的方法学习，必要时教师可做示范讲解。运用游戏练习对方位的认识，能引起幼儿很大的兴趣。例如，组织幼儿玩"给娃娃布置房间"的游戏，教师先摆好娃娃家的必要家具玩具(床、桌子、柜子、椅子等)，然后向幼儿交代任务："娃娃房间里什么也没有，老师为娃娃准备了许多用的东西，请大家帮助娃娃把东西放好，看什么东西应该放在什么地方。"再一边出示玩具一边问幼儿"这是什么？它应该放在什么地方？"也可以由教师先摆好玩具让幼儿说出放的方位。

3. 结合幼儿一日生活中的各种活动进行空间方位教育

幼儿空间方位的教育除必要的上课外，还可大量地在一日生活的各种活动中进行。幼儿一日生活的各种活动，随时都需要幼儿对方位做出辨别。因此，从幼儿入园的第一天起就应结合各种活动让幼儿学习辨别方位。例如，排队或散步时谁在前面，谁在后面；做早操时，手往上举，身体蹲下来等。在音乐和体育活动中，也离不开向上向下、向前向后、向左向右等动作的运动方向。教师要善于利用各种机会，通过幼儿自身的各种活动学习辨别方位。

4. 联系生活实际让幼儿了解空间环境教育

认识空间，也是认识"地点"，认识环境。

认识环境。教师可以带领幼儿认识自己的生活环境，自己班级的位置、安全出口的位置，自己的幼儿园在家的什么方面，帮助幼儿认识环境，发展空间知觉。

看地图，找位置。大班幼儿在教师带领下参观游览时，事前在教师的指导下观看地图，确定自己所在位置，事中可以沿着地图路线找到想要到达的地方。

学习笔记

典型案例

大班数学活动：左右方位辨别

活动目标

1. 掌握左上、左下、右上、右下方位。

2. 初步理解用一个"物"代表一个数字。

活动准备

1. 经验准备：教师和幼儿在课前玩过辨别左右的游戏。

2. 物质准备：课件"左右辨别方位"、大田格纸1张、数字卡片4张，分别写有2、3、5、6。

活动过程

一、开始部分。

玩列队转身游戏，导入活动。

师："我来说，你们来做！"

师："向左转！"（向右转、向后转）

二、基本部分。

（一）引入新概念。

1. 出示大田格纸，引导幼儿说出大田格纸的左右、上下方位。

师："这张大纸上有4个小格子，谁能到前边来指一指，哪些格子在左边？哪些格子在右边？"

师："哪些格子在上边？哪些格子在下边？"

2. 引导幼儿理解"左上""左下"等复合概念。

师："谁能来指一指，哪个格子既在左边，又在上边？"

师："哪个格子既在左边，又在下边？"

3. 引出"左上""左下"等复合概念。

师："像这样既在左边又在上边的位置，我们叫'左上'。既在左边又在下边的位置叫'左下'，那请小朋友说说看，这个位置叫什么？"（右上）"这个？"（右下）

（二）闪卡游戏，引导幼儿运用新概念。

出示4只卡通兔子，玩"闪卡"游戏，请幼儿回忆并说出方位。

师："小兔子们在田地里做游戏，快仔细记一记它们都在哪儿，一会儿小兔子就不见了，看看谁还记得她们所在的位置。"

师："谁还记得左上位置的是哪只兔子？白兔子在哪个位置？黄兔子、白兔子呢？"

（三）数字对应游戏。

1. 教师出示4张数字卡片，引导幼儿在对应位置做数字标记。

师："有一天，兔子们去拔萝卜，黑兔子拔了2个萝卜，黄兔子拔了3个萝卜、灰兔子拔了5个萝卜、白兔子拔了6个萝卜。那么老师手里的卡片应该怎么摆到格子里呢？"

2. 教师引导幼儿用数与物的位置对应关系创编问题。

师："现在老师想考考你们，黑兔和白兔一共拔了几个萝卜？你是怎么知道的？黄兔子和灰兔子一共拔了几个萝卜？"

师："有两只兔子一共拔了 5 个萝卜，你知道是哪两只吗？"

三、结束部分。

最佳搭档游戏，教师随机指导。

师："现在请小朋友两两一组，一人创编问题一人给出答案，若三次结束，两位小朋友得到的答案均是相同的，便是最佳搭档。"

活动延伸

可以与户外投掷游戏相结合，活动场地创设有田字格形状的目标区域，幼儿抽取投掷任务卡，如"左上→右下"，按照投掷目标要求游戏。

备课笔记

_____

_____

_____

【评析】

本次活动主要运用了发现、讨论、操作等教学方法，教师引导幼儿在找一找、说一说、想一想、做一做中进行探索，通过游戏这一重要的学习形式让幼儿了解左上、左下、右上、右下空间方位，培养幼儿探索发现的兴趣；引导幼儿积极地与老师同伴交流，探讨问题，并让幼儿体验成功的喜悦，使其能够很好地掌握物体与物体之间的位置关系。

七、认识时间 >>>>>>>>>>>>>>>>>>>>>>>>>>>>>>>>>>>>

（一）有关时间的基本知识

时间是不依赖于人的意识的客观存在。各种物质运动过程都具有一定的发展顺序和持续性。在人与客观世界的认识过程中，认识时间具有重要意义。

时间是物质运动变化过程的持续性和顺序性。例如，花的开与谢、太阳的升与落，人的生与死等都需要用时间来表示。时间还意味着两个时刻间的距离或指某一时刻。时间与幼儿生活有密切关系。幼儿认识时间是时间知觉问题，是客观事物运动和变化的延续性和顺序性在意识中的反映。教幼儿初步认识时间，不但有利于幼儿感知时间的存在，发展时间知觉，而且能帮助幼儿树立时间概念，养成良好的生活习惯。幼儿对时间顺序性、周期性等的理解，可加深幼儿对次序关系、整体与部分关系的认识，提高思维的抽象水平。因此，教幼儿初步认识时间概念也是幼儿数学教育中一项不可忽视的内容。

拓展阅读

时间的知识

时间具有以下特点。

1. 流动性。时间与物质的运动相联系，不以人的意志为转移。

2. 不可逆性。时间不能倒转，流逝过去的时间是无法收回的。

3. 延续性（周期性）。时间是永远不能也不会间断的。它具有周期性，是一分一秒地流逝，且又是一秒复一秒、一分复一分地交替更迭的。日复一日，年复一年，周而复始。

4. 均匀性。时间是均匀地流动着的。

5. 无直观性。时间没有直观的形象，既看不见也摸不着，因此人们总是要通过某种媒介来认识时间。这种媒介可以是自然界的周期性现象，如太阳的升落、季节的变化等；也可以是机体内部的一些有节奏的生理活动，如饥饿、心跳等；还可以是测量时间的工具，如钟表、日历等。通过这些媒介，时间成为可被人们认识和测量的对象。

6. 相对性。时间的程序不是绝对不变的，如某一天的晚上比该天早上晚，但今天的晚上则比明天的早上早。

（选自黄瑾：《学前儿童数学教育（修订版）》，上海，华东师范大学出版社，2007。）

（二）幼儿认识时间的年龄特点

幼儿时间概念发展特点：越是与他们的生活联系密切的时间单位，如早上、中午、晚上等越容易掌握。而那些与幼儿生活联系不密切的时间单位，如分钟、小时等则较难掌握。幼儿对时间的理解是从和生活密切联系的"一天"开始，然后逐渐向更长或更短的时间延伸的。

1. 小班

小班幼儿一般能掌握一些最初步的时间概念，如早上、晚上、白天、黑夜，但对时间的理解往往和生活中的事件相联系，面对具有相对意义的时间观念，如昨天、今天、明天还不能掌握。

2. 中班

中班幼儿已经能够比较准确地确定不太长的时间间隔，借助于个人的经验，基本能知道经过早晨、白天、晚上、夜里就是经过一天，能逐步认识今天、昨天和明天。

3. 大班

大班幼儿对时间的认识逐渐向更长、更短的时间段扩展。他们能认识前天、后天，具有"星期"及"几点钟"的概念。在初步建立起时间更替（周期性）观念的同时，还发展着对时间分化的精确性，能区分较小的时间单位，如认识时钟上的整点与半点。

（三）教学要求

小班：使幼儿能初步理解早晨、白天、晚上和黑夜的含义，并能正确运用这些时间词汇。

中班：使幼儿能理解昨天、今天和明天的含义及其交替，理解快、慢、快些、慢些等时间词汇的含义，并学会正确运用这些时间词汇。

大班：使幼儿认识钟表及其用途。使其知道时针和分针的名称、用途和运转规律，学会看整点和半点；学会看日历，知道一星期有 7 天，7 天的名称及顺序，能确定当天是星期几，昨天是星期几，明天是星期几。

（四）教学建议

1. 在日常生活中进行认识时间的教育

教师可以充分利用幼儿的一日生活对幼儿开展谈话教学，如进行晨间活动、午餐前、课外活动等某种活动的间隙，均可与集体、部分或个别幼儿进行谈话。

例如，与小班幼儿进行认识一天的组成部分（早晨、白天、晚上、黑夜）的谈话，教师结合幼儿的日常生活，通过提问，使幼儿对一天的组成部分的理解具有相对生动的具体形象。教师也可利用节假日等进行时间教育的好机会，如与幼儿一起迎接六一儿童节的到来，认真排练节目，布置教室环境，计算距离即将到来的节日的天数，用各种时间词汇表示即将到来、现在和过去的节日时间等。

2. 在游戏活动中强化幼儿对时间的认识

游戏活动是非常重要的学习方式之一，教师可充分利用游戏来帮助

认识钟面

小朋友，知道钟面上的各部分都有什么意义吗？学一学吧！

我是时针，长得矮，喜欢慢慢地走。

时针所指的位置，就是代表小时的时间，例如，时针指向3，就是3时。

我是分针，长得高，喜欢快快地走。

分针每走过1小格代表着过了1分钟，绕钟面走一大圈就是过了60分钟，也就是1小时啦！

说说看，钟面上都有哪些数字，这些数字你都认识吗？读一读吧！

📝 学习笔记

幼儿认识时间。在游戏活动中，教师指导幼儿遵守一定的规则及时间安排要求。通过游戏活动的各种内容及形式让幼儿不断地感知时间、理解时间、表达时间。例如，教师通过让幼儿玩"娃娃家"的游戏，使幼儿巩固对早晨、白天、晚上和黑夜的认识(早晨让娃娃起床、穿衣、洗脸、吃饭，白天带娃娃玩，晚上让娃娃看电视、领娃娃看月亮和星星，夜里哄娃娃睡觉)。

3. 通过数学教学活动进行认识时间的教育

时钟的认识是大班年龄段时间概念教学中的一个重点和难点。在教学中，教师可以从以下几步着手：出示时钟讲解用途；引导幼儿进行观察，认识钟面的结构；演示讲解时针、分针转动的方向及规律；多次演示讲解整点(或半点)，总结整点(或半点)的规律；指导幼儿进行练习，巩固对整点(或半点)的认识。

拓展阅读

1. 认识整点。

(1)将分针和时针都拨到 12 处，告诉幼儿这是 12 点整。

(2)教师边讲边拨分针，分针从 12 走起，经过 1，2，3，…走到 12 上，这样走一圈，时针就从 12 走到 1，这就是 1 小时。

(3)拨好后，告诉幼儿现在是 1 点整。让幼儿观察并回答："现在分针指着几？是几点整？"

2. 认识半点。

(1)与认识整点的方法相似。

(2)把分针和时针都拨到 12 处。

(3)教师拨动分针，使分针指着 6，时针指在 12 和 1 之间，告诉幼儿这是 12 点半。

注意事项：

(1)拨针要顺时针拨。

(2)先认识整点再认识半点。

典型案例

大班数学活动：我们一起看日历

设计意图

《指南》指出幼儿"能发现生活中许多问题都可以用数学的方法来解决，体验解决问题的乐趣"。在日常生活中"和幼儿一起寻找发现生活中用数字做标识的事物"，"鼓励幼儿尝试使用数的信息进行一些简单的推理"。大班幼儿虽然知道了昨天、今天、明天的时间概念，但是对星期和月的概念的认识还很模糊，为此，本活动设计将活动内容更好地与幼儿的生活结合在一起，使其能够更加懂得要珍惜宝贵的时间。

活动目标

1. 认识并学会看日历，知道一星期有 7 天，知道一个月的天数。

2. 了解日历的功用，能运用日历查找自己需要的信息。

3. 知道珍惜时间，愉悦地度过每一天。

活动重点

认识并学会看日历，知道一星期有 7 天，知道一个月的天数。

活动难点

了解日历的功用，能运用日历查找自己需要的信息。

活动准备

物质准备：日历图片 1 张、日历人手 1 份、记录表格人手 1 份。

经验准备：认识数字"日、一、二、三、四、五、六"，知道法定节假日的日期。

活动过程

1. 谈话导入，复习"昨天、今天和明天"。

师："小朋友们，你们知道今天是星期几吗？那昨天呢？谁知道明天又是星期几？你们有什么好方法可以知道昨天、今天和明天？"

2. 出示日历图片，帮助幼儿认识日历。

师："你们见过日历吗，谁能说一说日历上都有什么？"

师："这张日历上面有一些数字，谁来告诉我，它们表示什么呢？"

小结：日历上的"日、一、二、三、四、五、六"分别表示星期几。从日历上我们可以发现，星期日、星期一、星期二、星期三、星期四、星期五、星期六表示一个星期，一个星期有 7 天；如从数字 1 到 30 是一个月，则下面有数字 1~30，它们表示一个月的每一天。

3. 幼儿人手 1 份日历，帮助幼儿进一步认识日历。

师："请你们看看自己组的日历，找一找表示星期和月的数字分别在哪里？"

师："每个月的天数是不一样的。你们看看有几天的？"

师："我们来分组记录一下，如果是 31 天，那就在 31 天下面写上当月是哪月，如果是 30 天，那就在 30 天下面写上当月是哪月，如果是 28 天，那就在 28 天下面写上当月是哪月。"

4. 实际操作日历，丰富生活经验。

让幼儿分别在日历上找出元旦、三八妇女节、五一劳动节、六一儿童节、十一国庆节等节日的具体位置，向大家介绍在日历上寻找日期的方法。

5. 知道日历的作用，珍惜时间。

师："谁能告诉我，今天是星期几，明天又是几月几号？我们知道新的一天会代替过去的一天，新的一年会代替过去的一年，时间过去不会再回来，我们马上要成为小学生了，我们应该过好每一天，珍惜时间。"

活动反思

日历是幼儿认识而非熟悉的物品，在活动中幼儿能够根据经验识别出阿拉伯数字和汉字一、二、三、四、五、六、日，但是不能够清楚地知道它们表示的意义，这也是活动的重点。在实际操作后，幼儿掌握了如何知道一个月的天数，初步掌握了如何利用日期查找我们需要的信息。不足的地方是幼儿手上的日历不能保证一模一样，多少会影响到幼儿对日历的认识和实际操作。

（选自：当代学前教育网。作者杨晓，该案例获第十二届"当代杯"全国幼儿教师职业技能大赛一等奖。收入本书时有改动。）

学习主题 4
日常生活和活动区角中的数学教育活动的设计与指导

情境案例

春光明媚，风和日丽。这一日，我与幼儿们一起在户外漫步，院内外的几棵大树一时间成为幼儿游戏的伙伴。他们有的在树间追逐，有的围绕着大树转圈，还有的在树后玩捉迷藏游戏。

冬冬对我说："刚才我藏在了大树的后面，他们没发现我。那棵大树很粗，能挡住我的身体。""是吗？我也想藏一下试试。"冬冬把我带到树旁边，让我站在他刚才藏过的地方，自己站在大树的另一面说："这棵树也能把孟老师的身体挡住！"说完，冬冬张开双臂抱着树干："这么粗的树干，我都抱不住它。""抱不住，我可以来帮忙！"我拉住冬冬的手，两人去抱那棵树，可还是差那么一段距离。"明明，快来帮忙！"在不远处站着的明明听见冬冬的叫声，很快来到我们身边，我们三人拉起手，才把大树围了起来。冬冬高兴地喊："我们围住喽，我们成功喽!"这声音吸引来不少的伙伴，他们也上前抱抱大树，炎炎拍着大树说："这棵大树真粗呀!"冬冬马上说："你知道吗，是我和孟老师还有明明三个人才抱住大树的!"我想，学习测量的时机已经到来。于是我问："你们知道这棵树有多粗吗?"我这么一问，孩子们便展开了激烈的争论。"猜猜大树有多粗?"于是孩子们围绕着这个问题，对采用什么工具对大树进行测量、具体怎么测量等问题展开了思考和争论。

　　　　　　　　　[选自孟旭红：《量量大树有多粗》，载《学前教育(幼教版)》，2003(11)。]

【点评】

　　以幼儿园的日常生活为幼儿提供一种数学学习的情境，促进幼儿对数学的数、形、量、时间、空间等内容的学习。此案例呈现了幼儿在日常散步活动中，围绕着"这棵树到底有多粗?"这个情境提的问题，展开讨论、分析、探究、实践等的活动。

　　本主题将介绍日常生活和活动区角中的数学教育活动的含义、价值及设计指导的要领。

一、日常生活和活动区角中的数学教育活动的含义

　　幼儿数学教育的生命力不仅体现在正规的集体数学教育活动中，而且体现在丰富多彩的日常生活和活动区角的数学教育活动中。长期以来在许多幼儿园，日常生活和活动区角的数学教育活动的重要性没有得到应有的关注，只是作为集体教学的补充和点缀。现在这些教学组织形式越来越受到重视。

（一）日常生活中的数学教育活动

　　陶行知说：生活即教育，社会即学校。生活是一切教育活动的载体，也是幼儿数学教育活动的载体。

　　日常生活中的数学教育活动是指教师在专门组织的数学教学活动、游戏活动之外，引导幼儿在园中开展的数学教育活动。它是一种非正规的数学教育活动，它是发生在生活中的，其最重要的特征就是和生活紧密联系，体现在丰富多彩的生活中。首先，从时间跨度上看，这种教育活动涵盖了幼儿在园的全部时间，从晨间入园，到自由游戏和自由活动的时间，再到家长接幼儿离园，甚至一日活动的转换环节等。其次，从教师的角度来看，数学教育活动的内容蕴含在幼儿的生活之中，如上下楼梯、如厕、喝水、盥洗、就餐、散步、午睡、游戏等。最后，从组织形式上看，日常生活中的数学教育形式灵活多样，可以是全班共同参与的，也可以是部分幼儿进行的，更多的则是幼儿三三两两自由结伴组合

的形式。

日常生活中的数学教育具有以下的特点。

1. 经常性

经常性是指生活中的数学教育活动在日常生活中经常发生。除了正规的教学活动时间之外，幼儿在幼儿园的其他时间中都可以发生。例如，幼儿晨练时间、区角自由活动时间、户外散步时间、生活起居时间、游戏时间……在日常生活中，幼儿自然而然地、不知不觉地、没有压力地学习了数学，获得了有关数学的经验。这种经常性的数学学习活动的进行，使幼儿能够按照自己的兴趣和意愿，注意和探索数学现象和问题，并能够充分发挥幼儿的独立性、自主性和创造性。

2. 真实性

真实性是指日常生活中的数学教育所要解决的问题是幼儿生活中真实的、有意义的问题，它不是教师创设出来的一种教学情境。幼儿对解决生活中遇到的数学问题具有很强的探究欲望，教师可以利用这一点，开展日常生活中的数学教育，引导幼儿获得有用的数学经验。例如，分餐具、分点心是幼儿日常生活中的真实活动，如何分得更公平合理的问题要求幼儿探索大家认可的方法，促进幼儿对对应、平分的概念的认识。

3. 渗透性

渗透性是指日常生活中的数学教育往往不是孤立出现的，而是经常和其他领域的内容交错、渗透在一起出现的。幼儿园教学工作所涵盖的健康、语言、社会、科学、艺术五大领域看上去千差万别，但实际上是相互联系的。不同的学科，只是从不同的角度、用不同的眼光去看待这同一个世界。在幼儿园教学中，经常采用的主题单元的形式安排和组织活动其实就是一种学科整合和渗透的方式。因此，在幼儿园其他领域的集体活动或生活活动中经常会涉及数学的内容。例如，在"超市购物"这个主题单元中，就会涉及认识人民币、加减法等内容。

4. 灵活性

灵活性是指日常生活中的数学教育的组织形式灵活。日常生活中的数学教育活动可以是集体活动，也可以是生活中某个时段、某类事件中的教师与幼儿一对一进行的或与部分幼儿进行的活动。这要求教师要善于观察和理解幼儿，及时给予幼儿所需要的数学方面的指导。此外，教师要创设良好的数学活动环境，提供充足的活动材料，让幼儿有时间和空间与材料进行交互作用。例如，在"分生日蛋糕"这个活动中，教师可以组织参加生日派对活动的幼儿进行数数、认数活动。

（二）活动区角中的数学教育活动

活动区角中的数学教育活动是指教师在专门组织的数学教学活动、游戏活动以外，由教师在专门的区角提供数学操作材料，供幼儿自选的数学活动。它虽然具有不同于集体数学教学活动的特点，但是它和集体教学活动一样，是由教师发起的有目的、有计划、有组织的学习活动，是将教师的"教"隐藏于幼儿自主的"学"之中的活动。

活动区角中的数学教育活动包括两种类型：一是在以班级为单位设立的数学活动区角中的活动；二是在全园共享的专门的数学活动室中的活动。有一些条件较好的幼儿园会设置数学活动专用室，让幼儿在专用室中进行区角数学活动。

活动区角中的数学教育活动具有以下几个特点。

✎ 学习笔记

第一，区角活动大多是可以操作的桌面活动。区角活动是通过对环境的创设来促进幼儿的学习和发展的。区角活动中环境的创设主要体现在活动材料的设计和提供上，幼儿通过操作各种各样的材料来进行学习。这是一种以材料为中心来组织学习内容的活动。

第二，区角活动的内容常常和学科性的集体教学或正在开展的主题教学紧密联系。数学区角活动是集体数学教学活动的重要预备、补充和拓展，它往往和幼儿的数学集体教学活动相辅相成，两者不能完全分割开来。

第三，区角活动是幼儿自选的活动。集体教学活动是在教师指导下的学习活动，幼儿较少有个别操作的机会。在区角活动中，幼儿拥有较大的自主权，可以真正成为学习的"主人"。

第四，教师对幼儿的区角活动进行个别化的指导和评估。在区角活动中，幼儿按照自己的兴趣和需要选择活动材料，自主进行操作。由于幼儿之间存在明显的个体差异，各项能力的发展水平差距较大，社会性交往才开始逐步建立，他们总是倾向于摆弄自己感兴趣的材料而不会关注同伴的活动，其学习往往是个别化的操作性学习，因此教师的指导只能是个别化的指导。在幼儿操作活动整个过程中，教师基本上不干预幼儿的操作，并且较少有言语上的指导。

日常生活和活动区角中的数学教育活动与集体数学教育活动的比较见表 5-2。

表 5-2　日常生活和活动区角中的数学教育活动与集体数学教育活动的比较

项目	集体数学教育活动	日常生活中的数学教育活动	活动区角中的数学教育活动
教育内容	教师设计内容、创设情境	幼儿自己遇到的真实的、有意义的问题	教师设计内容、创设情境
目的计划性	教师有目的、有计划地开展	教师的目的、计划随幼儿活动产生和调整	教师有目的、有计划地开展
组织形式	集体为主，面向全体	灵活多样	灵活多样
发生时间	专门的数学教学时间内	一日生活中，可重复、可延伸	灵活多样
主体性	教师主导	幼儿主导	幼儿主导
特点	时间和空间相对固定	时间和空间相对不固定	时间灵活，空间固定
功能	知识与技能	兴趣和创造性	兴趣、探究、自主性

二、日常生活和活动区角中的数学教育活动的价值

日常生活和活动区角中的数学教育活动作为集体数学教育活动的重要补充形式，对幼儿的发展具有独特的价值，主要表现在以下几个方面。

（一）拓宽幼儿数学教育的途径

幼儿数学教育的途径有数学集体活动、游戏和日常生活中的数学教育、数学区角、主题活动中的数学教育等。日常生活和活动区角中的数学教育活动是正规的集体数学活动的重要补充和拓展，传统的幼儿数学教育过分注重集体教学和教师的主导作用，使幼儿园教育具有"小学化"的倾向。日常生活和活动区角中的数学教育活动使幼儿能够获得大量的对数学的感性认识，有利于激发幼儿学习数学的兴趣，实现数学教育的生活化。

（二）彰显幼儿数学学习的主体地位

日常生活和活动区角中的数学教育活动，给幼儿提供了主动学习的机会，为幼儿自主性、创造性地发展创设了条件。在这些活动中，幼儿具有选择性，是活动的主体，教师在其中处于支持者和合作者的地位。我们知道，主动学习是幼儿发展过程的核心，一切学习经验必须由幼儿主动建构才能获得。在数学教育中，让幼儿学会主动学习，这不仅是今天的教育目标所要求的，而且也是未来社会所需要人才的必备素质。

（三）有利于幼儿主动建构数学知识

幼儿的数学认识存在几个阶段：幼儿对数学认识的动作水平层面，

幼儿对数学认识的表象水平层面，幼儿对数学认识的概念水平层面。通过与区角活动材料的直接接触和操作，有利于幼儿数学概念的建立。建构主义给我们的一个重要启示就是，幼儿不是从外部获得知识的，知识来源于主客体的相互作用。在幼儿的数学区角和日常生活的数学学习中，这种相互作用更明显地表现为幼儿以物质材料为中心的操作活动。幼儿在操作物质材料的过程中，获取有关这些事物的个人经验。幼儿也和同伴、教师发生人际互动，这对丰富、修正其个人的数学经验是很有必要的。另外，日常生活和活动区角中的数学教育活动给了幼儿主动探索、自主学习的活动场所和时间。从入园到离园，从教室中的区角到全园共用的数学活动室都蕴含着数学学习的机会和可能。

（四）尊重幼儿的个别差异

因材施教是教育的基本原则之一，在日常生活和活动区角中的数学教育活动中，幼儿的个别差异可以得到充分的尊重。一方面，教师在设计数学区角活动时，要从多方面来考虑活动材料和内容的提供，以满足幼儿发展的层次性和差异性。另一方面，教师相信"幼儿最了解自己的需要"，把学习的自主权交给幼儿，让幼儿自主选择学习的内容和时间，以最大限度地满足幼儿对学习内容的真正需要。在活动过程中，教师应承认不同幼儿的不同学习风格，允许幼儿以自己的方式来学习，可以说在日常生活和活动区角中的数学教育活动中，每个幼儿都成为一个与众不同的、独特的、富有个性的学习者。

（五）有助于激发幼儿的兴趣

日常生活和活动区角中的数学活动相对于集体数学活动的一个重要特点是幼儿可以选择自己感兴趣的活动内容和活动方式。因此，在日常生活和活动区角中幼儿能够关注到的数学活动内容一定是出于自己的兴趣和好奇，故日常生活和活动区角中的数学教育活动能更好地满足幼儿学习数学的兴趣。

三、日常生活和活动区角中的数学教育活动的设计与指导 >>>

日常生活和活动区角中的数学教育活动的指导与集体数学教育活动有所不同，教师的参与性和干预性要远远低于集体数学教育活动，幼儿的主体性和主动性则更为突出。教师在指导这类数学教育活动时要注意以下几个方面。

✎ 学习笔记

（一）充分发挥教师的隐性指导作用

新课程改革倡导教师是组织者、引导者和合作者。尽管在日常生活和区角活动中的数学教育活动中不进行以教师为中心的讲解和讨论，但是教师依然是数学区角活动的组织者和引导者。教师要更多地了解个别幼儿的不同需要，并根据幼儿的不同情况给予满足。例如，对于缺乏学习动机的幼儿应考虑如何激发他的探究兴趣，对于缺乏解决问题策略的幼儿应考虑给予什么样的引导，对于有所发现的幼儿应考虑如何促进他进一步的反思等。

（二）充分激发幼儿主动探究，提高幼儿思维能力

皮亚杰说：你教给儿童的越多，他自己发现的机会就越少。在数学区角活动中，教师要放手让幼儿自主探究。教师不仅要尊重每个幼儿的学习方式和按照自己的步调发展的权利，而且要从过去"目标导向"的指导转变为"过程导向"的指导。不强求幼儿在短时间内通过教师的指导就达到某一知识技能目标，而是要尽可能地为幼儿创设自我指导、自我探究的机会，让幼儿通过体验性的学习经历一个自我发展的过程。

（三）创设良好的数学区角环境

教师应为幼儿数学区角活动提供一定的空间，在这里既可以摆放各种活动材料，也可以摆放幼儿进行操作的桌椅。摆放材料的橱柜要便于幼儿拿取。在空间设计上，可以在教室或活动室的一角，摆放数学活动材料，作为数学活动区角。一些条件较好的幼儿园可以设置全园共用的数学活动专用教室，让幼儿在专用教室中进行数学活动。由于数学区角活动与数学集体活动两者是紧密相连的，从材料投放的时机来看，教师可以根据幼儿在数学集体活动中的表现，预先或在数学集体活动之后，提供有关材料让幼儿学习，增强幼儿对具体数学学习内容的感性认识并深化学习的内容。

（四）为幼儿提供丰富的学习材料并定期更换

为了更好地激发幼儿对数学活动的兴趣，促使幼儿不断地进行数学探索活动，教师应为幼儿提供品种齐全、数量充足的数学活动材料，用以满足幼儿对数学活动探索的需要。

（五）加强对日常生活和活动区角中的数学教育活动的管理和评估

教师对于数学区角活动在开学之初要制订计划，对于材料的种类、

规格和数量做好计划。在学期之中及时更换和补充活动操作材料，以保证幼儿的数学探索兴趣。学期结束对区角的材料要进行整理和清点，对数学区角活动的教学效果进行评价。教师要向幼儿提出在区角活动的要求和规则。例如，向幼儿交代各种材料的摆放位置，使用中要爱护材料，使用结束后要整理和放回原处等。

典型案例

中、大班活动区角中的数学教育活动：钓鱼

活动目标

1. 感知 6 以内的数物对应，比较数字的大小，学习 6 以内的加减法。

2. 锻炼手眼协调能力。

3. 体验数学活动的乐趣。

活动准备

磁性钓鱼竿若干。

写有数字或试题的纸鱼（上面别有曲别针）若干。

鱼池背景图 1 张。

活动过程

1. 把钓到的鱼放到写有相应数字的鱼池中，如钓到写有数字 4 的鱼，就把鱼放到 4 号鱼池中。

2. 把钓到的鱼放到比它大 1 或小 1 的鱼池中，如钓到写有数字 3 的鱼，就把鱼放到 4 号或 2 号鱼池中。

3. 根据钓到的鱼身上的加减试题，把鱼放到相应得数的鱼池中去，如钓到的鱼上写有试题"1＋2"，就把鱼放到 3 号鱼池中；钓到的鱼上写有试题"2－1"，就把鱼放到 1 号鱼池中。

活动建议

该活动适合中、大班幼儿。可以一个人玩，也可以多人合作玩。

【评析】

感知物体数量及其数字对应关系是中班幼儿学习数学的重要内容，它与幼儿生活紧密相关。数学是一门比较抽象的学科，中班幼儿往往对数学不是特别感兴趣。游戏却是幼儿特别感兴趣的活动，它既能让幼儿主动参与，又能让幼儿在游戏中获得知识和经验。根据这一特点，以"钓鱼"游戏为主线的数学区角活动，来源于幼儿生活，适合幼儿年龄特点、兴趣需要，把数学融入游戏中，可以让幼儿在游戏中理解数学，学习数字学包含的实际意义。

让生活成为幼儿学习数学的课堂

生活是数学的源泉，生活中的数学无时不有，无处不在。幼儿园数学教育生活化，可以理解为两层含义：一是"从生活中来"，即幼儿园数学教育内容、操作材料等来自生活，与幼儿的实际生活紧密联系；二是"到生活中去"，即让幼儿在生活中感受数学、学习数学、运用数学。因此，我们在设定数学教育目标时，应与幼儿的生活经验相联系，使数学教育目标生活化。教师应根据幼儿学习的特点，努力让数学教育过程生活化，从激发学习兴趣入手，引导幼儿联系生活，主动建构数学知识，并将数学知识融入幼儿生活之中，使幼儿的数学学习更加积极有效。

一、巧妙利用生活中的数学环境，引导幼儿感知、体验。

在数学教育中，教师可以根据数学内容、幼儿的年龄特点和生活经验，并借鉴一些常见的生活事件，创设一个个生动真实、可亲身体验、科学而有效的模拟生活的教育情境，让幼儿与情境中的人、物、事件相互作用，从而使其建立起连接数学概念与生活的桥梁。例如，我在班里为幼儿制作了一台"自动柜员机"，创设了"银行"的情境，让幼儿自己取钱练习点数、认识人民币，学习数量的分合、加减，感知数量的守恒概念；创设了"娃娃餐厅"的情境，引导幼儿分类摆放餐具，并要求一一对应；创设了"食品加工厂"的情境，在幼儿制作点心时启发他们设计出三角形、圆形、正方形等多种形状的点心；创设了"我爱我家"的情境，让幼儿有意识地将图书按不同特征有规律地排序、摆放，整理小书柜来学习排序规律，理解体验上下、左右、里外等空间关系。

在日常活动中，教师应随机引导小班幼儿学习数学，使幼儿在没有思想负担的情况下，自然、轻松、愉快地获得一些粗浅的数学知识，从而激发学习数学的兴趣，激发参与活动的主动性。例如，在幼儿衣服柜上贴上本班幼儿的照片；在图书架、小椅子、杯子架上贴上色彩鲜艳的各种水果图案，按大小、颜色自然排列；在喝水、洗手时让幼儿明白1个小朋友用1个杯子、1块毛巾，并知道小朋友和毛巾、杯子一样多，如果有1个小朋友没来就会多出1个杯子、1块毛巾；在进餐时通过分勺子感知一一对应的方法。

中班幼儿已经掌握了许多数学知识，他们会将获得的经验进行迁移，会在生活中根据观察或发现的事物积极动脑筋思考。于是，我们便在幼儿早晨入园后，轮流请一个幼儿点数幼儿人数，另一个幼儿点数幼儿的牌数并加以比较，这样既让幼儿练习了点数对应比较，又使教师了解了幼儿对数学知识的掌握情况，便于有针对性地指导；为幼儿编上学号，并在晨检袋的插牌位置写上幼儿的学号，这样幼儿在入园后将牌插在有自己学号的晨检袋中，当幼儿都认识了自己的学号后，教师便有意识地将学号是一位数的和两位数的幼儿互换，学号的不断变化使幼儿在晨检中对数字始终保持浓厚的兴趣和敏感性，而且轻松地认识了数字；让幼儿做教师的小助手，请幼儿帮助教师分发学习用品。

大班幼儿已经初步认识了人民币，在日常活动中经常接触人民币，如跟妈妈去超市，看到妈妈买吃的要付钱，买菜要付钱，买玩具要付钱等。何不让他们亲身体验一下购物的过程呢？于是，在户外活动中，我们就让幼儿尝试用一元钱去买东西。

这些生活化的游戏情境的创设，为幼儿提供了学习和操作的载体，让幼儿在具有生活气息的游戏情境中，形成了一定的数学意识，学会了解决问题。

二、从周围环境中捕捉数学教育内容。

我们的周围，每样物品都以它一定的形状、大小、数量和方位存在着，只要做个有心人，就能在生活中找到无处不在、无所不有的数学素材。例如，走楼梯时，数一数有多少台阶，观察栏杆的颜色交替以感知有规律的排序等。鼓励幼儿寻找自己的班级在几楼第几间，自己家住在第几层，自己的床位在第几行第几列，自己做操站什么位置等，都能使幼儿区分方位，感知序数；数一数幼儿园的大型玩具有几组，树有几棵，比较树的高矮、粗细、排列规律等，能引发出许多有趣的探索活动，使幼儿感知数量、学习测量等。数学区是专门为幼儿数学学习提供的活动区，幼儿可在其中学习比较大小、多少，认识基数，数字与图形匹配，写数字，学习一些关于测量和方位的词语等。在科学区里，幼儿可以记录自然界的变化；收集各种石头、坚果、种子等进行分类；操作一些测量仪器，如量杯、天平等。

再如，教师以十分惊奇的口吻告诉幼儿：瞧，电视机的遥控器上怎么有这么多数字，时钟上也有许多数字，电话号码也是由许多数字构成的，不知道什么地方也有数字呢？幼儿的兴趣被激发起来了，他们用自己的眼睛寻找着、发现着，纷纷交流着。幼儿发现在自己生活的周围环境中有着这么多的教育内容，从而萌发了探索数学、学习数学的兴趣。

三、善于利用一日活动中的数学教育元素。

在丰富多彩的客观世界，任何物体、任何现象都与数学有着密切的关系，教师要引导幼儿了解数学与生活的关系，真正做到在生活中学习，在生活中成长。我们不难发现，数学知识与生活的联系十分紧密，只有让幼儿感到数学就在我们的生活中，才能引发他们更积极地投入数学学习之中。因此，幼儿数学教育生活化需要渗透于一日生活之中。

幼儿的一日生活中不但蕴藏着许许多多可对幼儿产生数学影响的事例，而且这些事例经常反复出现，教师要引导幼儿感受这些事例中的数学，让幼儿积累相关的数学经验，为幼儿学习数学做好经验准备。例如：

幼儿入园接待时间段。让先入园的幼儿数一数来了几个幼儿，室内有几个幼儿、室外有几个幼儿，男生有几个、女生有几个等。

进餐前时间段。让幼儿安静地闭上眼睛或伏在桌子上，体验 1 分钟、2 分钟时间的长短，发展幼儿的时间感；根据固定的时间收看动画片，可以让幼儿积累辨认时钟的整点和半点的相关经验。

餐点时间段。进餐时让幼儿分发餐具，一个幼儿负责按人数一人分一个碗、一把汤匙，另一个幼儿负责在每个人的碗里分两个包子；让幼儿数一数吃完饭的幼儿几个在聊天，几个在看书；饭后散步时，让幼儿练习按男生、女生分类、排序，按穿的衣服的不同颜色分类、排序，按幼儿高矮分类、排序等。

集中教育活动时间段。幼儿熟悉自己在班级中的位置，谁坐在我的旁边，谁坐在我的前面，谁坐在我的后面。让幼儿数一数有几个幼儿最先坐好了，有几个幼儿还在室内走动，有几个幼儿还在讲个不停等。

户外活动时间段。玩滑梯时，通过自己身体的动作，如爬、跑、跳等获得上下、左右、里外等大量的空间方位的经验。

另外，也可以结合值日生、气象记录等活动进行随机教育，如"小明做值日生是哪天""今天是谁做的气象记录，明天该轮到谁了"等，引导中班幼儿认识昨天、今天、明天以及星期等。

幼儿在生活中遇到的是真实、具体的问题，真正是他们"自己"的问题，因而最容易被理解，而且解决起来比成人给他们的那些问题要容易得多，他们还会感到自然、轻松。所以，从日常生活入手，注重对幼儿进行渗透性、随机性的教育，对培养幼儿注意、发现、获得和应用数学知识的能力，效果会好得多。教师要敏锐观察幼儿的生活信息，善于捕捉其中的数学教育契机。

四、挖掘家庭数学教育资源来解决简单的生活问题。

家庭里到处都有蕴涵着数学信息的生活环境，我们要充分借助家长这一教育资源的作用，有效地形成合力，从而使幼儿的数学教育向家庭延伸，不断扩展幼儿的数学空间，让幼儿在数学的氛围中体会生活的美好。例如，可以让幼儿找一找家里哪些东西上面有数字；家里的家具、电器都有哪些形状；家里哪些东西是在变化的；家里哪个房间最大、哪个最小，你是怎样知道的；看一看鞋架上的鞋子是怎样摆放的；吃饭时请幼儿数一数盛饭用几个碗，装菜用几个盘子，算算桌子上一共有几个碗、几个盘子；看一看钟表上的长针指到几开始《新闻联播》……对于幼儿来说，数学就在他们每天所遇到的实际问题中，就在他们身边，幼儿数学教育生活化的观念，让我们改变了仅仅通过教学这一单一途径来学习数学的思维。

教师还可充分发挥家园互动的作用，请家长配合，让幼儿运用分类知识整理自己的衣柜、玩具橱，或到超市购物，运用所学的加减法计算购物的数量和价钱、学做记录等。教师要让家长认识到，幼儿的数学教育不仅仅是幼儿园教师的义务，在家庭里也可以创设条件，利用环境让幼儿学习数学、运用数学。通过家园合作，共同引导幼儿感受来自日常生活的种种数学信息，积累数学经验，运用数学知识解决日常生活中的简单问题。

综上所述，在幼儿园的数学教学中，教师应运用数学思想方法，变书本数学为生活数学，密切数学与幼儿生活的联系，创设适合幼儿的生活情境去刺激幼儿的数学思维，将幼儿数学活动与现实生活相结合，让生活问题走进幼儿数学活动，实现内容、组织上的新突破，以综合的思路构想生活化的幼儿数学活动，使幼儿的日常生活数学化，让我们的孩子在生活中快乐地学习数学。

[选自曹庆卫：《让生活成为幼儿学习数学的课堂》，载《山东教育》，2015（Z5）。收入本书时有改动。]

思考与练习

1. 幼儿数学教育的目标有哪些？

2. 举例说明幼儿数学教育的方法。

3. 幼儿数学教育活动包括哪些类型？

4. 举例说明幼儿数学教育活动的重要意义。

5. 如何指导幼儿的分类活动？如何在分类活动中渗透集合的思想？

6. 请结合小班幼儿认识量的年龄特点，谈谈怎样使小班幼儿较快辨别物体的高矮和长短。

7. 结合实际，举例谈谈在幼儿园如何引导幼儿利用多种感官比较物体的大小、长短、粗细、高矮、轻重等。

8. 结合中班幼儿认知特点，谈谈在游戏活动中怎样教幼儿认识方位。

9. 如何引导幼儿在日常生活中辨别时间？

10. 如何设计与指导日常生活和活动区角中的数学教育活动？

拓展训练

1. 设计一个认识 10 以内数的教学活动（任意选择一个内容和年龄班）。

2. 设计一个引导幼儿学习自编应用题的数学活动。

3. 设计一篇认识平面图形的教学活动方案。

考证导航

一、选择题

1. 对幼儿数学教育目标最概括的表述是（　　　）。

A. 各年龄阶段教育目标　　　　　　B. 数学教育活动目标

C. 幼儿数学教育总目标　　　　　　D. 幼儿园培养目标

2. 幼儿学习数学是从"数行动"发展到"数概念"的过程，说明幼儿获得数学知识的过程是（　　　）。

A. 从具体到抽象　　　　　　　　　B. 从同化到顺应

C. 从外部动作到内化动作　　　　　D. 从不自觉到自觉

3. 幼儿数学教学活动所采用的主要形式是（　　　）。

A. 集体教学活动　　　　　　　　　B. 分组活动

C. 个别活动　　　　　　　　　　　D. 集体与分组相结合的活动

4. 小明现在刚好 5 岁，请问他大致属于数概念发展的哪个年龄阶段？（　　　）。

A. 对数量的感知动作阶段

B. 数词和物体的数量间建立联系阶段

C. 数词和物体的数量间建立联系和数的运算初期的过渡阶段

D. 数的运算阶段

5. 幼儿计数能力的发展一般经历了（　　　）阶段。

A. 口头数数—说出总数—按物点数—按数取物

B. 口头数数—按物点数—说出总数—按数取物

C. 口头数数—按物点数—按数取物—说出总数

D. 说出总数—按物点数—按数取物—口头数数

6. 某幼儿园在上学期为大班开设了一年级数学课程，该幼儿园的做法（　　　）。

A. 正确，幼儿园有权安排教学活动

B. 不正确，这些内容应设在大班下学期

C. 正确，有利于实现幼小衔接区

D. 不正确，不利于幼儿的身心发展

7. 下列幼儿行为表现中，数概念发展最低的是（　　　）。

A. 按数取物　　　　　　　　　　　B. 按物说数

C. 唱数　　　　　　　　　　　　　D. 默数

（2019 年下半年幼儿园教师资格考试"保教知识与能力"真题）

8. 桌面上一边摆了三块积木，另一边摆了四块积木，教师问："一共有

学习笔记

几块积木?"从幼儿的下列表现来看,数学能力发展水平最高的是(　　)。

A. 把前三块积木和后四块积木放在一起,然后一个一个点数

B. 看了一眼三块积木,说出"3",暂停一下,接着数"4,5,6,7"

C. 左手伸出三根手指,右手伸出四根手指,暂停一下,说出 7 块

D. 幼儿先看了 3 块积木,后看了 4 块积木,暂停一下,说出 7 块

(2017 年上半年幼儿园教师资格考试"保教知识与能力"真题)

9. 小红知道 9 颗花生吃掉 5 颗,还剩 4 颗,却算不出"9−5"等于多少。说明小红的思维具有(　　)。

A. 具体形象性　　　　　　　B. 抽象逻辑性

C. 直观动作性　　　　　　　D. 不可逆性

(2019 年上半年幼儿园教师资格考试"保教知识与能力"真题)

10. 芳芳数积木,花花问她有几块三角形,芳芳点数:"1,2,3,4,5,6,6 个三角形",花花又给她四块,问她现在有多少块三角形积木。芳芳边点数边说:"1,2,3,4,5,6,7,8,9,10,我有 10 块啦!"就数学领域而言,下列哪一条最贴近芳芳的最近发展区?(　　)。

A. 认识和命名更多的几何图形

B. 默数,接着数等计数能力

C. 以一一对应的方式数 10 以内的物体,并说出总数

D. 通过实物操作进行 10 以内加减法的运算能力

(2019 年上半年幼儿园教师资格考试"保教知识与能力"真题,有改动)

11. 进行分类教育要求时,对大班的要求是(　　)。

A. 学会按物体的外部特征进行分类

B. 能够按物体的数量进行分类

C. 能按某一特征进行肯定与否定的分类

D. 能按照物体的内部属性进行分类

12. 幼儿认识几何形体的顺序是(　　)。

A. 圆柱体—正方形—球体

B. 正方形—球体—圆柱体

C. 正方形—圆柱体—球体

D. 球体—圆柱体—正方形

13. 在中班认识梯形的活动中,教师选择不同颜色、不同大小的三角形,并用不同方式摆放,其目的在于(　　)。

A. 对图形进行比较

B. 理解图形变式,进行图形守恒的教育

C. 让幼儿感知图形之间的关系

D. 激发幼儿学习数学的兴趣

14. 幼儿通过运用自己的脚、小棒来测量物体的方式是(　　)。

A. 普通测量 　　　　　　　　 B. 观察测量

C. 正式量具测量 　　　　　　 D. 非正式量具测量

15. 幼儿形成数概念的核心是(　　)。

A. 掌握 10 以内的基数

B. 掌握 10 以内数的序数

C. 掌握 10 以内数的守恒

D. 掌握 10 以内数的实际意义

二、简答题

1. 举例说明什么是操作法，什么是探索发现法。

2. 茵茵已经上了中班，她知道把两个苹果和三个苹果加起来，就有五个苹果。但问她 2 加 3 等于几，她就直摇头。

根据上述案例，简述中班幼儿数学学习的思维特点以及对教育的启示。

(2014 年上半年幼儿园教师资格考试"保教知识与能力"真题)

三、材料分析题

1. 情境：在幼儿园教学区活动中，老师给莉莉出示两排一样多的纽扣，莉莉认为一一对应排列的两排一样多。当老师把下面一排聚拢时，她就认为两排不一样多了……

(1)莉莉的行为表明她处于思维发展的什么阶段？举例说明这个阶段思维的主要特征及表现。

(2)幼儿这种思维特征对幼儿园教师的数学教育活动有什么启示？

(2015 年上半年幼儿园教师资格考试"幼儿保教知识与能力"真题，有改动)

2. 教师为了帮助大班幼儿了解春天的季节特征，同时在其中渗透数学教育，专门制作了一套"春天"的拼图(如图 1)，拼图底板是若干道 10 以内的计算题，每一小块图形的正面是春天景色的一部分，背面是计算题的得数(如图 2)，教师希望幼儿根据计算题与得数的匹配找到拼图的相应位置。然而，材料投放后，教师却发现许多幼儿不用做计算题就能轻松完成拼图，也未对图片中的季节特征产生观察与探究的兴趣。

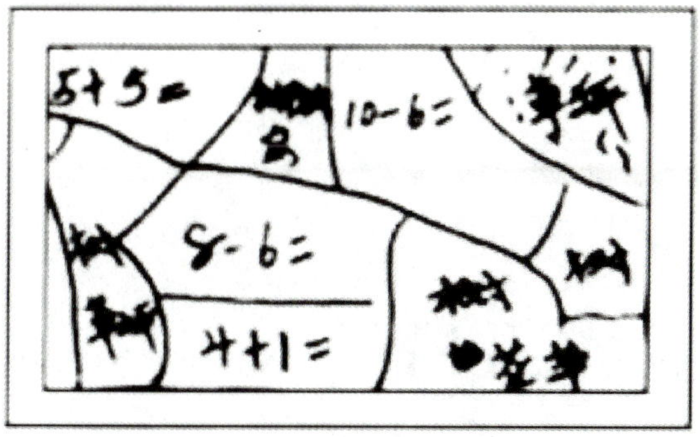

图1　未完成的拼图

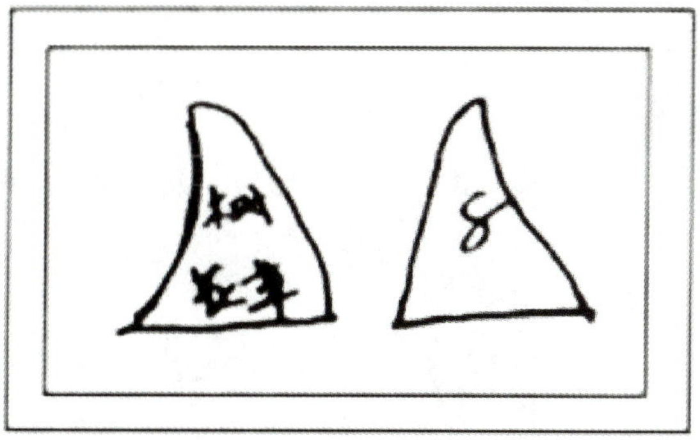

图2　其中一小块图形的正面和反面

问题：（1）请从幼儿获得科学经验的角度，分析这一拼图材料的投放对达成教学目标是否适宜。为什么？

（2）该材料在设计上存在什么问题？请提出改进建议。

（2017年上半年幼儿园教师资格考试"保教知识与能力"真题）

3．为了解中班幼儿分类能力的发展，教师选择了"狗、人、船、鸟"四张图片，要求幼儿从中挑出一张不同的。很多幼儿拿出了"船"，他们的理由分别是：狗、人、鸟常常是在一起出现的，船不是；狗、人、鸟都有头、脚和身体，而船没有；狗、人、鸟是会长大的，而船是不会长大的。

问题：（1）请结合上述材料分析中班幼儿分类能力的发展特点。

（2）基于上述材料中幼儿的发展特点，教师应如何实施教育？

（2015年下半年幼儿园教师资格考试"保教知识与能力"真题）

四、活动设计题

请根据下列素材，设计大班的能涉及多个领域的一系列活动。要求写出三个活动的名称、目标、准备和主要的活动环节。

大班教室里收集了纸板箱、鞋盒、牙膏盒、药品盒等数量众多的盒子，这些大大小小的盒子吸引了幼儿。教师发现很多幼儿利用盒子自发产生了很多活动，涉及各个领域，于是，决定围绕纸箱、纸盒设计出系列活动，推进幼儿的发展。

请设计一个科学领域的数学集体教育活动。

（2017年上半年幼儿园教师资格考试"保教知识与能力"真题，有改动）

📝 学习笔记

专题六
幼儿科学教育活动评价

学习目标

1. 明确幼儿科学教育活动评价的内涵；了解幼儿科学教育评价的功能。

2. 理解评价的内涵和科学教育评价的核心价值取向。

3. 掌握常用的幼儿科学教育活动的评价方法。

4. 学会结合科学教育实践活动来评价活动方案设计、活动实施效果，评价教师活动指导能力以及幼儿在科学领域的发展水平。

学习导航

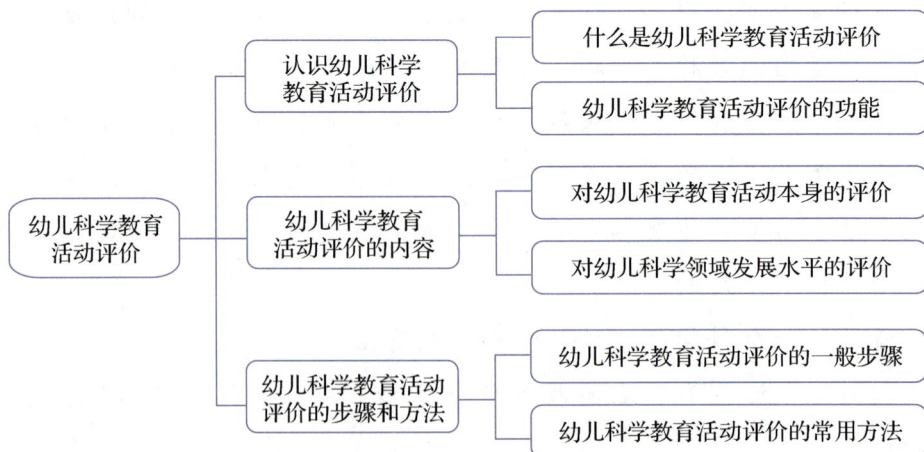

评价是幼儿科学教育活动的重要组成部分，它贯穿于幼儿科学教育活动的始终。评价幼儿科学教育活动和幼儿的发展状况是幼儿教师必备的教育技能。它将帮助教师经常反思自己的教育行为，不断改进教育工作，提高教育质量，最终促进幼儿的发展。本专题将以各类幼儿科学教育活动的案例全面阐述教育评价在幼儿科学教育活动中的运用，分析幼儿科学教育活动评价的内涵、评价的功能、评价的方法，提供评价幼儿科学教育活动方案、实施过程和幼儿科学领域发展的指标体系。

学习主题 1
认识幼儿科学教育活动评价

情境案例

在一次大班的科学活动中，教师先出示一个魔盒，告诉幼儿里面有个小精灵，并告知幼儿小精灵在魔盒里的位置（贴红纸的地方），幼儿的操作任务是通过打孔看到小精灵。之后，教师给幼儿提供操作材料并提出要求："怎样才能打最少的孔而且最清楚地看到小精灵呢？"（关键经验就是要求幼儿在精灵所在位置的对面魔盒上打孔才能打孔最少而且看得最清楚。）由于对神秘的小精灵特别感兴趣，整个活动过程中，幼儿始终热情高涨，甚至有许多幼儿干脆撕开盒子直接拿到小精灵。活动最后，教师把幼儿集中在一起，进行了简单的评价："今天小朋友们都玩得特别高兴，而且也都通过打孔找到了小精灵。"

【点评】

该案例中提到了教师对幼儿科学教育活动的评价，很显然，这种评价太过肤浅，可以说没有任何实质性意义。很多幼儿教师不清楚幼儿科学教育活动评价的作用，也不知道如何科学有效地评价幼儿科学教育活动，对幼儿科学教育活动的评价往往仅限于"今天小朋友们玩得特别开心，并探索了科学知识，表现特别棒"等极其简单且笼统的评价语，使评价流于形式，导致评价环节有名无实。

我们要对幼儿科学教育活动进行科学有效的评价，真正发挥评价的作用，必须先弄清什么是幼儿科学教育活动评价以及我们为什么要对幼儿科学教育活动进行评价。

一、什么是幼儿科学教育活动评价 >>>>>>>>>>>>>

（一）评价的内涵

评价是一种价值判断活动，即依据一定的价值标准对事实进行评判。人们的各种有目的的活动往往都伴随有评价。比如，人们根据法律标准或者道德来评判事情的对错和人性的好坏；教师根据学业成绩对学生的学习状况做出优秀、良好、合格和不合格的评价；教练根据游泳运动员的训练成绩来选拔参加游泳项目比赛的选手等。这说明评价结果可以帮助人们进行甄选。再如，医生借助医疗设备对病人的症状进行诊断（评价）后提出一些治疗措施，并在一段时间后对病人的症状进一步评价以衡量治疗的有效性。这说明人们在评价时往往会根据评价结果做出一些反思和改进，有时评价活动还要借助一定的工具才能进行。

（二）幼儿科学教育活动评价

幼儿科学教育活动评价是依据一定的教育价值观，采用科学有效的工具和方法，对幼儿科学教育活动中的相关要素资料进行系统的收集和价值判断的过程。它包括科学教育活动方案评价、科学教育活动实施过程评价和幼儿科学领域发展状况评价。比如，中班幼儿科学教育活动目标是否和幼儿科学教育的总目标以及与中班幼儿科学领域的年龄段目标保持一致；教育内容的选择是否既源于幼儿的生活经验又能拓展其科学领域的经验；教师准备的活动材料和活动指导策略能否引发幼儿主动观察或探究，能否促进幼儿积极思考和持续探究；活动的实施实现了哪些教育价值；幼儿科学素养的各方面是否有所发展；等等。

《纲要》指出："教育评价是幼儿园教育工作的重要组成部分，是了解教育的适宜性、有效性，调整和改进工作，促进每一个幼儿发展，提高教育质量的必要手段。"因此，幼儿科学教育活动中要始终贯穿教育评价，幼儿科学教育活动评价应该成为幼儿教师的一项基本技能和经常性工作。

二、幼儿科学教育活动评价的功能 >>>>>>>>>>>>>

幼儿科学教育活动通常指幼儿教师设计和实施的科学教育领域的活

动，包含集体科学活动、区角游戏活动、生活中偶发性的活动几类，下面主要以集体科学教育活动为评价场景来讨论幼儿科学教育活动评价。

为什么要对幼儿科学教育活动进行评价呢？比如，在设计科学教育活动方案之前，拟定什么样的活动目标以及选择什么样的活动内容才适宜，这就要求教师必须评价幼儿现有的科学经验和科学思维水平；要全面了解幼儿在科学活动中的细微表现，这就要求教师对幼儿在活动中符合科学教育理念的言行进行记录和评价；要了解活动是否有效地实现了方案所预定的目标，这就要求教师对活动结果进行评价。另外，幼儿园管理者需要通过评价来确认幼儿园科学领域的课程开发是否成功；通过教师的评价，家长才能了解幼儿是否在科学活动中得到了应有的发展；幼儿也要通过自我评价认识到自己对科学活动的兴趣、探究能力和学习效果。正如《纲要》所指出的，通过幼儿科学教育活动的评价，我们可以确定科学教育活动的适宜性、有效性，并不断改进和完善活动本身，最终不断促进幼儿的发展、教师的专业成长和家长教育理念的更新。具体来说，评价对幼儿科学教育活动有如下功能。

（一）诊断功能

幼儿科学教育活动评价的诊断功能是通过诊断评价来实现的。评价幼儿科学教育活动及其结果的过程如同医生给病人看病的过程，医生通过收集病人的各种症状，对病情做出诊断，以便采用适当的医疗方案和药物，即诊断是治疗的基础，而诊断性评价这个概念也由此而来。在幼儿教育中诊断性评价的使用非常普遍，比如，在幼儿刚入园时，幼儿园要对所有幼儿的发展状况进行摸底测试和测验，这样做的目的是让幼儿教师了解幼儿的发展情况，以便能在以后的工作中根据幼儿的特点和发展水平进行指导和帮助，真正做到因材施教。

具体到幼儿科学教育活动来说，全面评价幼儿科学领域的发展状况，以便制定和实施适宜的科学教育活动方案，这种评价就起到了诊断作用。可以说准确诊断发展状况是制定活动方案的前提，而且诊断在先，制定和实施方案在后，所以诊断性评价又称为"事先的评价"。

比如，某教师想了解本班幼儿"点数能力"的发展状况，以便制定出适应幼儿能力的科学教育活动方案。他观察了幼儿在区角游戏中根据来客人数拿餐具的情况，并核查记录幼儿的行为，记录显示出三级能力水平：第一级，会数数，但不能按人数拿对物品；第二级，有时能拿对，有时拿错；第三级，每次都能拿对。通过对观察记录的统计分析，教师了解到每一个幼儿在点数方面的发展水平，获得了本班幼儿点数能力整体发展状况的信息。这位教师以评价做出的诊断为依据，找到了每个幼儿的"最近发展区"，提出了适宜的数学教育活动目标，使因材施教有了依据。

又如，某教师在设计中班科学系列活动"有趣的影子"（见附录 2 视频课 3）的科学活动前，为了解幼儿对影子的原有经验，预先进行了一次"我知道的影子"的活动。活动中，教师发现幼儿存在三个困惑：一是把影像与影子混为一谈，如说镜子里有影子，湖水里有影子；二是认为人有影子，而其他物体没有影子；三是把想象成分掺杂到绘画中，如颜色，用语言表达时是黑色的，绘画时却涂成彩色的。真正了解了幼儿的原有经验后，教师就能有的放矢地去研究、设计后面的活动了。教师还发现幼儿虽有三个方面的困惑，但有一个共识"人有影子"，所以将后续的活动目标定位在感知影子的颜色、形状、位置上，但又发现幼儿处在不同水平状态，有的幼儿能较好地认识到颜色、形状，但对"位置"的认识不仅从认知经验上而且从表现方式方法上都有困难。教师按幼儿的不同水平设计了相应活动，有的幼儿只感知颜色、形状，而有的幼儿则进行下一层次的活动。教师通过开展有目的的、带有实验性质的活动评价了幼儿的原有经验。

再如，教师在下雪天看到幼儿兴奋地趴在玻璃窗前议论雪花，教师觉得幼儿对下雪很感兴趣，这是一次很好的教育契机，于是产生开展一次有关"雪"的科学活动的想法。教师带领幼儿玩雪，观察雪花形状和雪的融化、点数雪花的花瓣、体验雪花的温度等，然后进一步生发了水的三态、雪灾等活动主题。教师通过对日常生活的观察，敏锐地评价了幼儿的兴趣，因势利导生成了适宜的活动主题。

另外，评价的诊断功能不仅帮助教师了解幼儿的发展状况从而利于活动方案的设计，而且能诊断教师的教育观念、教学技能和知识经验，从而更利于教师开展科学教育领域的指导工作，促进专业发展。比如，某教师在小班科学系列活动"掉下来了"的活动中让幼儿在空白纸上画出各种物体下落的姿态，但是教师从活动中发现，幼儿不是忘记了记录就是把记录纸弄丢了。活动后，该园教师一起评价，发现该教师高估了幼儿的绘画能力，导致幼儿不会记录。后来，教师在记录纸上事先画好了各种物体的形状，只需要幼儿用线条画出物体的下落姿态即可。此外，教师在活动中还发现许多幼儿都自发地用动作表现物体下落姿态，对此教师也将其视为一种记录方式。

📝 学习笔记

典型案例

小班科学活动：掉下来了

活动目标

1. 引起对落体现象的兴趣，激发探索欲望。

2. 初步尝试记录。

活动准备

1. 幼儿已玩过落体游戏。

2. 羽毛、塑料积木、纸条、树叶、自制降落伞若干。

3. 记录纸 5 张。

活动过程

1. 出示准备好的材料，引起幼儿兴趣。

2. 请幼儿摆弄物体进行感性探索。

(1)请幼儿选择一个物体玩一玩，观察这个物体掉下来的情景。

(2)进行讨论。请个别幼儿描述自己所玩物体掉下来的样子，并用动作表示。

3. 让幼儿尝试用"画"的方式记录。

(1)请一个幼儿选择一个物体，先观察它掉下来的样子，再尝试用画画的方式记录。

(2)让幼儿自己玩，尝试操作其余物体，观察不同物体下落时的有趣现象，并尝试用画画的方式记录。

(3)逐一出示记录表，请个别幼儿说说自己记录的是哪一个物体，并描述它掉下来的样子。

4. 集体交流。

5. 活动延伸。

玩一玩落体游戏，如"吹鸡毛游戏""托气球游戏"等，启发幼儿观察落体运动现象，并想办法吹起下落的鸡毛，托起下落的气球。

活动过程记录

1. 请幼儿摆弄物体进行感性探索。

教师和幼儿一起摆弄各种具有不同下落特点的物品，如羽毛、塑料积木、纸条、树叶、自制降落伞等。让幼儿抛着玩，提示幼儿注意物体下落的状态，与幼儿说说物体下落的样子，模仿落体的动作，幼儿兴趣盎然。

玩了一会儿，教师招呼幼儿把物品放回原处，坐下来讨论，幼儿恋恋不舍地停了下来(有一个幼儿不愿过来讨论)。

2. 讨论环节。

教师："说说你们刚才玩了什么？物体掉下来的样子是怎样的？你们可以用动作来

学一学它的样子吗?"

东东:"我刚才玩了自制降落伞,它掉下来时像小鸭子走路,摇摇摆摆。"(边说边做摇摆动作)

教师:"我们一起来做做这个动作。"(教师边演示降落伞降落过程,边与幼儿一起做摇摆动作)

乐乐:"我玩了羽毛,它是这样掉下来的。"(边说边做扭屁股的动作)

教师:"很好,能说一说它掉下来的样子吗?"(乐乐摇头)

凯凯:"我会说,它是歪歪扭扭掉下来的。"

楠楠:"我玩了塑料积木,它是这样掉下来的:一下子,直直地掉下来的。"

教师:"能做这个动作吗?"

(楠楠点头,做了个很快下蹲的动作……)

3. 让幼儿尝试用"画"的方式记录。

教师:"刚才你们做得好,说得也好。下面我们来当小小记录员,把东西掉下来时的样子画出来好吗?"

教师出示记录纸(5张较大的记录纸,每张记录纸上画一样的物品),指导幼儿根据记录纸上的物品图片,对应地用笔画上线条,表示物体下落的样子。

教师鼓励幼儿尝试记录。幼儿抛一抛,看一看,画一画,他们笑着、说着、画着,非常愉快。不一会儿各张记录纸上就出现了不少清晰的线条,有直线向下的,有弯曲向下的,有波浪形向下的,有抛物线向下的。(如下图所示)

羽毛　　　　塑料积木

纸条　　　树叶　　　降落伞

4. 集体交流。

教师和幼儿一起观看记录纸,让幼儿指着自己记录的线条,说说这条线表示的是什么物体下落的样子,做一做这个物品的下落时的样子。例如:

嘟嘟:"我画的是树叶和积木,树叶掉下来是摇摇摆摆的,积木是一下子掉下来的。"

离天:"我画的是降落伞、羽毛还有纸条,他们掉下来都会扭来扭去,纸条还会打转呢。"

盛泓："我记了积木和降落伞，他们掉下来的样子不一样，一个快、一个慢，一个直直的、一个摇摇晃晃的。"

幼儿说着又开始模仿落体的样子来，此时教师也积极参与，在幼儿中间做起动作来。

5. 活动延伸。

玩一些落体游戏，如"吹鸡毛游戏""托气球游戏"，启发幼儿观察落体运动现象，并想办法吹起下落的鸡毛，托起下落的气球。幼儿非常喜欢玩，表现出了敏捷的反应能力和灵巧的动作，对"吹鸡毛游戏"更是情有独钟。

[（选自李培美、吴燕飞：《小班科学活动"掉下来了"及评析实录》，载《幼儿教育》，2003(1)。收入本书时有改动。]

又如，在一个探索"碘酒"的科学活动中，教师在简单演示了这种神秘"药水"后，就让幼儿猜想，把它滴在香蕉、面包、米饭、饼干等食物上，会不会出现蓝颜色。活动后，一起进行教研的教师认为对于这个脱离幼儿生活经验的问题，幼儿虽然也做出了猜想，但说不出是根据什么来猜想的，而这样的猜想没有实质性意义。这也提醒教师，选择此类活动主题和内容是不适宜的，要选择与幼儿生活经验相近的活动内容。

学习笔记

（二）调控功能

幼儿科学教育活动评价的调控功能是通过形成性评价来实现的。在幼儿科学教育活动方案实施过程中，为了确保活动过程的有效性，可将评价贯穿于活动方案实施的整个过程，把实现科学教育目标的每个环节、每个要素置于反复地动态观测中不断给予评价，从而及时且具体地反馈活动效果，根据反馈信息调整活动方案，这就是形成性评价，还可称作过程性、即时性评价。这样，我们就能关注到活动过程的每个细节，能全面细致地记录这些信息，从而能够更加全面和深刻地评价活动，特别是能在实施过程中不断调整活动方案，使活动更利于幼儿的发展。

比如，某教师组织了公开性的大班科学实验活动"神奇的水柱"，这是一个探索"水位高低与压强关系"的活动，即在酸奶盒一个面上钻出不同高度的小孔，事先用胶带封好，然后在盒子中装上一定量的水，打开不同位置的小孔，看水喷射的远近。活动主要目标是让幼儿通过实验，初步感知盒子水位、小孔之间的距离大小、盒子中的水喷射远近的关系。为了全面而细致地评价，评课组对教师的执教过程进行了完整记录，而后从活动中"时间分配""教师的提问类型和方式""教师的角色""幼儿活动表现"等方面展开评价。评价如下。

第一，教师将大量时间放在实验操作后的分享交流，虽然利于幼儿经验的提升，但幼儿操作时间仅占40%，没有体现"做中学"的科学教育理念。

第二，实验中幼儿有问题及时解决即可，无须等实验后一并总结。另外，教师无须逐一验证幼儿贴图片、找水瓶等操作，造成幼儿等待，时间隐形浪费。

第三，教师提问的问题与活动目标紧密联系，但提的问题不明确，使幼儿的回答不能接近预定的目标。

第四，教师能及时鼓励幼儿持续实验，促进了幼儿操作的自信心，但问题多为集体回答，方式多为"好不好"或"是不是"，对个别幼儿的关注度不够。

第五，实验为主的活动，幼儿的操作时间相对较少。另外，起初教师并未调动幼儿操作的积极性，教师意识到这一点并进行调整后，幼儿明确了要求，其操作自主性明显增强。

第六，因为操作材料不够充分，影响了幼儿操作。因为操作前教师没有明确目的，以至于幼儿在操作过程中需要教师反复解释。

值得一提的是，以上评价虽然是在活动之后才开展的，但实际上是对活动过程的全面评价，而且如果在活动现场评课组将临时发现的问题及时反馈给教师，教师对活动进行不断调整，就更能体现过程评价的作用了。

又如，某个教师记录了活动中幼儿的一些细微、生动的信息："不爱讲话的嘉嘉今天和很多小朋友交流她熟悉的磁铁""坤坤操作很灵活，还能指导别的小朋友操作""虽然明明操作起来不够熟练，但他很耐心、很专注""虽然程程也能完成实验，但兴趣不大，和同伴配合也不顺利"……通过这些记录(文字、图片、视频、实物)和评价幼儿活动中的细微表现，我们能发现幼儿的点滴进步，能全面深刻地了解幼儿的经验、能力、个性，而不仅仅对幼儿做出终结性评价。目前，幼儿园普遍使用的"幼儿成长档案册"就可以发挥过程评价的优势。

最后，需要说明的是，形成性评价不仅仅发生在某一次活动中，实际上还可以贯穿于活动设计前的准备、活动方案设计、活动实施过程、活动总结的始终，而且不断循环，促进教育活动的不断修正和完善。

（三）总结功能

幼儿科学教育活动的总结功能是通过总结性评价来实现的。在幼儿科学教育活动开展之后，我们总想知道活动是否达到了预期的目标，幼儿是否得到了发展。对此，通过评价可以找到答案，这就要求我们要对活动进行总结性评价。总结性评价是指在某项学前教育计划或者方案结束后对其最终结果进行评价，又被称作"事后评价"。幼儿园分级分类的评估验收就是一种总结性评价，专家对某幼儿园的课程改革进行最后的鉴定，也是总结性评价。

比如，某教师设计了小班科学系列活动"认识五官"，几次活动预定的认知目标分别有：知道面部器官的名称及位置，并能说出各器官的主要功能；能够正确画出或粘贴出五官的位置；知道面部器官能表达个人的情绪，学习词语"高兴、难过、生气"。在每次活动或者系列活动结束后，教师只要对照以上目标看看幼儿能否指出五官的位置并正确画出，能否简单说出五官功能，能否识别和说出五官表达的情绪，即可确定幼儿是否通过该活动在认知五官方面得到了发展。当然，我们还要考虑到如果教师预定的目标并不适宜，那么依照目标对幼儿发展的评价自然有偏差。

（四）改进功能

评价不仅能鉴定科学教育活动的结果，而且可以促进教育工作的改进，教师可以根据评价发现的各种问题对活动设计本身进行改进，反思自身的科学教育观念和科学知识经验，提高教学指导能力，更好地促进幼儿科学领域的发展。可以说，正是借助了评价总结和改进功能，教师才会在一次次的活动反思中不断得到专业成长。

比如，评价能促使教师修正活动目标。活动"掉下来了"，最初预定的目标是让幼儿在空白纸上画出各种物体下落的姿态以记录活动。但是，对活动结果的评价发现该目标过难，幼儿无法完成。后来教师在每张纸上事先画出了活动所使用的物体，并将目标调整为让幼儿尝试用线条表现物体下落的姿态。结果幼儿不但完成得很好，而且许多幼儿还用肢体语言来表现这些姿态。这表明，对活动结果评价有利于教师教学的改进。

又如，评价能促使教师选择适宜幼儿经验的活动内容，用"做中学"的理念设计活动。在大班科学活动"热胀冷缩"中，教师向幼儿展示了热胀冷缩的实验，并提了一些问题，似乎是要启发幼儿发现"温度—体积—水柱上升"之间的关系。但整个过程中，实验全由教师操作，幼儿只是观察现象和回答问题，而且教师也只是演示了"热胀"，没有体现"冷缩"现象。在幼儿没有直接经验的基础上，教师直接将"热胀冷缩"的原理告诉幼儿，这种枯燥说教，幼儿听得茫然。评课教师认为："幼儿只观察到了现象，并未理解热胀冷缩的原理，也没有积累这方面的直接经验。原因在于热胀冷缩的现象在生活中并不明显，幼儿没有太多生活经验，而且活动中教师也没有提供材料让幼儿动手操作探究。"对此，该教师认为在以后的物理科学活动中，要紧密结合幼儿的生活经验，要先提供材料让幼儿思考和探究，并适时引导，促进幼儿进一步思考和探究。

综上所述，评价活动可以帮助教师对幼儿科学活动进行诊断、调控、总结和改进。这几种功能相辅相成，诊断性评价一般为教师进行活动设计提供信息，但有时诊断也是一种总结，是为后续的活动提供信息的；总结性评价的目的除了鉴定活动外，更主要的就是改进活动；而且不管是对活动结果的总结性评价和还是对活动过程起调控作用的形成性评价，最终都是为改进活动而服务的。

学习主题 2
幼儿科学教育活动评价的内容

情境案例

这是某幼儿园公开性的一次大班科学实验活动"斜坡开车"的简要过程。教师为幼儿制作了几组有四条跑道的斜坡赛车装置（斜坡坡度相同），每组装置的四条跑道的表面光滑程度各不相同，有玻璃、木板、地毯和瓦楞纸板，还为幼儿准备了一些相同的玩具赛车。活动开始了，教师事先演示操作赛车的方法，即将赛车放置斜坡顶端后不用力让赛车滑下来；接着让幼儿分组自由操作这些玩具，要求幼儿观察哪条跑道的赛车滑的距离最远；最后教师让各小组说出玩的过程中的发现，对幼儿的经验进行总结。

活动后，教师通过说课表述了自己的活动设计思路：赛车是许多幼儿感兴趣的玩具，在玩斜坡装置的过程中幼儿自己会产生疑问，"为什么同样的车有的跑得快，有的跑得慢呢?"通过多次操作，幼儿就会发现"坡度"可以使汽车向下滑动，而且"跑道表面的光滑程度"和"汽车在跑道表面滑动的距离"也有相关关系。活动结束以后，评课组对该教师本次科学活动进行了评价。如果你是评课组成员，要求你对本次科学教育活动进行评价，你打算从哪些方面进行评价？

【点评】

在幼儿园里，公开的科学教育活动后，会组织教师开展评价活动。这种评价主要根据教师现场活动的实施情况和教案文本进行评价和建议。而这个评价既包含对教师教案目标设定、内容选择等的评价，也包含活动实施过程中教师指导策略的评价，当然，更重要的是本次科学活动对幼儿发展的价值的评价。

具体来说，对幼儿科学教育活动的评价到底评什么？具体到一次集体活动，又依据什么标准来评价？本主题将就这两个问题进行探讨。

一、对幼儿科学教育活动本身的评价 >>>>>>>>>>>>>>

幼儿科学教育活动本身包含活动方案的设计和活动过程的实施。

（一）对幼儿科学教育活动方案的评价

在对幼儿实施科学教育之前，教师需要根据科学教育目标制定科学教育活动方案，这里的方案指的是教师编写的静态的活动文本。按时间长短划分，这些文本包含一次具体的活动计划、周或月活动计划、学期活动计划；按年龄层次划分，不同年龄段有各自不同的活动计划。而对幼儿科学教育活动方案的评价就是依照幼儿科学教育目标、先进的幼儿教育理念、幼儿年龄特征对一系列的活动文本进行分析和鉴定。通过对活动方案的文本评价，教师可及时调整和改进方案中不适宜的课程要素，从而完善课程计划，其目的是帮助教师完善活动实施前的准备工作，最终更好地促进幼儿科学领域的发展。

在评价活动方案文本之前，我们需要有一系列的评价指标，简单地说就是"评价什么"和"以什么为评价标准"。评价什么？一般来说，包含目标设定、内容选择、环境和材料布置、活动过程及指导策略等方面，每一个方面又包含若干具体的小项目。评价标准是什么？一般来说，要以科学教育目标、先进的幼儿教育理念、幼儿年龄特征为参照。下面我们以几个主题系列活动的案例为抓手来说明评价指标是什么，有何内涵以及如何使用。

1. 对活动目标的评价

(1)活动目标与科学教育总目标一致

从幼儿园整个学期科学教育领域的一整套活动方案到一次具体的活

学习笔记

动方案，其目标的表述虽然越来越具体，但学期活动目标、月活动目标、单元活动目标、一次活动目标之间应该保持一致，并且要最终全面落实符合《纲要》精神及《指南》要求的某个年龄段的科学领域的总目标。因此，我们将《纲要》和《指南》规定的幼儿科学领域的总目标、某个年龄段科学领域的总目标作为评价活动目标的标准。

比如，系列活动"有趣的影子"中有个活动叫"影子的模样"，其目标有三条，其中"感知影子的颜色、形状，获得有关影子的具体经验"，符合大班年龄段目标中对幼儿科学知识和经验方面的要求；"对探索影子活动产生兴趣"，体现了情感方面的要求；"提高观察能力和运用较完整语言讲述自己的发现的能力"，体现了对幼儿科学方法和技能方面的要求。

(2)目标全面，并注重有利于幼儿终身学习和发展的目标

活动"影子的模样"的目标从情感态度、方法技能、知识经验三个维度预设，比较全面、完整。当然，并不是说每一次活动的目标都必须包含三个维度，有时会有所侧重，但要保证从长期的活动方案来看，三类目标都能得以实现。另外，纵观活动"有趣的影子"中一系列的活动目标，我们发现教师并没有将学会某种科学原理、概念等知识或经验作为最重要的目标，而是注重激发幼儿探索影子活动的兴趣；培养幼儿善于观察影子的能力；培养幼儿乐于思考影子现象，勇于创新探索影子的方法的科学精神；引导幼儿尝试学习观察、比较、猜想、实验、记录、讨论等方法。科学知识和经验对于幼儿来说是重要的，也是学无止境的，而对幼儿终身学习和发展有长远影响的就是以上提及的科学兴趣、科学精神和科学方法。

(3)目标适宜于幼儿整体的"最近发展区"

很多时候，因为我们对幼儿不了解，确定的目标过高或过低，导致活动时发生这样或那样的问题，不能有效地促进幼儿的发展。因此，教师要在对幼儿发展水平做出诊断评价的基础上为幼儿设定一个目标的"最近发展区"，即大多数幼儿现有的与可能达到的情感、能力、经验水平之间的区域或范围。科学教育活动的组织必须以幼儿发展的"最近发展区"为起点，设定的目标既要高于大多数幼儿现有的发展水平，又要使大多数幼儿通过活动能达到预设的目标水平。

活动"有趣的影子"中，教师在户外活动时关注到了幼儿对各种影子很感兴趣，但教师并没有简单地凭借主观预测，而是通过预备活动"我知道的影子"来了解本班幼儿整体上对影子的经验水平，教师了解了幼儿对影子的困惑和共识，在此基础上来设定后续几个活动目标。此外，

教师并没有让幼儿重复认识已知的东西，而是通过让其认识影子的形状、颜色、位置、用途等活动拓展了幼儿的生活经验，在探索影子的过程中培养了幼儿的发散思维能力，让幼儿逐渐学会使用科学探索的各种方法。

　　另外，系列活动"有趣的影子"包含"我知道的影子""影子的模样""赶不走的影子""会变的影子""影子有用吗"等活动，这些活动的目标是有递进关系的，即后面活动设定的目标是建立在前次活动的经验、能力基础之上的。以经验目标为例：教师首先让幼儿感知影子的形状，并观察、发现运动中人与影子的关系；其次，通过将影子缩小、消失、与影子分离等游戏让幼儿进一步认识到人体与影子的关系；再次，教师增加难度，让幼儿探索认识光源、物体、影子之间的位置关系；最后，教师将幼儿的经验从影子本身拓展到了影子与人们日常生活的关系。

　　（4）目标兼顾个体发展需要

　　在活动方案中目标的设定或者落实目标的活动过程设计中要体现兼顾个体发展需要的理念。比如，教师能够考虑到不同幼儿的发展水平，并不要求幼儿活动后必须达到统一的目标，而是设计不同难度的材料供幼儿自由选择，能够进行分层次指导等。

　　比如，大班科学活动"评选西瓜之最"活动中提出了"能细致地进行观察比较"和"学习测量、记录和简单统计的科学方法"的目标。"测量和记录的方法"，对于整个班级而言是新的教育内容，但是不能排除有的幼儿拥有这方面的知识技能。因此，活动目标中没有统一规定本活动要求达到何种程度。教师投放了不同的测量工具，有自然材料和标准工具，以便幼儿根据自己的兴趣和设计水平来选择。初学的幼儿可用纸条测量西瓜的周长，记录时将纸条按照实际长度剪下，直接贴在记录表上；而有过测量经验的幼儿可以学习使用标准工具，记录时按照测量结果用画线的方法表示，或者直接填写数据。教师在这个过程中分层次予以指导，做到了让每个幼儿在自己原有的基础上充分发展，充分体现了兼顾群体发展和个体需要，符合因材施教的教育原则。

典型案例

大班科学活动：评选西瓜之最

活动目标

1. 能细致地进行观察比较。

2. 学习测量、记录和简单统计的科学方法。

活动准备

大小、形状不同的西瓜，绳子、纸棒、尺子、秤等测量工具，供全班幼儿使用的记录表 3 张，不同颜色的"西瓜之最"标记。

活动过程

1. 比较西瓜有哪些不一样的地方。

2. 讨论"评选西瓜之最"的项目。

3. 想方法找出最"胖"和最"瘦"、最高和最矮、最重和最轻的西瓜。

4. 体验用目测的方法来评选"西瓜之最"，记录自己的猜测结果，即将写有自己名字的"西瓜之最"标记贴在相应的西瓜上。

5. 讨论"怎样证明谁的猜测正确"。

6. 操作：自选工具对自己的西瓜进行测量，教师将记录表贴在墙上，幼儿分别记录测量结果。

(1)周长记录用水平线图表，记录方法。

将测量用的材料按实际长度剪下来，贴在标尺的下方；

按测量长度，在标尺的下方涂上颜色或画线；

将测量的实际数据填在记录表中。

西瓜周长记录表

姓名	测量结果	长度(厘米)	序号
	标尺		
A		50	6
B		60	1
……			

(2)高度记录用垂直线图表。

(3)重量记录方法。

画出圆形刻度盘，根据西瓜的重量，在相应刻度旁边画延长线，写上姓名。

7. 尝试对照标尺填写测量数据，观察比较测量结果，按照从长到短、从高到矮、从重到轻的顺序排序，填写序号。

8. 宣布"西瓜之最"得主，在记录表上做出标记。找出对应的西瓜，摆放在自然角，为"他们"贴上标签。

9. 将评选结果与自己的猜测做比较，检验预测的正确性。

(选自全国幼师工作协作组：《幼儿科学教育活动指导》，北京，北京师范大学出版社，2002。收入本书时有改动。)

(5)目标多用活动结果来准确表述

活动"有趣的影子"中目标表述用了"获得、提高、产生、发现"等行为动词，体现了以幼儿为行为主体，表明这是活动所期望达到的结果。目标采用这样明确的动词来表述有利于教师关注幼儿的发展，也便于评价目标的完成情况。还有一些目标的表述经常用到"能够、学会"等更易观察测量的动词。

当然还有一些发展性目标需要经过若干次活动甚至是较长时间的发展才能实现，如科学兴趣、科学态度、科学行为习惯等目标，这些目标的表述通常会用到"培养、学习、探索、尝试、发展"等词语。

2. 对活动内容的评价

幼儿科学教育活动内容指的是幼儿要获得的情感态度、知识经验、方法和能力以及实现的手段和方法等载体，如音乐、游戏、提问、故事、操作材料等。

(1)源于幼儿的生活，并能拓展幼儿的经验

陈鹤琴说：大自然、大社会，都是活教材。《纲要》和《指南》中有关幼儿科学领域活动内容的要求涉及以下关键词，如"身边常见事物和现象""周围环境""解决生活中的问题""从生活和幼儿熟悉的科技成果入手""在幼儿生活经验基础上""人们生活""自己生活"等。这表明幼儿科学教育活动的内容选择首先要源于幼儿生活，贴近他们的生活经验，在此基础上丰富和拓展他们的经验。

比如，中班主题探究性活动"蚂蚁世界"，活动方案设计比较特别，活动内容的生成性很明显，但这离不开教师的善于观察和精心组织设计。教师在幼儿户外游戏时发现很多幼儿都自发地围着观察和讨论蚂蚁搬家，于是教师确立了"蚂蚁世界"这个主题。蚂蚁是幼儿生活中常见的昆虫，幼儿对蚂蚁有初步的认识，但不是很了解。于是教师先让幼儿和家长收集有关蚂蚁的图书、图片，观察和讨论蚂蚁的形体，特别是"触角"的作用；接着，教师和幼儿一起布置蚂蚁的展板并组织幼儿讨论了以下问题："哪里蚂蚁最多""谁生了小蚂蚁""蚂蚁吃什么""谁吃蚂蚁""蚂蚁的危害和用途是什么"。幼儿对这些问题虽然有少许经验，但不全面和不准确，于是教师让幼儿和家长一起收集资料，寻找答案并继续完善展板，然后研究讨论。历时四周的活动结束后，幼儿不断拓展和丰富了关于蚂蚁的各类知识和经验。

(2)符合幼儿的兴趣和现实的需要，有利于其长远的发展

"蚂蚁世界"的活动设计能够顺应幼儿的兴趣并因势利导，满足了幼

✎ 学习笔记

儿的探究欲和求知欲，而且整个过程也培养了有利于幼儿长远发展的科学品质。比如，该活动主题源于幼儿自发的兴趣和疑问，教师发现"幼儿非常渴望了解蚂蚁"。活动中许多问题并非教师预先设计的，而源于幼儿自发的提问，活动设计全过程都从幼儿的兴趣和需要出发：所有的幼儿都带来了关于蚂蚁的图书和图片，包括平时不愿上幼儿园的幼儿也对此产生了兴趣；在教师引导下，幼儿观察蚂蚁的外形时非常专注，并纷纷发言参与讨论；幼儿对蚂蚁触角最感兴趣，用动作模仿蚂蚁说话；幼儿在逐渐的探索中疑问越来越多，兴趣也越来越浓，教师通过让幼儿收集资料、观察、讨论等方式满足了幼儿的求知欲。

另外，该活动始终以幼儿为学习和发展的中心，在教师引导下，幼儿对科学探索的兴趣逐步提高，并亲历了探究的全过程，学会了认真观察、乐于思考、积极发问、收集资料、合作讨论等科学探究的程序和方法。而这些情感态度和方法能力方面的品质将对幼儿未来的学习和发展产生深远的影响。

(3)既适合幼儿的现有水平，又具有挑战性

《纲要》指出，教育活动内容的选择要"既适合幼儿的现有水平，又有一定的挑战性"，实际上这也是"最近发展区"理论所强调的，要让幼儿"跳一跳才能摘到桃子"。中班科学活动"有趣的泡泡"对内容的设计就体现了这个评价标准。"有趣的泡泡"是一个幼儿喜欢的老游戏，幼儿都有初步的生活经验，但该活动中教师试图在幼儿原有基础上提供不同的操作工具让幼儿进行再探索，提出了更高要求的探索任务，培养了幼儿认真观察的习惯。

典型案例

中班科学活动：有趣的泡泡

活动目标

1. 学习用操作实验的方法验证自己的猜想，感知实验的结果。

2. 学会用简单的图形、记号记录自己的猜想及操作结果。

3. 培养认真观察的习惯以及探究问题的能力。

活动准备

1. 经验准备：幼儿自制过泡泡水，玩过吹泡泡的游戏，学过儿歌表演《泡泡不见了》。

2. 材料准备：录音机、录音带、塑料杯、泡好的肥皂水、四种形状的吹泡泡工具、记录表、笔、小手帕、教师示范用的大记录表 1 张、吹塑纸图形若干。

活动过程

1. 在优美的《泡泡不见了》音乐中，幼儿表演引入活动。

2. 教师出示材料，介绍不同形状的吹泡泡工具。引导幼儿猜想不同形状的工具，会吹出什么样的泡泡。

3. 教师出示记录表，介绍记录方法。让幼儿先记录自己的猜想(记录在第 2 列)。

4. 教师提出实验要求。

5. 幼儿动手实验验证猜想。教师全面观察，鼓励幼儿每一种形状的吹泡泡工具都要试一试，重点指导幼儿验证后记录自己的猜想(记录在第 3 列)。

6. 交流实验结果。

(1)幼儿自由交流自己的实验发现。

(2)集中交流，请幼儿讲述实验发现，教师再将结果记录在大记录表中。

7. 活动延伸。

鼓励幼儿去尝试吹出更多种不同泡泡的方法，自然结束。

"有趣的泡泡" 记录表

形状	☺	⬭
○		
△		
▢		
▭		

活动过程及记录

1. 引入。

在优美的《泡泡不见了》音乐中，幼儿跟随音乐自然大方地表演。接着，教师提出问题："泡泡为什么不见了?"激发幼儿思考。幼儿回答："泡泡飞高了就不见了。""掉在地板上，就不见了。""小朋友一碰就破了，就不见了。"教师接着又问："来看看泡泡怎么飞，怎么不见的。"教师用电动吹泡泡工具，吹出了许多大小不同的泡泡。看着泡泡轻轻往上飘，五六个幼儿激动地上前追打泡泡，搅成一团，教师以一句"请小朋友们坐回原位，泡泡会飞呀飞到你面前"安抚稳定幼儿的情绪。幼儿马上安静下来认真倾听。

2. 猜想。

出示不同形状的吹泡泡工具，引导幼儿说出它们的形状后问："用这些工具可以吹出什么形状的泡泡呢?"很多幼儿都说"三角形吹出来是三角形的、正方形吹出来是正方形的、长方形吹出来是长方形的"，只有 1 个幼儿说所有形状的吹泡泡工具吹出来的都是圆形的。

3. 记录猜想。

教师出示记录表，详细介绍记录方法，让幼儿记录自己的猜想。

(1)幼儿记录猜想。

在指导幼儿记录时，教师也拿着与幼儿同样的记录表，观察记录幼儿的想法。有些幼儿在记录时有不确定的内容，会互相小声讨论，看别人怎么画，就跟着画。教师鼓励幼儿"每一个小朋友想的都不一样，你认为是什么形状的你就画什么""你很聪明，把你想的画出来"。

除了两三个幼儿画出一串三角形及圆形，其他幼儿记录的结果与教师预想的基本相同。

（2）教师提问幼儿记录的情况。

教师根据刚才自己观察记录的情况，重点提问几个有不同想法的幼儿，并将图形蘸水贴在教师示范的大记录表内，将幼儿的记录结果进行展示，又抛出问题："小朋友的想法各有不同，谁的对呢？"

4. 操作实验，教师提出实验要求。

（1）吹泡泡时，嘴巴不要碰到工具，不要对着同伴的脸吹泡泡。

（2）吹一吹，看一看，实验的结果与猜测的是否一样？

（3）吹完泡泡要擦干净小手，把结果记录下来。

5. 记录操作结果。

幼儿在轻松的《泡泡不见了》音乐中进行操作，教师全面观察，鼓励幼儿每一种形状的吹泡泡工具都要试一试，重点指导幼儿验证后记录自己的猜想。（记录在第3列）

幼儿拿着泡泡水，选择不同形状的吹泡泡工具在吹。鲁闽说："老师，你看我吹出的泡泡是圆的。圆圆的泡泡在空中飞着。"我问她："你是用什么形状的泡泡工具吹的？""是用黄色的三角形。"涵霖拉着我的手说："蔡老师，你看我能把泡泡吹起来。"雅雯四种形状都试过后，对曾佳说："泡泡都是圆的。"教师还发现有的幼儿在吹泡泡中更注重观察泡泡的特征，如蔡佳洱对旁边的吴冰说："看泡泡飞走了，它粘在我手上了。"吴冰也跟着模仿。幼儿似乎忘记教师交代的操作要求，为此教师在提醒他们注意操作要求的同时又及时引导他们每一种都去试一试，比比看是不是一样，再把自己的发现记录下来告诉其他小朋友。

6. 交流实验结果。

（1）幼儿自由交流自己的实验发现。

幼儿围在桌前互相观看、比较自己与别人的记录。芯芯拿着记录表对比江丰的说："你画的和我的一样。"江丰看了看点点头，又回头看看琳璇的说："你的跟我的也一样。"前面一桌的柏涛惊叫："静宜，你画的和我的不一样。"静宜忙拿着自己的表格与他一对照发现自己记录的实验结果是三角形吹出的还是三角形，正方形吹出的也是正方形。

（2）集中交流，请幼儿讲述实验发现，教师将结果展示在大记录表中。

在交流与讨论中，幼儿都看大记录表，注意力十分集中。教师请柏涛与静宜讲述实验结果并在大记录表中展示结果，静宜的答案受到大家的质疑。为此，教师取出自备的材料给她演示了一遍，静宜马上意识到了自己的错误。教师利用时机教育幼儿在实验中要认真观察及时记录。在教师的引导下，幼儿认真对比记录结果后得出一个准确一致的结论：不管用任何形状的吹泡泡工具，吹出的泡泡都是圆形的。并提出疑问：为什么不同形状的吹泡泡工具吹出的都是圆形的？陈可小朋友说："三角形可以装得下圆形。"

7. 活动延伸。

鼓励幼儿去尝试吹出更多种不同泡泡的方法，自然结束。教师将一桶水倒在场地周围，让幼儿继续探索发现。六七个幼儿围成一圈玩儿，他们发现泡泡落在湿的地面上会连成一串，像小虫一样。还有几个幼儿互相对着吹泡泡，惊喜地发现自己吹出的泡泡与别人的泡泡连在一起了。

［选自蔡红红：《中班科学活动"有趣的泡泡"》，载《早期教育》，2008(2)。收入本书时有改动。］

从教具上看，教师提供了不同形状的吹泡泡工具让幼儿猜想泡泡膜的形状、泡泡的形状、吹泡泡工具形状三者之间的关系，多样的工具会激发幼儿进行猜想、比较和预测，这种表象思维活动是有挑战性的，而且幼儿要从"变式"中发现规律也不容易。

从引导方式来看，教师多次使用了"猜想—记录—实验"的提问方式，引导幼儿学习一般的探究程序，而幼儿要将首次学习的思维模式迁移到其余几次探究活动中则是一种挑战。

另外，教师还让幼儿初次使用记录表来记录自己的探究过程，对幼儿的记忆力、操作能力、自信心都是一种挑战。

(4)保证幼儿直接参与活动，亲历科学发现的过程

活动"蚂蚁世界"以幼儿的兴趣和经验为出发点来选择主题，让幼儿准备探究材料，以幼儿的疑问为探究课题，探究程序和方法便于幼儿参与和学习——这样就能保证探究过程中幼儿的全身心参与，即幼儿能够多观察、多思考、多发问、多操作、多讨论。这也保证了幼儿获得的新知识和经验不是教师预设好的，而是幼儿亲自探索出来的；幼儿获取的认真观察、乐于思考、积极发问、收集资料、合作讨论等科学程序和方法不是被动接受的，而是"做中学"来的；幼儿对大自然的兴趣以及探索带来的成就感体验得更加自然和深刻。

幼儿亲历一个完整的科学发现和探究过程与科学家的研究很相似。其中，教师只是一个组织者、支持者、引导者和合作者，真正体现了启发式教学的理念。

学习笔记

(5)与各领域内容有机整合，实现多项教育价值

幼儿园五大领域的活动内容具有一定内在联系，所以在选择科学教育活动内容时，应注意各领域之间的互相渗透、有机整合。例如，活动"认识五官"中，教师在"了解五官的功能"环节选择了有关数学逻辑方面的分类活动，即让幼儿取一张画有五官功能的卡片，放入相应的五官分类盒；接着让幼儿观看了有关爱护五官的视频。另外，在"了解五官的位置"环节，教师首先让幼儿学唱一首关于五官位置的儿歌；其次，教师提供了油泥、油画棒、印模、画纸、豆子等材料，让幼儿尝试学会正确画出或贴出五官的位置；最后，教师和幼儿一起玩"小手拍拍"的音乐游戏，让幼儿根据歌词快速指出五官的位置。由此看来，教师选择了多领域的内容在同一个主题下进行有机融合，丰富了幼儿科学教育活动形式和内容，增强了活动的趣味性，积累和提升了幼儿多领域的经验和能力。

3. 对活动环境和材料的评价

与科学教育有关的活动资源是来自多方面的，大多体现在活动方案中的"活动准备"部分。对活动环境和材料的评价标准及说明如下。

(1)有效利用周围环境中的教育资源

活动"蚂蚁世界"的教案设计中，教师利用图书、图片等资源帮助幼儿初步理解蚂蚁的繁衍、蚂蚁的居所等离幼儿生活经验较远的问题；利用家庭人力资源，让家长协助幼儿收集有关蚂蚁的图书和图片。

(2)合理利用空间创设科学活动的物质环境

当下有很多幼儿园都开辟了科学发现室、科学探索角、自然角等，并且对墙壁、走廊进行了与科学教育相关的环境布置，这些物质环境为幼儿开辟了更广阔的学习空间，为幼儿提供了更多接触和探究物体的机会，更有利于教育目标的实现。

因此，评价科学活动方案时也要看教师在集体活动之余是否有意识要借助这些环境中与本次活动主题相关的资源对幼儿进行多途径、生活化的科学教育，而这一点是许多教师容易忽略的。有的教师会在"活动准备""活动延伸""活动建议"或者"活动过程"的文本设计中有所体现。

(3)活动材料必须充分体现教育目标和内容

材料是目标的物化，只有精心选择和组织，才能确保幼儿通过操作材料来体验或学习教育内容，实现教育目标。例如，中班科学活动"沉浮"中，教师准备了铁夹子、塑料瓶、橡皮泥、积木、石子、玻璃弹珠、海绵等物体，还准备了水盆、抹布、记录纸等其他所需材料。

首先，从认知经验上看，所投放材料中铁夹了、石子、玻璃弹珠在幼儿看来是"重物"，其他材料是"轻物"，塑料瓶和海绵中有空气，其他物体中无空气。在教师引导下，幼儿通过操作这些材料会发现"重沉轻浮""有空气的浮"。而且，橡皮泥变形导致的"有时沉有时浮"也会让幼儿产生疑惑，这种认知冲突将激发幼儿继续探究"形状与沉浮的关系"。

其次，从科学方法上看，铁夹子、塑料瓶、积木等沉浮物用于幼儿操作，并使其获得沉浮结果，展开猜想。教师提供了多种沉浮物体能激发幼儿操作的兴趣，吸引幼儿主动去操作探索；而记录纸同时记录了幼儿对某种物体沉浮的猜想和实验结果，便于幼儿对比验证，从而方便幼儿学会"猜想—验证"的科学方法。因此，该活动中材料的投放充分体现了活动目标和内容。

典型案例

中班科学活动：沉浮

活动目标

1. 能积极主动地参加探索沉浮现象的活动。

2. 学习预测和验证的科学方法。

活动准备

1. 铁夹子、塑料瓶、橡皮泥、积木、石子、玻璃弹珠、海绵等；水盆、抹布；记录纸人手 1 张。

2. 活动前教师提供水箱及玩水用具，指导幼儿参加玩水游戏，激发他们对玩水活动的兴趣，丰富其有关物体沉浮的经验。

活动过程

1. 请幼儿观察材料，激发幼儿的兴趣。

请小朋友看，桌上有什么？

你们猜猜看，如果把这些材料放在水里会怎样呢？（幼儿自由表达）

2. 教师出示记录纸，讲解记录的方法。

(1)看看记录纸上有什么？

(2)石子放在水里会怎么样？怎么记？记在水的下面还是水的上面？

(3)记好以后，把这样东西放在水里做试验，看看有什么发现？跟你刚才想的是不是一样？再把它记下来。

3. 幼儿操作、记录，教师指导。

每次只能拿一样东西，先猜想、记录再实验。

玩过水后，手湿了怎么办？

4. 小结，激励幼儿继续探索。

刚才你玩的是什么？发现了什么？

小朋友发现了这些材料在水里有沉有浮，有的东西很大，猜想它是下沉的，可是一试发现却不是这样的，所以任何事只有自己试试才知道。

这里还有许多东西，它们放在水里是沉是浮呢？你们想不想猜一猜，试一试？这次我们就不用记录了，你可以先在心里想想，再去试试，也可以和好朋友一起猜，玩过后告诉你的好朋友。

活动延伸

活动后，教师可将玩沉浮游戏所需要的材料放在科学区中让幼儿继续进行活动，使幼儿巩固对沉浮的认知。

（选自张慧和、张俊：《幼儿园科学教育》，北京，人民教育出版社，2004。收入本书时有改动。）

学习笔记

(4)材料要安全、充足、科学、经济、可操作

所谓安全，即材料应体现在没有危险和保证清洁两个方面。投放的食品要干净，容器和材料要消毒；为幼儿提供的剪刀和刀子最好是塑料的，需要使用锋利刀具时最好由教师操作。所谓充足，即根据实际需要，教师自己演示的材料要多样，供幼儿操作的材料最好人手一份或者每小组一份，没有充分的材料将会影响幼儿的有效探究和目标的实现。材料要具有科学性，如活动"探究西瓜"中，教师引导幼儿用西瓜皮做船，因为西瓜皮易于浮出水面，又便于分割和组合，有利于幼儿按照自己的设计任意造型，符合科学性。所谓经济性，如教师利用西瓜皮来探究物体的沉浮，再添加一些辅助材料做成船，这个创意体现了教师的经济头脑，使废物得到有效利用。"探究西瓜"的整个活动，教师提供了西瓜(实物)、观察记录表、测量工具、制作食品和玩具的工具，既激发了幼儿的操作兴趣又便于其操作。

4. 对教师组织策略的评价

(1)科学教育途径多样化

对幼儿进行科学教育的途径是多种多样的，如幼儿的一日生活、游戏、集体教学、与家庭和社区合作等。教师设计活动时应根据活动内容，选择适宜的教育途径，充分体现将科学教育渗透于幼儿一日生活中的理念，改变只重集体教学的传统做法。

例如，活动"探究西瓜"恰当地运用了多种教育途径，如"关于西瓜

你想知道什么"等谈话内容是利用了日常生活的零碎时间进行的；"切西瓜"和"西瓜食品的制作与品尝"可与幼儿吃午点的生活环节相结合；"观察记录和评选西瓜之最"是通过集体教学进行的；制作"西瓜船"等操作活动则安排在区域游戏活动中进行；为解决"西瓜从哪儿来"的问题，教师请幼儿采访家长和瓜农，通过与家庭、社区合作的途径来进行。

（2）活动组织形式灵活适宜

教学组织形式大体上有班级活动、小组活动和个别活动，它们各有利弊，在设计活动时应根据教育目标、环境材料、时间分配和幼儿即时活动状况来恰当选择。比如，活动"掉下来了"从教学过程设计上看：教师首先让幼儿自由探索下落的物体，给幼儿充分的操作机会，增加幼儿的直接经验，这种个别活动形式是适宜的；其次，教师组织幼儿集体讨论对物体下落的经验认识，但幼儿还留恋于操作而无心讨论，所以集体讨论不够成功，这表明该环节不适宜用集体形式，最好采用随机的小型交流或个别交流的形式；再次，就幼儿对落体结果的记录环节教师采用了个别活动的形式；最后，在幼儿充分操作、观察、记录后才采用了集体交流的形式，便于营造探究问题的气氛，利于幼儿观点碰撞和融合。

（3）活动流程设计合理

活动流程的文本设计很大程度上决定了教师现场实施活动的程序和方法。幼儿科学活动的流程设计应符合幼儿的认知特点、科学知识的内在逻辑和科学探索的基本程序。而围绕一个主题展开的系列探究活动应该是循序渐进、不断深入的。

例如，大班科学活动"物体怎样下落"，活动流程的设计为"初步探究—集体讨论—进一步探究"三个阶段，即教师首先让幼儿自由地操作；其次，提出了观察并记录物体下落姿态的要求，引导幼儿有目的地活动；再次，教师组织幼儿集体讨论和交流这些经验，并提出了进一步探究要求，即"物体为什么会下落，如何让物体不落，为什么物体下落速度不同"等；最后，让幼儿继续操作，不仅要验证集体经验，而且要思考物体下落现象背后的原因，这又引发了后续的活动设计。

这种流程设计将幼儿自主操作和教师引导相结合，将教师引导建立在幼儿自主发现的基础上，将集体讨论结果和后续操作验证相结合。该活动流程设计符合"由观察现象到思考探究本质"的科学发现过程，符合幼儿获取科学知识经验的认识规律。

（4）引导幼儿体验学习科学发现的过程

在科学活动中，幼儿是一个主动的探索者，是通过"做中学"来学习的。因此，教师要成为一个引导者，不断地通过提问、组织活动、补充材料等为幼儿创造探索的机会，激发他们动脑思考，动手操作，亲身经历科学发现的过程。在活动"蚂蚁世界"中，教师抓住了幼儿探究蚂蚁的教育契机，组织幼儿寻找图书、图片等资料，引导幼儿观察图片、讨论交流，提出更多的问题供幼儿思考并引导他们继续进行资料收集、讨论等持续性探究活动。在整个过程中，幼儿在教师引导下亲历了科学探究、科学发现的全过程。

(5)教学方法运用恰当

教学方法运用是否恰当，是指既要评价活动方案选择的教学方法是否合适，又要评价对所选方法的具体运用是否恰当。一般来说，教师指导幼儿科学教育活动的方法有提问法、讨论法、实地观察法、演示法、实验法、记录法、收集资料法、游戏法等。

提问法是使用最频繁的方法之一。在活动"蚂蚁世界"中，没有教师作为组织者的提问引导，幼儿的兴趣点和疑问就不会自动转化为探究问题和有计划的探究活动；没有教师的不断提问，幼儿的求知欲和探究欲就得不到鼓励和延续，就不能激发幼儿进一步的思考，并产生收集资料、观察、讨论等探究的具体行动。另外，教师组织小组讨论或集体讨论，幼儿就能充分表达自己对蚂蚁的看法，彼此就能相互学习，而且讨论中能产生下一步研究蚂蚁的新课题。再有，在该活动中，教师还让幼儿通过收集资料来扩充关于蚂蚁的各方面知识并起到了释疑的作用；通过到户外观察"蚂蚁搬家"，让幼儿发现蚂蚁的食物种类，这比阅读资料和讲解传授知识更真实有效。

又如，在系列活动"认识五官"中有"了解五官的位置"的活动，基于小班幼儿的认识特点，教师除了让幼儿学念儿歌了解五官位置外，还采用了大量的游戏吸引幼儿参与并提高活动的趣味性。例如，"给娃娃贴脸谱"游戏、"唱儿歌快速找五官"游戏等。

有些活动所设计的材料和原理离幼儿生活经验较远，虽然只需要幼儿观察现象并激发思考即可，但若没有教师的示范，即使让幼儿自由操作，也达不到应有的效果。比如，教师让大班幼儿认识"摩擦生电"的现象，提供了充气的气球、毛衣、碎纸屑、细绳等材料，若教师不事先演示"气球与毛衣摩擦后能将碎纸屑吸起来"，幼儿自由操作就很难关注到这个现象，因为这些材料不像磁铁那样，幼儿一玩便能立即观察到其中的现象。

（二）对幼儿科学教育活动实施过程的评价

在对幼儿科学教育活动方案的文本评价后，我们还要对这些方案在实施过程中的效果进行评价，包括教师的活动指导、幼儿的活动表现和目标完成情况，其中幼儿活动表现是否良好和学习结果是否有效则反衬出教师指导的有效性。相比文本评价的"纸上谈兵"，活动实施的评价更具有现场感，然而纷繁复杂的视听信息和转瞬即逝的场景也需要评价者具有敏锐的观察力、快速的记录能力和明确的评价指标。

1. 准确执行方案并保持弹性

活动方案的文本设计是活动实施的前期准备，两者紧密相连，方案设计得好不好很大程度上决定了活动实施效果的好与不好。如果一个活动方案从目标设定、内容选择、材料准备到过程安排、活动延伸及建议等均符合幼儿科学教育的评价标准，是一个优秀的方案，那么以此为标准来对照现场活动实施过程评价时，"实施过程是否准确执行了方案预期的设计"可以作为评价实施过程效果的指标之一。

即使活动方案很优秀，然而毕竟是教师预先生成的，不可能全面考虑到活动现场即时的、不可控的"意外生成因素"。因此，评价教师是否准确执行方案的同时也要考察教师是否能灵活地把握生成因素，"弹性执行"方案设计。比如，在科学探究过程中，当幼儿发出疑问时，我们不赞成教师一意孤行地严格执行方案，而期望教师能够顺应幼儿的兴趣点并因势利导。不过，什么情况下教师要关注并顺应幼儿即时生发的问题并予以因势利导，这是一个值得深入探讨的问题。

2. 营造良好的心理氛围

在活动过程中，教师的一些言行会影响幼儿的心理氛围，继而影响到幼儿在活动中的表现和学习效果。在评价活动实施过程时，我们很容易忽略教师是否尊重幼儿的表现及是否满足了幼儿的基本需求。

比如，当幼儿探究与活动规则发生冲突时，教师通常会先维护常规。活动"掉下来了"中，第一个环节是让幼儿自由玩耍羽毛、塑料积木、纸条、树叶等各种物品，玩了一会儿，教师就招呼幼儿把物品放回原处开始集体讨论，而幼儿却恋恋不舍。教师的这种维护活动时间规则的行为将影响幼儿的活动情绪。又如，当幼儿探究行为有一定破坏性时，教师多厉声斥责。教师让幼儿认识指南针，不管幼儿怎么拨动指南针，指南针总会指向一个方向，于是有许多幼儿试图将指南针拆开，想看看里面是否有机关。教师看到后就指责幼儿搞破坏，没收幼儿的指南针。教师这种不理解幼儿探究行为而简单粗暴的言行打击了幼儿的探究欲。再如，教师无意识地做出了不适当的评价，造成了幼儿情绪紧张，使幼儿只关注教师的态度而做出迎合教师要求的行为。如在探索"不用手接触而使纸筒在桌面上滚动"的活动中，有的幼儿用嘴吹，有的用线绳拉，有的用木棒推，还有的幼儿尚未决定用什么材料。当教师发现有两个女孩用裙子角扇动纸筒，一个男孩用帽子扇动纸筒时，尽管其他幼儿还在探索中，但教师就迫不及待地向全班广而告之："你们看看他们的办法多好，能让纸筒滚动得特别快。"接着，让三个幼儿演示给所有人看。看完后，几乎全班幼儿都停止了自己的探究，开始用衣角或帽子扇起来。

3. 教师是幼儿活动的支持者、合作者和引导者

《纲要》明确指出：教师应成为幼儿学习活动的支持者、合作者和引导者。

首先，教师应该对幼儿从三个方面提供支持：心理支持、思维的引导和材料的补充。在科学活动中，幼儿经常遇到困难和挫折，如果困难和挫折超出幼儿的忍受限度，教师就应适当给予帮助，促使其积极性和兴趣得以保持。前文也提到，要给予幼儿更充分的操作时间，不要轻易打断，要给予幼儿正面的鼓励和肯定，要允许幼儿在探究中有合理的破坏行为，还要做到尽量不对幼儿提出整齐划一的要求，避免影响其探究的创造性。

其次，教师在活动中多以提问的方式对幼儿进行引导。例如，在大班科学活动"有趣的弹簧玩具"中，教师通过提问来激发幼儿的兴趣："请小朋友们看桌上的玩具，你能发现什么？""为什么有的玩具会动，有的玩具却不会动呢？"又如，磁铁本身就能够激发幼儿探究的兴趣，生成一个探究活动，但如果没有教师的引导，幼儿的探究活动可能很快就会停止。如果教师能提供铁质和非铁质物体让幼儿探索，这种引导很快能使幼儿发现磁铁具有吸铁的性能。再如，活动"蚂蚁世界"的全过程都洋溢着师幼合作的气氛，为了研究蚂蚁的方方面面，师幼一起观察、一起收集资料、一起讨论、一起合作制作展板等，体现了教师作为引导者，特别是合作者的角色。

典型案例

大班科学活动：有趣的弹簧玩具

活动目标

1. 能发现周围环境中的弹力现象（能缩能伸，又能恢复原状）。

2. 学习用铁丝在筷子上缠绕弹簧的技能。

3. 能用较完整的语言表述在探索制作过程中的发现和感受。

活动准备

教师和幼儿共同收集弹簧玩具、塑料玩具若干，大小弹簧若干，铅画纸、水彩笔、剪刀、硬纸板、铁丝、筷子。

活动过程

1. 请幼儿观察材料，激发幼儿的兴趣。

请小朋友们看桌上的玩具，你能发现什么？（幼儿自由探索）

刚才你发现了什么？为什么有的玩具会动？有的玩具却不会动呢？

2. 幼儿运用弹簧，再次进行操作。

我们刚刚发现了有弹簧的玩具就会动，这里有各种各样的弹簧，请你玩一玩，看看它有什么变化？

说说你是怎么玩的？弹簧有哪些变化？

教师在幼儿发现的基础上加以小结：能缩能伸，松手后能恢复成原来的样子。

3. 幼儿制作弹簧玩具。

教师重点指导幼儿用铁丝紧紧缠绕在圆形筷子上做出弹簧。

4. 幼儿玩自制的弹簧玩具。

（选自张慧和、张俊：《幼儿园科学教育》，北京，人民教育出版社，2004。收入本书时有改动。）

4. 因材施教，提供适宜性指导

教师在引领全班幼儿展开探究的同时，还必须针对幼儿的不同反应进行个别指导。只有做到因材施教，对每个幼儿提供适宜的指导，努力使每个幼儿都能获得满足和成功，才能保证每个幼儿在原有水平上都有所提高。

比如，在活动"评选西瓜之最"中，在测量西瓜周长时，有的幼儿选择用手一拃一拃地量，但在记录时遇到困难，教师启发他在记录表上量出同样的长度，并将这段距离涂上颜色来表示测量结果。还有的幼儿想尝试用皮尺测量，却忘记查看尺子的起始端，结果出错了，记录时无法和表上的标尺对应。在教师指导下，幼儿学会了用皮尺测量的方法。

5. 幼儿有较强的学习兴趣

幼儿的学习兴趣或是自发的，或是源于教师的激发。生活中的某些现象和教师提供的某些材料能自动引发幼儿兴趣，而不用教师想方设法去激发。当然，教师也可以抓住这个教育契机并加以引导，把幼儿偶然的自发活动变成一个有目的、有计划的探究活动。如在活动"蚂蚁世界"中，幼儿对户外的蚂蚁非常感兴趣，教师借此教育契机组织开展主题探究活动。在活动中，蚂蚁的住所、食物、敌人、危害、益处等探究课题一直由幼儿兴趣催生，反过来又激发了幼儿持续探究的兴趣。

另外，有时幼儿的活动兴趣需要教师通过一定的手段激发和维持，幼儿在活动中表现出较强的兴趣也反映出教师的指导是有效的。比如，教师采用故事引导的方法来激发幼儿的学习兴趣，故事名字叫《刷牙记》，教师利用了动物园中各种动物学习刷牙时发生的故事，向幼儿介绍了有关动物牙齿的科学知识：大象想要拖把一样大的牙刷，因为它的牙实在太大了；鲨鱼刷坏了许多牙刷，原来它有好几百颗牙齿；老鼠不好好刷牙却把牙刷磨坏了，原来它有磨牙的习惯……教师边讲故事边用图片形象解说，使得原本抽象的知识巧妙地"灌输"给了幼儿，幼儿非常兴奋和开心，表现出了极大的兴趣。教师甚至可以借机引导幼儿进一步了解有关牙齿和爱护牙齿的知识和方法。

6. 幼儿能够主动探究

我们经常说："幼儿就是一个小科学家，是主动的探索者。"因此，我们也期待科学教育活动能让幼儿直接参与活动，亲历科学发现和探索的过程。幼儿能否主动探究是我们评价活动中教师的指导和幼儿的学习是否有效的重要指标。幼儿的主动探究表现在：第一，探究的问题真正成为幼儿自己的疑问，他们渴望寻找问题的答案；第二，幼儿有机会运用原有的知识经验对要解决的问题进行预测；第三，幼儿能按照自己的想法或在教师适当引导下去操作，用事实给出的答案来验证和调整自己的认识。

比如，在活动"沉浮"中，教师让幼儿自由操作各种沉浮的物体，幼儿会发现"大的东西不一定沉""同一物体变形前后有沉有浮"，这和幼儿原有的经验不相符，必然引起幼儿的好奇和疑问，激发他们寻找其中的原因；接着，在教师引导下，幼儿拿出大小相似的积木和石子试验，根据日常经验幼儿预测石子肯定沉，果然"石头沉、木头浮"，幼儿就认为材质不同导致了沉浮不同；另外，幼儿将同一块橡皮泥分别搓成团状和变成小船模样，结果发现橡皮泥变成小船模样时浮起来了，幼儿认识到"形状能影响同一物体的沉浮"。

7. 幼儿的学习结果达到预期目标并有新发展

幼儿在活动中是否得到了发展，很大程度上要看幼儿是否实现了预期的目标，而且如果活动实现了一些新的教育价值则更好，这里的新价值包含两个方面，即活动的生成价值和兼顾培养了其他领域的品质。

因此，我们将"活动目标的完成程度"和"实现新价值"作为评价幼儿学习结果有效性的指标之一，评价时我们可对活动过程记录后进行评价，也可对照标准做现场评价。比如，在活动"蚂蚁世界"中，活动不仅拓展了幼儿的生物学知识，还带给幼儿探究的成就感，使其学会了科学探索的方法。另外，值得一提的是，该活动过程展现了生成活动的特色，即探究主题、探究问题均由幼儿的兴趣自发产生，教师只不过顺应幼儿兴趣点并加以适当引导。相比大多数预先设计好而后执行的活动，该活动体现了科学探究活动的生成价值，或叫"意外收获"。又如，在活动"认识五官"中，幼儿"能够指出五官的位置、说出五官的功能、五官的情绪含义"，有效地达到了预期的目标，另外，在活动中教师融入了"画(贴)五官""念五官儿歌""五官律动"等美术、音乐游戏，在幼儿完成科学领域目标的过程中也在一定程度上培养了他们在艺术领域的一些品质，增加了该活动的价值，提升了幼儿学习结果的有效性。

二、对幼儿科学领域发展水平的评价 >>>>>>>>>

对幼儿科学领域发展水平的评价应该全面考查其科学素养的各个方面，即科学情感与态度、科学方法和能力、科学知识和经验。在此，我们特别要注意评价的价值取向，切忌单纯检查幼儿对科学知识的记忆和科学经验的积累，而应以幼儿的科学情感、探究能力、科学方法为评价的核心，重视这些对幼儿终身发展有深远意义的科学品质。

（一）幼儿科学领域发展水平的评价要求

幼儿的科学学习活动是在探究具体事物和解决实际问题中，尝试发现事物间的异同和联系的过程。幼儿在对自然事物的探究和运用数学解决实际生活问题的过程中，不仅获得丰富的感性经验，充分发展形象思维，而且初步尝试归类、排序、判断、推理，逐步发展逻辑思维能力，为其他领域的深入学习奠定了基础。

《指南》从"科学探究"和"数学认知"两个维度六个方面列出了幼儿各个具体年龄段在科学领域应该具有的学习行为与发展水平，幼儿园管理者和教师可根据各年龄段的发展目标因地制宜地制定学期目标、月目标、周目标及一次活动目标，一次活动目标是对年龄段目标、学期目标、月目标、周目标的具体化。对幼儿科学领域发展状况的评价常常以是否实现预期的发展目标作为依据，当然如果在一次科学活动中能实现更多的教育价值或目标则更好。

✎ 学习笔记

就一次具体活动而言，如果幼儿实现了本次活动的预期目标，这就表明幼儿得到了有效发展。当然，科学情感及态度、科学方法及能力等发展性目标不是一次活动就能完成的，而要经过长期的培养过程。因此，教师在评价幼儿一次科学活动中的发展情况时不要教条地拘泥于本次活动目标是否完成，只要在较长时期内，幼儿各项发展目标都得到均衡发展即可。

（二）幼儿科学领域发展水平的评价指标

根据《指南》对幼儿科学领域目标的有关规定，不同年龄段的幼儿应在"科学探究"和"数学认知"两个维度达到不同的一般性目标。

《指南》科学探究评价指标着眼于不同年龄段的总体发展，是各年龄段幼儿在科学领域两个维度各个方面的总体发展目标(年度目标)。在操作过程中，各年龄段的学期目标、月目标、周目标和具体活动目标的制定必须围绕年度目标，以年度目标为依据，通过各级目标的实现最终实现年度总目标。这些目标的实现，除了通过幼儿园集体教育活动环节，还有很多其他途径，包括户外活动、区角游戏、一日生活其他环节等，因此评价非集体教育活动形式的科学教育活动，亦可运用以上评价指标。

学习主题 3
幼儿科学教育活动评价的步骤和方法

情境案例

"下雨了，下雨了！"起床后的幼儿们望着窗外大声地喊起来，记不清这是今年初春的第几场雨了，但是这场格外大的雨使幼儿们十分兴奋，他们高兴地喊着、叫着。"抓住教育的契机，寻找孩子们的兴奋点"是教育取得最佳效果的重要保证。于是，我一改下午的安排，与孩子们一起来观雨。"孩子们，你们看，雨是怎样下来的呢？"幼儿们大声地说着："老师，雨是这样下来的。"他们一边说，一边用手和身体模仿着雨落下来时倾斜的方向。"小朋友，你们看，树上的白色东西是什么？""是雪。""一天里能不能同时下雨又下雪呢？""不能！""能！"幼儿们争吵着，亮亮着急了，大声地说："你们看，今天不是下雨又下雪了吗?""对呀!"幼儿们一下子就不争了。"小朋友,今天就是雨夹雪的天气,雨夹雪的天气好不好啊?""不好!""为什么呢?""冷。""有水。""脏"……幼儿们七嘴八舌地说着自己的想法。"下雨了,我们的幼儿园会变成什么样子呢? 我们去看看好吗?"我带着幼儿来到了走廊,他们趴在窗台上瞪大眼睛向外看着:"老师,滑梯上全是雪。""老师,地上全是水。""老师,外面是不是很冷啊?"……幼儿们交谈着,议论着。

（选自陈殿玲、李玉杰:《幼儿园环境设计与教育案例》,哈尔滨,黑龙江教育出版社,2009。）

【点评】

《指南》指出幼儿科学学习的核心是激发探究兴趣,体验探究过程,发展初步的探究能力。风雨雷电、日月星辰等大自然丰富多彩的物质世界能唤起幼儿的好奇心和求知欲。教师善于抓住生活中的教育素材,开展最真实的科学教育活动。幼儿在教师的引导下细心观察、积极思考、热烈讨论,激发了他们探究大自然奥秘的浓厚兴趣。他们在教师的引导下发现问题、分析问题和解决问题,不断积累经验,形成受益终身的学习态度和能力。

一、幼儿科学教育活动评价的一般步骤 >>>>>>>>>

（一）确定评价的对象和类型

在这个阶段,评价者要确定"评价什么"和"使用的评价类型"。"评价什么"即所要评价的是教师的活动指导状况、是科学活动本身的质量、还是幼儿的发展状况,其中科学活动本身的质量评价包含对活动方案的文本评价和对实施过程的现场评价,活动方案的评价则包含对学期方案、月方案、周方案和一次活动方案的评价。

按照不同的标准可以将教育评价分为不同的类型。按照评价在教育活动中的目的不同,可分为诊断性评价、过程性评价和总结性评价等;按照参与评价的主体不同,可分为自我评价和他人评价;按照评价的分析方法不同,可分为定性评价和定量评价;按照收集评价信息的方式不同,可分为观察分析法、访谈法、问卷调查法和作品分析法;等等。在评价过程中,评价者可以选择单种方法的评价,也可以选择综合运用几种方法的评价。

（二）设计评价方案

该阶段最为重要的是确定评价标准,选择评价工具,规定具体收集评价信息的方法和步骤,安排时间进度和评价人员的分工。在方案设计

学习笔记

中，评价者应尽可能考虑到如何有意识地积累评价过程本身的资料，做好备忘录，以便使评价工作更科学、更客观。

（三）实施评价方案， 收集评价信息

该过程是按照评价方案的安排，由评价者采用一定的评价工具和方法，依据规定好的评价标准来收集信息，为后期的评价分析做准备的。就一次活动的评价来说，由评价组的教师或者组织教育活动的教师自己通过观察、访谈、测量等方法记录该活动从方案设计到具体实施的全面信息。

（四）分析评价资料

分析评价资料没有固定的方法，按照收集资料的性质不同，可以归纳总结进行质的分析，也可以采取数据统计进行量化分析，或在数据统计分析的基础上进行质的分析。

（五）解释资料， 得出结论， 提出建议

通过各种方法收集到的幼儿科学教育活动的资料是评价的信息来源或者依据。我们需要参照评价标准对这些资料进行解释并得出结论，对其符合标准的方面进行经验总结，对其出现的问题给予反思和提出建议，其中"解释资料"的过程最为关键也最为复杂。尤其是当我们对情境观察法、逸事记录法、访谈法和作品分析法收集的资料进行分析时，评价者对这些资料的解读能力很重要，要做到"胸有标准""大胆质疑""敏感发现""不断归纳"。

二、幼儿科学教育活动评价的常用方法 >>>>>>>>>

有了评价对象和评价指标，如何收集评价对象的各类信息是评价过程的重点和难点，有效评价信息的收集是有效评价的前提。评价方法是多种多样的，根据收集评价信息的方式不同，可以将评价方法分为以下几类。

（一）观察分析法

在自然状态或准自然状态下，有目的、有计划地对幼儿的科学活动行为进行现场观察、记录，从而获得幼儿科学领域发展、教师科学领域专业发展信息，并通过信息资料分析对评价对象做出评价的一种方法。

1. 逸事记录法

"逸事记录法"就是在自然状态下，评价者或者教师自己详细记录教师、幼儿在某个特定的科学活动中的完整过程并做出评价的方法。一般

在观察前，观察者就已经明确了欲观察的行为或者事件的类型，在观察时只需要等候这些行为或事件的发生就可以了。这种记录法的优点是，能全面、翔实地收集活动信息，全面反映教师、幼儿和活动本身的问题。但逸事记录法对观察者的要求比较高，没有现成的记录表格，完全靠事件发生时的速记。以下是对某大班幼儿在区角活动中自主探索的记录和评价。

5 岁 4 个月的松松在结构区用纸卷了两个长短不一的桥墩，然后将用积木插成的桥面放在桥墩上，桥塌了。他又试了两次，桥还是塌了。松松停了下来，拿起桥墩看了看，又竖着比了比。他站起身，左右瞧瞧，最后目光停在了明明搭的桥上。一会儿，松松举手对老师说："高老师，我想要纸杯子。"松松将老师给的一次性纸杯子排起来，再把桥面小心地放上去。这一次，桥没有塌。

评价：这次活动中，幼儿遇到困难，老师并没有急于帮幼儿解决困难，而是耐心等待，给幼儿充分思考和探索的空间。幼儿通过试误和观察，发现了桥塌的原因，并能通过借鉴别人的经验和向老师寻求支持解决问题。幼儿在自主探索、克服困难的过程中，解决问题的能力得到了发展。

另外，教师在日常工作中的评价，也可以通过逸事记录法进行，通过日积月累，能掌握丰富的活动资料。比如，幼儿在一日生活中经常会表现出各种科学探究行为，或者向教师提出各种问题，教师如果能及时把这些事件详细记录下来，就可以了解：幼儿对周围的哪些事物比较感兴趣，他们提出了哪些问题，他们是怎样探索的，哪些幼儿更富有科学探究精神。

2. 行为观察检核法

在观察评价对象之前，我们可先依据评价的项目来确定观察的行为目标，并制成一份行为观察检核表，将要观察的行为列入表中。在实际观察时，只需要对照检核表的各个项目进行逐条检核，并在符合的条目上做记号即可，但这些条目的设定必须反映出要评价的内容，具有代表性才行。

在使用中，行为检核可以通过现场观察和记录进行，也可以通过向幼儿提问指定问题的方式进行，记录幼儿对问题的行为反应并做出评判。例如，某幼儿园为幼儿播放小鸡和小鸭的视频，观察幼儿对它们的行为反应，用行为检核表记录幼儿的行为，见表 6-1。

表 6-1　幼儿观察小鸡和小鸭的行为检核表

	从远处看	走近看	语言引逗	模仿动物叫声	喂食	主动和同伴谈论动物	说出小动物特征	发现两种动物的不同	显露出高兴的表情	其他表现	备注
幼儿 1											
幼儿 2											
幼儿 3											
幼儿 4											

注：在出现的行为上打"√"，表中未提到的行为补充在备注栏。

3. 情境观察法

情境观察法就是由评价者创设一个特殊的情境，将评价对象置于其中，通过观察和记录评价对象在该情境中的行为反应，来获取评价资料。这种方法的特点是在有目的、有控制的情境中进行的，而逸事记录法的特点是在自然的状态下进行的。另外，情境观察法可以借助逸事记录法对评价对象的行为进行翔实的记录，也可以借助行为检核表来记录信息。比如，某中班教师在科学探索区投放了一个新奇的玩具——惯性车(幼儿平时没有见过这种玩具)。教师先向幼儿展示小车后，告诉幼儿："如果你想玩的话，随便怎么玩都行。"在幼儿玩过 5 分钟后，教师令其停止，并询问有什么问题要问。幼儿在该情境中可能有不同的表现：如果幼儿明确表示不想玩，则说明他对新异刺激没有好奇心，记零分；如果幼儿想玩，则观察其在规定时间(5 分钟)内的探究行为并予以评分；如果幼儿在 5 分钟内提出不想玩了，则根据其在这段时间内的表现评分。评分项目及标准见表 6-2(满分 20 分，每项 5 分)。

表 6-2　幼儿摆弄"惯性车"的行为检核表

评分项目	好(5 分)	中(3 分)	差(1 分)	无(0 分)
探索时间	在规定的时间(5 分钟)内一直探索玩具，直至教师让其停止	探索行为坚持 3 分钟	探索行为维持 1 分钟以上	不愿意探索
探究动作	明确表现出探究和问题解决的行为	表现出不同的探究性动作	探究动作很少或单一	无探究行为
言语表现	有较多语言伴随其问题及发现	有较多的语言	有少量的语言	无言语表现
提出问题	能主动提出问题，或在教师询问时能提出两个以上与探索对象相关的问题	在教师询问时能提出两个与探索对象相关的问题	在教师询问时能提出一个与探索对象相关的问题	没有提出问题

（二）访谈法

访谈法又称谈话法，是指评价者通过直接和访谈对象进行交谈来获取信息资料，并通过信息资料的分析对评价对象做出评价的方法。相比前面的方法，访谈法获得的资料更为真实可信，也更为具体生动，富有个性。

由于访谈获得的资料比较难以标准化，而且访谈的实施费时费力，因此访谈法难以取得大样本的资料。随着近年来对质的研究逐渐受到推崇，访谈法的应用也越来越普遍。然而访谈法对访谈者的素质要求非常高，不仅要求访谈者对访谈内容非常熟悉，而且要求访谈本人有较强的语言能力和敏锐的洞察力，善于倾听和理解对方的想法。通常情况下，访谈前要准备好由一些问题组成的访谈提纲，但题目不要过多。

另外，访谈的形式多种多样，可以进行小组访谈，也可以进行个别访谈；可以访谈教师和家长，也可以访谈幼儿。在访谈幼儿时，问题的表述要具体形象，要适合幼儿的语言理解水平。一位教师在了解幼儿心中的"虫子"的概念时运用了访谈法，她拟定了几个核心问题后开始访谈幼儿。通过访谈，她发现幼儿有很多想法是她自己不曾知道的。比如，她和某一个幼儿的谈话是这样的。

师："你喜欢虫子吗？"

幼："不喜欢。"

师："为什么不喜欢？"

幼："虫子不好，会咬人。"

师："你知道哪些虫子？"

幼："我知道好多虫子，就是不知道它们的名字。"

师："蚂蚁是虫子吗？"

幼："蚂蚁不是虫子，它就是蚂蚁。"

师："蚊子是虫子吗？"

幼："蚊子是虫子，它会咬人。"

师："苍蝇是虫子吗？"

幼："苍蝇也是，会咬人。"

在这个幼儿的心中，他实际上把虫子定义为会咬人的东西。而只有借助访谈法，教师才能如此真切地了解幼儿的这些想法。

（三）问卷调查法

为得到大范围的评价信息，评价者可以根据评价目的，向评价对象发放问卷，广泛收集信息，通过对获取信息的分析对评价对象做出评价。问卷调查法不受空间的限制，能在短时间内获得更多的资料。编制问卷是应用该方法的关键，问卷包含一些符合评价目的的问题，通过这些问题的回答，评价者就能做出评判。在幼儿科学领域的发展评价中，用问卷调查法一般是向家长和教师了解本班或本园幼儿在园内和家庭中的科学领域行为表现，为评价提供信息；在教师科学活动指导效果的评价中，用问卷调查法一般是幼儿园管理者为广泛收集教师的科学教育理念及行为的信息，并对此做出评价。下面是两个问卷调查题目示例。

(1)你认为幼儿园科学教育的主要目标是(　　)。(可多选)

A. 普及科学知识

B. 学习科学方法

C. 学会制作科学小制作

D. 培养科学兴趣

E. 培养探究能力

(2)科学教育活动中最有利于幼儿学习的教学方法是(　　)。(可多选)

A. 操作法

B. 游戏法

C. 探究法

D. 讲授法

（四）作品分析法

在评价幼儿的科学领域发展状况时，我们除了可以通过现场观察幼儿科学活动，访谈测试幼儿的科学知识、经验和兴趣，问卷调查家长和教师对幼儿科学素养的认识之外，还可以直接分析和评价幼儿的科学活动作品。

在科学教育实践中，可供分析的幼儿科学领域发展水平的作品很多。比如，幼儿自己实验操作的记录表；幼儿制作的科技玩具或加工制品，如风车、电话、不倒翁等；还有反映了幼儿科学知识、经验、想象、思维的绘画作品，如自动植树车、未来的交通工具等。以上这些作品通常会经教师收集整理后归入"幼儿成长档案册"中。

值得一提的是，如果将活动方案文本作为一种作品，那么我们就可以此来评价教师。对此，可以参考前文中对活动方案评价标准的阐述。

还有两点需要补充说明。第一，以上具体的幼儿科学活动评价方法均属于目标评价，即所有的评价活动均依据预先设定好的评价标准进行，不断将活动结果与目标对照，找出活动偏离目标的程度，并加以改进，从而不断靠近目标。但有时评价者不能"唯目标是从"，因为实际进行的教育活动除了收到预期的效果外，还会产生许多意想不到的"副效应"。而基于目标的评价，往往可能只注意目标的预期效果，而忽视了实际教育过程可能产生的各种非预期效果或"副效应"。因此，有必要适当采用"目标游离"进行评价，在关注教育活动预期目标是否达成的同时，也应适当关注教育活动的非预期效果。下面通过一个实例说明什么是"目标游离"评价。

一个雨过天晴的下午，教师正组织幼儿在动物角观察兔子，一只在地上蠕动的蚯蚓引起了几个幼儿的关注。一个幼儿用脚踩，其他幼儿也试图这样做。教师看到后及时制止了，说："小朋友们都和小兔子做朋友了，你们还知道有哪些动物可以做朋友呀？快在地上找一找！"

几句巧妙的话将教育主题转向了蚯蚓上，既满足了幼儿的需要，又使关爱动物的教育主题得以继续。教师引导幼儿发现蚯蚓和兔子的不同；寻找蚯蚓的家，猜猜蚯蚓在土里做什么，吃什么；玩游戏"假如我是蚯蚓"，使幼儿感受蚯蚓爬到地面上来可能遇到的危险并请小朋友送蚯蚓回家……

这无疑是一次生动的关爱生命的教育。虽然改变了原定的计划，但在评价时能说这样的活动没有完成科学教育目标吗？如果一味地根据预定的目标来评价，则是教条死板的做法。由此可见，必要的时候可以游离于具体的目标，以总目标为参照开展评价。这就是目标游离的思路。

第二，从"谁来做评价者"的角度看，评价活动可分为他人评价和自我评价两类，通常我们只关注了他人对授课教师的评价，很少想到授课教师要经常自我评价；我们只关注教师、家长对幼儿的评价，很少组织幼儿进行自我评价。

思考与练习

1. 举例说明幼儿科学教育活动评价的功能。

2. 简述幼儿科学教育活动评价的内容。

3. 举例说明幼儿科学教育活动评价的一般步骤和常用方法。

4. 设计一次幼儿科学教育活动的方案并开展试教与互评，以改进方案。

拓展训练

到幼儿园见习，用有关活动评价的指标和方法对一次幼儿科学教育活动进行全面评价。

学习笔记

扫码查看答案

考证导航

一、选择题

1. 幼儿园教育工作评价应当（　　）。

A. 以行政人员评价为主，专家等参与评价为辅

B. 以园长自评为主，教师等参与评价为辅

C. 以教师自评为主，园长等参与评价为辅

D. 以家长评价为主，幼儿等参与评价为辅

（2013年下半年幼儿教师资格考试"保教知识与能力"真题）

2. 幼儿科学教育评价是一种什么样的系统，可以用来判断科学教育过程中的每一个步骤是否有效，并采取相应的措施，以确保科学教育的质量（　　）。

A. 督导—反馈系统　　　　　　　B. 评价—督导系统

C. 反馈—校正系统　　　　　　　D. 校正—督导系统

3. 幼儿科学教育评价的一般步骤为（　　）。

A. 设计评价方案→确定评价目的→实施评价方案→处理评价结果

B. 确定评价目的→设计评价方案→实施评价方案→处理评价结果

C. 设计评价方案→实施评价方案→处理评价结果

D. 确定评价目的→设计评价方案→实施评价方案

4. 教育过程中，教师评价幼儿的适宜做法（　　）。

A. 用统一标准评价幼儿

B. 据一次测评结果评价幼儿

C. 用标准化测评工具评价幼儿

D. 据日常观察所获得的信息评价幼儿

（2018年下半年幼儿园教师资格考试"保教知识与能力"真题）

5. 评估幼儿发展的最佳方式是（　　）。

A. 平时观察　　B. 期末测查　　B. 问卷调查　　D. 家长访谈

（2014年下半年幼儿园教师资格考试"保教知识与能力"真题）

6. 教师根据幼儿的图画来评价幼儿发展的方法属于（　　）。

A. 观察法　　　　　　　　　　　B. 作品分析法

C. 档案袋评价法　　　　　　　　D. 实验法

（2015年下半年幼儿园教师资格考试"保教知识与能力"真题）

7. 在教学过程中，王老师随时观察和评价幼儿的行为表现，并以此为依据调整指导策略。该教师采用的评价方式是（　　）。

A. 诊断性评价　　　　　　　　　B. 标准化评价

学习笔记

C. 终结性评价　　　　　　　D. 形成性评价

（2019年下半年幼儿园教师资格考试"保教知识与能力"真题）

8. 事先创设一种情境，以此引发调查者想要观察到的幼儿的行为，从而来测试幼儿发展水平的一种方式是（　　）。

A. 情境观察　　　　　　　　B. 情境评价

C. 自然观察　　　　　　　　D. 自然评价

9. 在观察前依据所需观察的目标制定观察检核表，观察者根据观察到的事件或行为，对照表中的各项目逐条检核，并在符合的条目上做出记号并进行评定的是（　　）。

A. 观察检核　　　　　　　　B. 行为检核

C. 观察评价　　　　　　　　D. 行为评价

10. 小彤画了一个长了翅膀的妈妈，教师合理的应对方式是（　　）。

A. 让小彤重新画，以使其作品更符合实际

B. 画一个妈妈的形象，让小彤照着画

C. 询问小彤长翅膀的妈妈的原因，接纳他的想法

D. 对小彤的作品不予评价

（2017年下半年幼儿园教师资格考试"保教知识与能力"真题）

二、简答题

1. 简述教师观察幼儿行为的意义。

（2017年上半年幼儿园教师资格考试"保教知识与能力"真题）

2. 为什么不能把《3—6岁儿童学习与发展指南》作为一把"尺子"去衡量所有的幼儿？请说明理由。

（2015年下半年幼儿园教师资格考试"保教知识与能力"真题）

三、分析题

结合幼儿科学教育见习活动，自选观察分析法或作品分析法来评价一个科学领教的教育活动。

附录 1　幼儿科学教育活动案例

案例 1　小班观察活动：小鸡

案例 2　中班科学实验：变魔术

案例 3　中班观察活动：宝宝从哪里来

案例 4　大班科学活动：哪种工具榨汁快

案例 5　大班科学活动：影子的变化

附录 2 幼儿科学教育活动视频课

视频课 1 小班科学活动：会唱歌的小瓶

视频课 2 中班科学活动：旋转的东西

视频课 3 中班科学活动：有趣的影子

视频课 4 中班科学活动：叶子大家庭

视频课 5 大班科学活动：空气在哪里

参考文献

1. W. I. B. 贝弗里奇. 科学研究的艺术 [M]. 陈捷，译. 北京：科学出版社，1979.

2. 北京市教育科学研究所. 陈鹤琴全集[M]. 2卷. 南京：江苏教育版社，1989.

3. 曹庆卫. 让生活成为幼儿学习数学的课堂[J]. 山东教育，2015(Z5).

4. 蔡红红. 中班科学活动"有趣的泡泡"[J]. 早期教育，2008(2).

5. 陈殿玲，李玉杰. 幼儿园环境设计与教育案例[M]. 哈尔滨：黑龙江教育出版社，2009.

6. 陈洁. 科学互动　教学相长：幼儿科学活动中师幼积极有效互动的探索[M]. 上海：少年儿童出版社，2011.

7. 冯晓霞. 幼儿园课程[M]. 北京：北京师范大学出版社，2000.

8. 黄瑾. 学前儿童数学教育(修订版)[M]. 上海：华东师范大学出版社，2007.

9. 黄丽卿. 大班探索活动：转动的陀螺[J]. 早期教育(教师版)，2008(3).

10. 霍力岩. 学前教育评价[M]. 北京：北京师范大学出版社，2000.

11. 教育部基础教育司.《幼儿园教育指导纲要(试行)》解读[M]. 南京：江苏教育出版社，2002.

12. 李季湄，冯晓霞.《3—6岁儿童学习与发展指南》解读[M]. 北京：人民教育出版社，2013.

13. 李培美，吴燕飞. 小班科学活动"掉下来了"及评析实录 [J]. 幼儿教育，2003(1).

14. 李维金. 学前儿童科学教育[M]. 2版. 北京：科学出版社，2012.

15. 郦燕君. 学前儿童科学教育[M]. 北京：高等教育出版社，2011.

16. 林嘉绥，李丹玲. 学前儿童数学教育[M]. 北京：北京师范大学出版社，2014.

17. 林荣辉. 幼儿科学教育活动设计[M]. 南昌：二十一世纪出版社，2004.

18. 刘占兰，沈心燕. 让幼儿在主动探索中学习科学[M]. 北京：北京师范大学出版社，2003.

19. 孟旭红. 量量大树有多粗[J]. 学前教育(幼教版)，2003(11).

20. 邱淑慧. 学前儿童科学教育与活动指导[M]. 北京：教育科学出版社，2012.

21. 全国幼师工作协作组编. 幼儿科学教育活动指导[M]. 北京：北京师范大学出版社，2002.

22. 施燕. 学前儿童科学教育(修订版)[M]. 上海：华东师范大学出版社，2006.

23. 王春燕. 对当今幼儿园科学教育活动的反思[J]. 山东教育，2006(10).

24. 魏敏，陈峰，冉武红，等. 幼儿园教育活动案例分析[M]. 长春：东北师范大学出版社，2003.

25. 夏力. 学前儿童科学教育活动指导[M]. 2版. 上海：复旦大学出版社，2009.

26. 徐兴芳，王莹. 科学活动记录例谈 [J]. 幼儿教育(教育科学)，2007(11).

27. 虞永平，张春霞. 生活化游戏化幼儿园课程教师参考书[M]. 北京：教育科学出版社，2005.

28. 张慧和，张俊. 幼儿园数学教育[M]. 北京：人民教育出版社，2004.

29. 张俊. 学前儿童科学与数学教育[M]. 苏州：苏州大学出版社，2001.

30. 张俊. 幼儿园科学教育[M]. 北京：人民教育出版社，2004.

31. 周欣.《指南》"数学认知"目标解读[J]. 幼儿教育，2013(16).

32. 中国学前教育研究会幼儿园课程与教学专业委员会. 幼儿园科学探究的教与学[M]. 南京：南京师范大学出版社，2006.